THE VELVET UNDERGROUND Complete

ヴェルヴェット・アンダーグラウンド完全版

責任編集 **和久井光司**

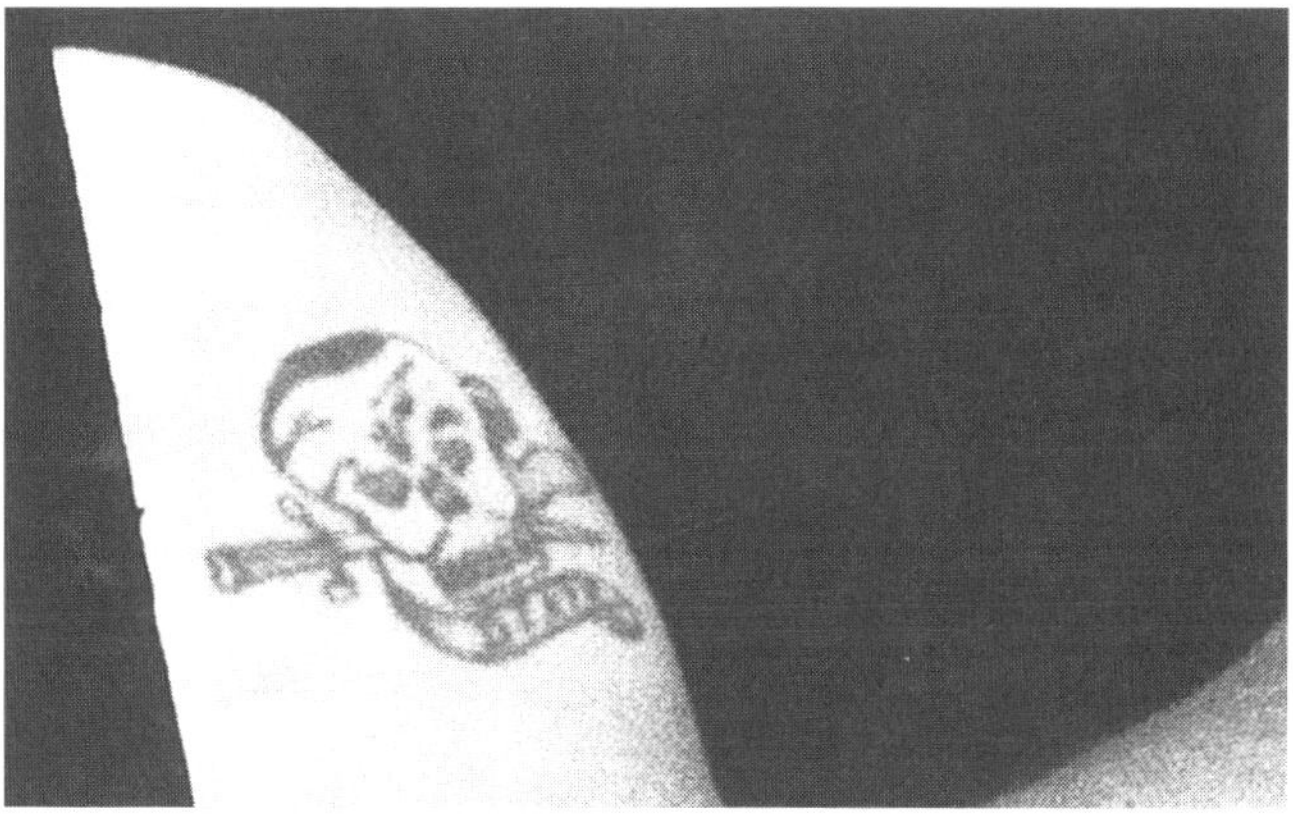

河出書房新社

目次

INTRODUCTION

バナナは剝かなきゃ意味がない

和久井光司

侍、忍者、大和魂、なんてのは1970年代の後半から浅草辺りで売っていたと思う。一番、といえばハルク・ホーガンだ。田園コロシアムに観に行ったよ。

そこに、寿司、天丼、焼肉、拉麺、といった食物シリーズが加わったのはいつだ？ バブルっぽいから80年代後半かもしれない。海老、烏賊は字の形がステキだからわかるが、肉汁って、どう？ 悪意を感じない？ 昨今は風評被害とか自粛要請ってのが流行りらしい。

いや、外国人が好む漢字Tシャツの話だ。意味を知らずに、というのは怖ろしい。逆もまた真なりで、髪を赤く染めたオバチャンの胸に〝BITCH〟なんて文字が踊っていると、こっちが恥ずかしくなる。タトゥーを入れた外人のお兄ちゃんが〝穴子〟と大書されたTシャツを着ているの見て笑う少年少女よ、きみたちはユニクロが売る〝バナナ〟がどこから来たものなのか、もしくは〝意味〟を、わかって着ているのか？

1972年の夏に、そのバナナの皮が剝ける仕掛けのアルバムがあると知った中2の私は、ロックに詳しい人と周りに言われていた先輩たちに、「ヴェルヴェット・アンダーグラウンドって知ってますか？」と訊いてまわった。近所の高校生にも、バンドをやっていた高田さんのお兄ちゃんにもわざわざ訊きに行ったのだが、誰も知らなかった。知名度はゼロ。途方に暮れるほどヴェルヴェッツは知られていなかった。

別項で詳しく書くけれど、『ザ・ヴェルヴェット・アンダーグラウンド＆ニコ』を私が手に入れたのは翌年、中3の始業式の日だった。73年が明けると、ルー・リードの「ワイルド・サイドを歩け」がビルボードのシングル・チャートを上がり、ルーは〝新しいグラム・ロッカー〟として注目された。日本でもその曲を収録した『トランスフォーマー』が売れ始めたから、横浜のヤマハの輸入盤担当は慌ててヴェルヴェッツのアルバムを仕入れたのだろう。都内の輸入レコード店をまわっても見つけることができなかったヴェルヴェッツのアルバムが一挙に入荷したのは驚きで、腰を抜かしそうになった。

しかし、私が入手した『&ニコ』のバナナは、印刷してあって剝けなかった。半年後、初めて発売された日本盤のバナナは剝けたから、悔しい思いをしたものだ。

ルー・リードは日本でも知られるようになり、75年には初来日したが、ヴェルヴェッツまで遡るロック・ファンは極めて少なく、ようやく再評価が始まったのは「パンクの元祖」と言われるようになった70年代末からだ。それもじわじわ浸透した感じだったから、『&ニコ』がいつ、最初に聴くべきロック・アルバムの上位に躍り出たのかよく憶えていないのだけれど、80年代後半、CDでロックを聴くようになった世代は、ビートルズ、ストーンズ、ジミヘン、ジャニス、セックス・ピストルズの次ぐらいに『&ニコ』を買っていたと思う。

２００３年に『ローリング・ストーン』誌が発表した〝The 500 Greatest Album Of All Time〟で『&ニコ』は13位、『ザ・ヴェルヴェット・アンダーグラウンド（サード）』は３１４位に入り、11年に発表された〝最も偉大なアーティスツ１００〟でヴェルヴェッツは19位にランクされている。このときは、1位：ビートルズ、2位：ボブ・ディラン、3位：エルヴィス・プレスリー、4位：ローリング・ストーンズ、5位：チャック・ベリー、6位：ジミ・ヘンドリクス、7位：ジェイムズ・ブラウン、8位：リトル・リチャード、9位：アリサ・フランクリン、10位：レイ・チャールズ、11位：ボブ・マーリー、12位：ビーチ・ボーイズ、13位：バディ・ホリー、14位：レッド・ツェッペリン、15位：スティーヴィー・ワンダー、16位：サム・クック、17位：マディ・ウォーターズ、18位：マーヴィン・ゲイに続いているのだ。ボ・ディドリー（20位）、オーティス・レディング（21位）、U2（22位）、ブルース・スプリングスティーン（23位）、ラモーンズ（26位）、ニルヴァーナ（27位）、プリンス（28位）、ザ・フー（29位）、クラッシュ（30位）をおさえての19位はすごいし、日本で人気があるザ・バンド、ピンク・フロイド、クィーン、エリック・クラプトンは、順に50位、51位、52位、55位にあまんじている。

業界人によって選ばれる『ローリング・ストーン』のこのチャートは恣意的なところもあるのだが、最新版である2020年の〝アルバム500〟では『&ニコ』が23位に下がったものの、ルー・リードの『トランスフォーマー』が109位、『サード』が143位、『ローデッド』が242位、『ホワイト・ライト／ホワイト・ヒート』が272位と、300位以内にヴェルヴェッツのすべてのスタジオ盤とルーの代表作が入っているのだから、アメリカでの評価がどれだけ高いか、想像していただけるだろう。ヒップホップ系が沢山入ったこの最新の〝アルバム500〟は、1位：マーヴィン・ゲイ『ホワッツ・ゴーイング・オン』、2位：ビーチ・ボーイズ『ペット・サウンズ』、3位：ジョニ・ミッチェル『ブルー』という意表をつくものだったが、ビートルズの『アビイ・ロード』が5位、『リヴォルヴァー』が11位、『サージェント・ペパーズ』が24位、ジョン・レノンの『ジョンの魂』が85位と散らされていることを考慮すると、現役時代にはヒットとは無縁だったヴェルヴェッツが50年かけて、〝発揮できなかった実力〟を認めさせるまでなったことを物語っていると思う。

数少ないオリジナル・リリースを補うために多くの未発表曲や未発表ライヴが発掘され、非公式盤まで含めるとバンドの紆余曲折をリアルに追うことができるようになったいまこそ、ヴェルヴェット・アンダーグラウンドの歴史と功績はちゃんと捉えられなければいけない。

50年前に誰に訊いても「知らない」と言われたバンドを、充分な音と資料をもって日本でも再評価させることが、「これがロックなら俺にもできるかもしれない」と音楽をつくり始めた私がまとめるのは〝使命〟だろう。

あのジャケットに貼られたバナナの中身を〝ゆっくり剝いて、そして見る〟ときが来たのである。

アンディ・ウォーホルが描いたバナナは、ポスターでもTシャツでもいいけれど、それはポップ・アートとして仕掛けられた〝表層〟にすぎない。ヴェルヴェット・アンダーグラウンドというサーモン・ピンクのバナナは、黄色い皮の下に隠れているのだ。

だから、「バナナは剝かなきゃ意味がない」。

それが本書に通底するテーマである。

Chapter 1

The Story Of THE VELVET UNDERGROUND

和久井光司

白い粉にまみれて永遠となった、生乾きのドライフラワー

和久井光司

歴史は塗り替えられる。情報はアップデイトされる。20世紀はそれを簡単にした時代だった。テレビが先進国の家庭に行き渡ってからの加速は凄まじかったが、世紀末に一般化したインターネットは、ＰＣやスマホがなかった時代をすでに〝大昔〟にしている。

いま思えば、20世紀後半に大衆文化の先頭に躍り出た才人たちは、多かれ少なかれ〝新しい時代〟を予感し、対応する手を打っていたと言ってもいいと思う。19世紀までの音楽家や画家は、その場での実演や一点ものを商売にするしかなかったが、録音したものをレコードにしたり、絵画を複製したりすれば、多くの人が作品を手にできる。作者は〝権利（コピーライト）〟さえ押さえておけば、巨万の富を築けるようになったわけだ。誰かが複製してくれた商品が世界のどこかで売れれば金が入ってくるのだから、働かずして儲かるシステムである。

それはいとも簡単に〝コピー文化〟と呼ばれるようになったが、一点ものだから価値があると思われていたアート作品を、そういう形で世の中に流通させようとしたポップ・アートの作家たちの〝発想の転換〟は凄い。

なかでもアンディ・ウォーホルは特別だ。システムによって歴史を塗り替え、死後もアップデイト可能な情報を作品に潜ませていたのだから、ビジネスマンとして非常に優れている。

本書の主人公であるザ・ヴェルヴェット・アンダーグラウンドは、アンディ・ウォーホルを抜きには語れないロック・バンドだ。ウォーホルの養護を受けて活動を本格化させ、『ザ・ヴェルヴェット・アンダーグラウンド&ニコ』のバナナのジャケットをもらったことで、彼らは

歴史に残った。いや、ウォーホルと出会わなくてもヴェルヴェッツは世に出たはずだが、あのバナナがなければ、彼らはパールズ・ビフォア・スワインのようなカルト・バンドに終わっただろうし、ルー・リードはそのリーダー、トム・ラップのような評価しか得られなかったのではないか、と私は思うのだ。

ウォーホルとポップ・アート

アンディ・ウォーホルは1928年8月6日にペンシルヴァニア州ピッツバーグで生まれた。ルシン人の父オンドレイ・ウォーホラ・シニアとその妻ユーリアはチェコスロバキア共和国ゼムプリーン県（現スロヴェニア共和国プレショウ県）ストロプコウ郡ミコー村（現ミコヴァー村）からの移民で、決して豊かな家庭ではなかったようだ。高校時代から絵を学んでいたウォーホルは、現カーネギー・メロン大学のコマーシャル・アート科に進み、学生が発行するアート・マガジン“Cano”のディレクターとなった。49年に地元でイラストレイター／グラフィック・デザイナーとして働くようになった彼は、50年代初頭にニューヨークに出てキャリアを積んでいく。シルク・スクリーンによる作品は早くから手掛けていたようだが、50年代の仕事はイラストが主で、一般には雑誌広告やジャズのアルバム・ジャケットで知られるようになった。

そんな彼に刺激を与えることになったのが、56年にロンドンで誕生したポップ・アートだった。52年からICAギャラリーを根城に活動していたエドゥアルド・バオロッツィが、米兵が持ち込んだアメリカの雑誌から切り取った漫画などをコラージュし、第二次世界大戦で疲弊した英国と豊かなアメリカを対比させたのがことの起こりだった。それを評価した美術評論家のローレンス・アロウェイが商業デザインなどを指して「ポップ・アート」と呼んだのが56年のことで、ロンドンで開かれた『これが明日だ』展で発表されたリチャード・ハミルトンの大胆なコラージュ作品『一体何が今日の家庭をこれほどに変え、魅力あるものにしているのか』によって、ポップ・アートの具体的な手法が提示されたのである。

当時のニューヨークでアートの主流と見なされていたのは、ジャクソン・ポラックに代表される抽象表現主義

Andy Warhol's Early Works (Selected)

1952年にアーサー・フィードラーのEP "Latin Rythms By The Boston Pops" のイラストを描いたのがウォーホルのレコード・ジャケット第一作と思われる(ノン・クレジット)。その後もイージー・リスニングやクラシックのジャケット画を担当していたが、55年に描いたカウント・ベイシーのイラストをきっかけにジャズのEPやアルバムを担当するようになり、50年代末までに約20作を手掛けた

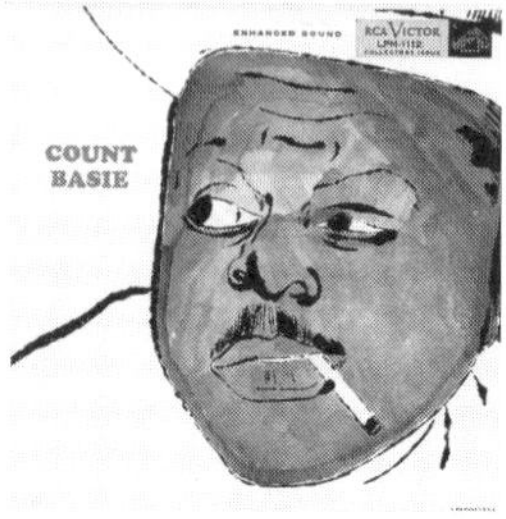

Count Basie
"Count Basie & His Orchestra"
RCA Victor / LPM-1112 (1955年)

Joe Newton Octet
"I'm Still Swinging"
RCA Victor / LPM-1198 (1956年)

Johnny Griffin
"The Comgregation"
Blue Note / BLP 1580 (1956年)

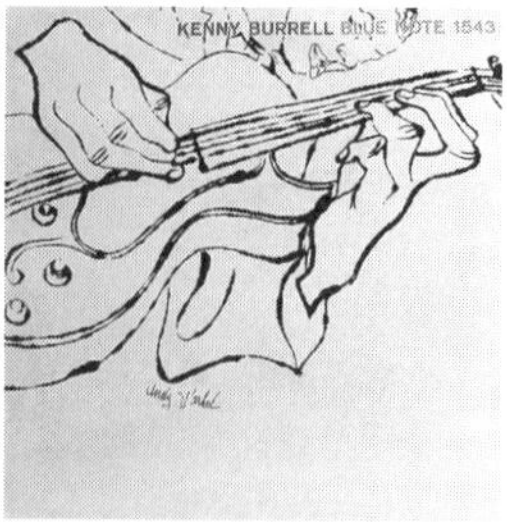

Kenny Burrell
"Kenny Burrell"
Blue Note / BLP 1543 (1956年)

Jay Jay Johnson / Kai Winding / Bennie Green
"Trombone By Three"
Prestige / PRES 16-4 (1957年)

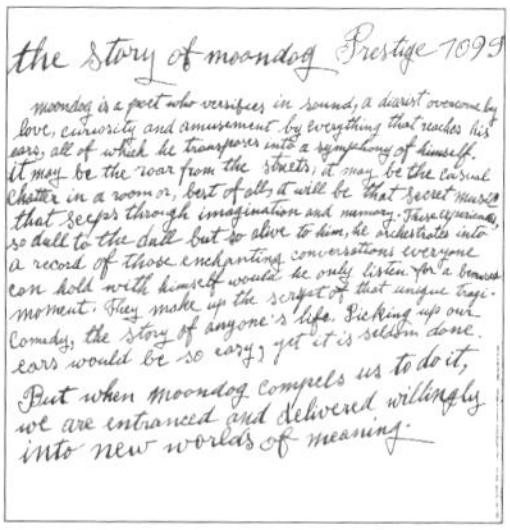

Moondog
"The Story Of Moondog"
Prestige / ORLP 7099 (1957年)

Kenny Burrell
"Blue Lights Volume 1"
Blue Note / BLP 1596 (1958年)

Paul Desmond
"Take Ten"
RCA Victor / LSP-2569 (1960年)

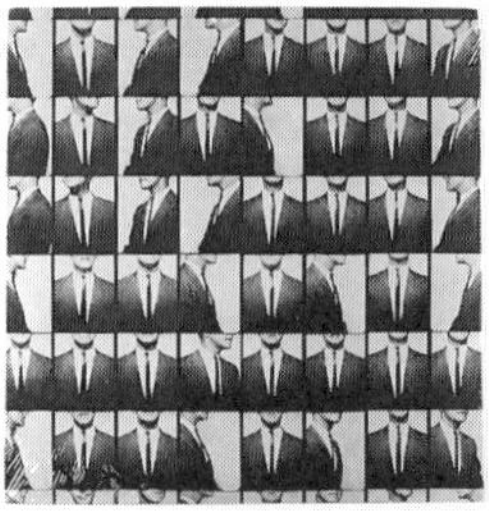
John Wallowitch
"This Is John Wallowitch"
Serenus / SEP 2006 (1964年)

だった。大きなキャンバスに描かれた壮大な抽象画を、批評家のクレメント・グリーンバーグらは「崇高」「グッド・デザイン」と高く評価していた。50年代末にはロバート・ラウシェンバーグやジャスパー・ジョーンズが、廃物などのガラクタを貼り付けたネオ・ダダ（新破壊主義）的な絵画を発表し始めるのだが、グリーンバーグら主流派には「キッチュ（低俗）」と批判され、ポップ・アートの開花は60年代まで待たねばならなかった。

61年に渡米していたローレンス・アロウェイが、商業デザインや漫画の大衆性こそがポップ・アートである、と解説したことから、ウォーホルとロイ・リキテンスタイン（1923〜1997）がほぼ同時にディズニーの漫画をモチーフにしたシルク・スクリーン作品に取り組むようになる。しかし、すでに画家としてキャリアがあったリキテンスタインが、新聞の連載漫画の1コマを印刷インクのドット（網点）を拡大して描いた作品を発表し始めたため、商業デザイナーだったウォーホルは、キャンベル・スープの缶やイラスト化したマリリン・モンローのパターンで勝負に出たのである。62年のことだ。

アメリカの大量消費社会を揶揄する意味もあった〝複

Richard Hamilton
"Just What Is It That Makes Today's Homes So Different, So Appealing?" 1956年
ビートルズの『サージェント・ペパーズ・ロンリー・ハーツ・クラブ・バンド』を手掛けたピーター・ブレイクや、日本でも人気の高いデイヴィッド・ホックニーは、英国ポップ・アートの系譜に属する。

Roy Lichtenstein
(右) "Look Mickey" 1961年
(左) "I Know How You Must Feel, Brad..." 1963年
リキテンスタインがこれら初期作品の漫画のモチーフで一世を風靡したことが、ウォーホルの方向性を決めたと言ってもいい。

1963年のアンディ・ウォーホル。
マリリン・モンローのシルク・スクリーンも初期のものだ。

製感〟と、ポップ・スターとポップ・アートを重ねたわかりやすさによって、一躍時代の寵児となったウォーホルは、64年、マンハッタンの東47番通り231番地に建つビルの5階に自身のスタジオ「ザ・ファクトリー」を構えた（68年には東16番通り、ユニオン・スクエア・ウエスト近くのザ・デッカー・ビルディング6階に移転）。アルミフォイルの風船と銀色の絵具を塗った壁で覆われたファクトリーは、シルク・スクリーンの工房であるだけでなく、映画の撮影／編集スタジオ、イヴェント・スペースとして使えるように設計され、ウォーホルを取り巻く人たちのサロンと化していくのである。

それは会員制の秘密クラブのようでもあったから、アートや映画、ロックやハプニング・イヴェントに興味を持つ若者がウォーホルに認められようと集まり、すでに世界的だった大物アーティストの表敬訪問も盛んになっていくのだ。

ファクトリーの中心メンバー

ウォーホルがファクトリーを具体化したのは、63年6月に知り合ったジェラード・マランガ（1943〜）がフルタイムで彼の相談役になったからだろう。ブロンクスで生まれ、マンハッタンのスクール・オブ・インダストリアル・アートで学んだマランガは、ロックンロールDJとして一時代を築いたアラン・フリードがチャンネル5（WNEW）で持っていたテレビ番組『ザ・ビッグ・ビート』にダンサーとして出演した経験を自慢しながら、詩人、写真家、映像作家、役者を夢見る男だった。つまり、まだ何者とも言えず、ヒマだったのだ。ウォーホルが最初にマランガに命じたのは、ファクトリーが〝ポップ・カルチャーの最先端〟に見えるような意匠づくりだったようだ。

まずは映画をつくろう、ということになり、映像作家のポール・モリッシー、写真家のナット・フィルケルスタインやステファン・ショアー、照明デザイナーのダニー・ウィリアムズらが集められていく。

ファクトリーの映画製作は63年の『キス』で実験的に始まったが、ウォーホルが65年3月に映画プロデューサーのレスター・パースキー邸で出会ったイーディー・セジウィックが〝主演女優〟となったことで、ウォーホルとモリッシーは商業的に見込みの立つ映画をつくれるようにもなるのだ。『ヴォーグ』や『ライフ』でも取り上げられたイーディーはニューヨークを代表するアングラ・クイーンとなり、65年の「ガールズ・オブ・ザ・イヤー」にも選ばれている。

イーディーを目当てにファクトリーを訪れるようになったボブ・ディランは、すぐに彼女を落とし、それ以前から関係を持っていたニコ（65年前半にはロンドンにいた）をニューヨークに呼び寄せた。その一方で、『プレイボーイ』のカヴァー・ガールだったサラ・ラウンズとつきあっていたディランは、65年11月22日に彼女と結婚しているが、イーディーやニコはもちろん、親しい友人や音楽関係者にもこの結婚は秘密にされていた。

「アイル・キープ・イット・ウィズ・マイン」をプレゼントされたニコ、「ヒョウ皮のふちなし帽」と「メンフィス・ブルース・アゲイン」で関係を歌われたイーディーはディランにぞっこんだったが、彼が女を求めてファクトリーにやって来ていることに気づいていたのか、ウォーホルとディランの関係は緊張感のあるものだったようだ。

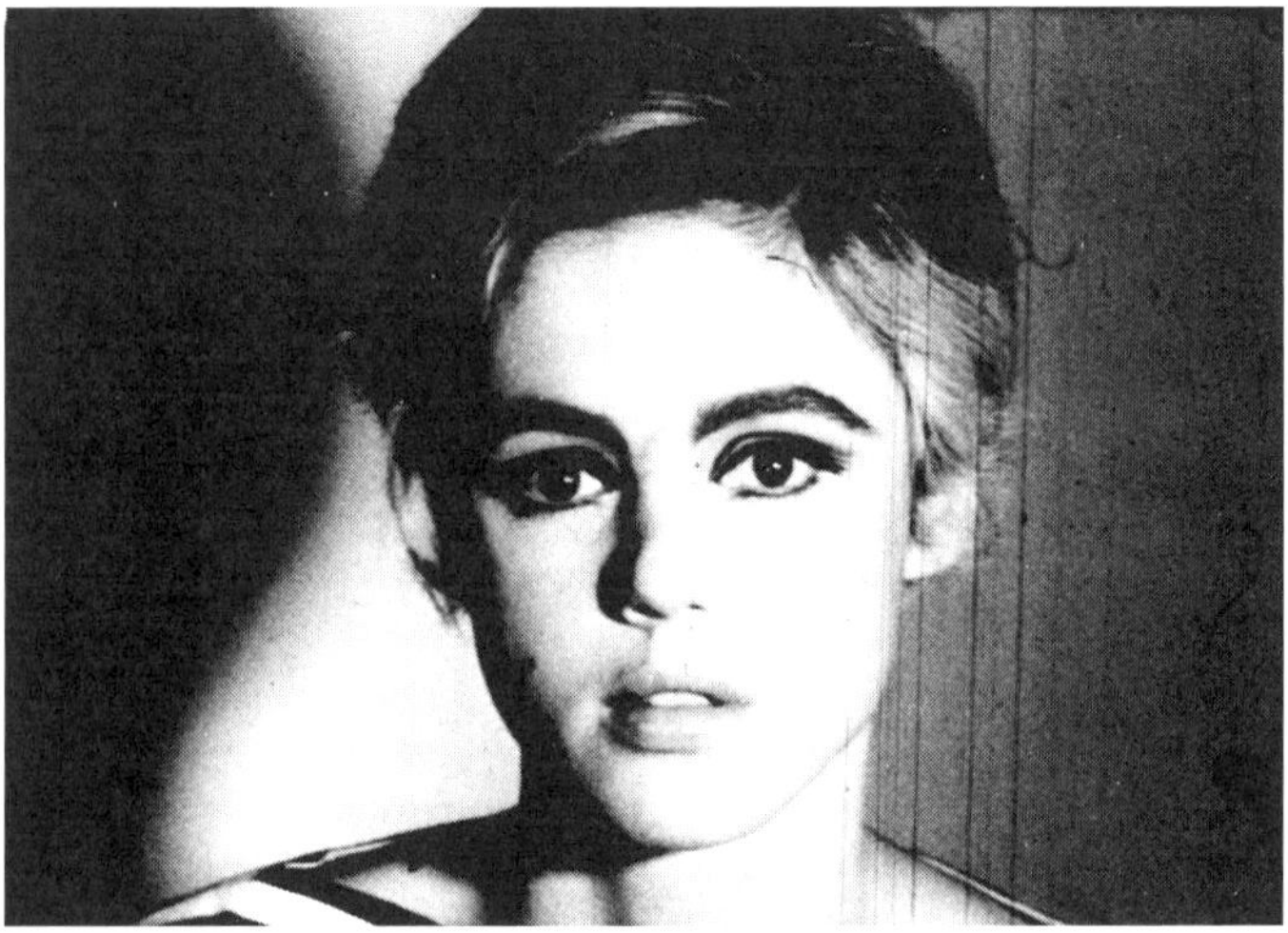

イーディー・セジウィック。
ウォーホルとポール・モリッシーによる『スクリーン・テスト』（1965年）から。

いずれにしても65年のファクトリーは台風の目で、ダリやデュシャンから、ローリング・ストーンズのメンバーまで訪れる〝名所〟の主人として、ウォーホルはさらに名を上げていくのである。

ザ・ヴェルヴェット・アンダーグラウンド、始動

42年にブルックリンで生まれ、ロング・アイランドのフリーポートで育ったルー・リードが音楽活動を開始したのは、高校時代のことだった。厳格だったユダヤ人会計士の父は長男のルーにピアノを習わせたが、やがてルーが夢中になったのはドゥーワップやロックンロールで、15歳ともなると作曲を始めていた。地元のインディー・レーベルに依頼されて書いたドゥーワップ調の「ソー・ブルー」と「リーヴ・ハー・フォー・ミー」が、でっちあげのようなバンド、ザ・ジェイズ（The Jades）のシングルになったのは58年11月。ルーは曲を書いただけで唄っていない。高校を卒業した彼はニューヨーク州立大学に進学して音楽理論を専攻したが、まったく面白くなかったため、シュラキース大学で英米文学を学び、遊びでバンドを続けていた。大学時代の音楽仲間には、のちにヤング・ラスカルズを結成するフェリックス・キャヴァリエや、ブルース・マグースで知られるようになるマイク・エスポジートがいた。

教壇に立っていた詩人のデルモア・シュウォーツに影響を受けたルーは、詩や散文に取り組むようになり、同じ寮にいたスターリング・モリソンと友だちになる。スターリングもシュウォーツを尊敬していたし、なによりギターが弾けたからだ。

大学を卒業したルーはピックウィック・インターナショナルと契約して、職業作家として働き始める。ピックウィックは、安直にカヴァーしたヒット曲に、それと似たような曲をくっつけてアルバム化するのを得意としていた制作会社／レコード・レーベルで、出している作品は怪しげでB級なものばかりだった。ルーは制作チームの仲間と、ザ・プリミティヴズ、ジ・インティメイツ、ジ・オール・ナイト・ワーカーズなどに曲を提供していた。『サウンズヴィル』というオムニバス・アルバムでは、英国ビート・バンド風の「ユー・アー・ドライヴィング・ミー・インセイン」、サーフィン／ホット・ロッド調の「ア

イヴ・ガット・ア・タイガー・イン・マイ・タンク」と「サイクル・アニー」という曲を書き、ザ・サーフサイダーズ名義の『ザ・ビーチ・ボーイズ・ソングブック』では「リトル・デュース・クーペ」と「サーフィン」を唄っているのだから嘘くさい。しかし、プリミティヴズとしてリリースしたシングル「オーストリッチ／スニーキー・ピート」の評判が良かったため、ピックウィックはこのバンドを実体のあるものにして営業をさせようと、メンバーを集めたのだ。

ルーがそこで出会ったのが、英国はウェールズ生まれのジョン・ケイルだった。フルクサスで名を馳せたラ・モンテ・ヤングの現代音楽集団ザ・シアター・オブ・エターナル・ミュージックから派生した「ザ・ドリーム・シンジケート」をトニー・コンラッドらと運営していたジョンは、コンラッドとその一党のウォルター・デマリヤを伴ってプリミティヴズのリハーサルに現れたというのだから、こちらもかなりいいかげんである。

ヴィオラとピアノを得意とし、現代音楽ともフリー・ジャズとも質の違うドローン・ミュージックを繰り広げるジョンの才気にうたれたルーは、バンド結成を持ちかける。フォークみたいな曲だな、とジョンは思ったそうだが、「ヘロイン」や「アイム・ウェイティング・フォー・ザ・マン」の歌詞に惹かれたので快諾し、ルーが地下鉄で偶然再会したスターリングを、ジョンがドリーム・シンジケートの仲間だったパーカッショニストのアンガス・マクリーズを連れてきて、バンドが始まった。65年初頭のことだ。

ザ・ワーロックスとかザ・フォーリング・スパイクスと名乗っていくつかのギグを行ったグループは、トニー・コンラッドがバワリー通りで拾ってきたサド・マゾの本のタイトル「ザ・ヴェルヴェット・アンダーグラウンド」を名乗ることにしたのだが、アンガスが抜けてしまったため、最初のデモ・テープ（ボックス・セット『ピール・スロウリー・アンド・シー』で初出）は、ルー、ジョン、スターリングの3人で録音された。

ドラマーを必要としたグループは、ルーの同級生だったジョー・タッカーの妹モーリン（モー）がアフリカン・ドラムを習っていると聞きつけて、彼女をスカウトする。65年12月、グリニッチ・ヴィレッジのカフェ・ビザールのステージを連続で務めることになったヴェルヴェッツだったが、危ない歌詞の歌をノイズ混じりの大音量で演奏するバンドを店側はまったく理解しなかったという。

　けれども彼らの特異なショウは一瞬にして先鋭的な表現者たちのあいだで話題となり、映像作家のバーバラ・ルービンが友人のジェラード・マランガを連れてやって来た。静脈に突き立てた注射針で送り込まれたヘロインが身体中を駆け巡るさまに冷徹な視線をおくるバンドに痺れた彼は、ウォーホルを伴ってカフェ・ビザールを再訪し、ヴェルヴェッツはファクトリーのお抱えバンドとなるのだ。

　一足先にファクトリーに来ていたニコの処遇を考えていたウォーホルは、世界的なモデルとして知られ、フェリーニの『甘い生活』で女優として、また英国ではストーンズ周辺からデビューしたシンガーとしても知られていたニコをヴェルヴェッツに加えることを条件に、バンドの機材提供と定額のギャラを約束。ポール・モリッシーが彼らのマネージャーを兼ねることになった。

　66年1月3日にファクトリーに初登場したヴェルヴェッツは、2月にウォーホルがフィルム・メイカーズ・シネマティークで開催した映画とロックとライト・ショウ

ルー・リードがピックウィックで職業作家をしていた時代の作品。
ジ・オール・ナイト・ワーカーズの「ホワイ・ドント・ユー・スマイル」にはジョン・ケイルも作曲者のひとりとして名を連ねている。

の複合イヴェント「アップ・タイト」で知られることになり、4月にセント・マークス・プレイスのスタンリーズ・ドームで初演されたウォーホルのショウ「エクスプローディング・プラスティック・イネヴィタブル（爆発する人工的な必然性）」で各地をまわっている。

それと前後するようにファースト・アルバムのレコーディングがスタートするのだが、録音を進めながら配給元を考えるというような見切り発車だったらしく、最初にリリースされたのは“The East Village Other - Hiroshima Day”という66年8月のスポークン・ワード・アルバムに収録された「ノイズ」だった。

アルバート・アイラー・トリオの『スピリチュアル・ユニティ』や、オーネット・コールマンの『タウン・ホール1962』でフリー・ジャズの牙城となり、ロック・ファンにはザ・ファグスやパールズ・ビフォア・スワインで知られたESP-DISKがアングラ・シーンの動向を伝える“Electric Newspaper”として企画したオムニバスは、実際それ以上のものではないが、ヴェルヴェッツ唯一の“再発されない演奏”を含んでいることから、伝説的なアルバムとして語られることも少なくない。

オムニバス・アルバム『The East Village Other - Hiroshima Day』（ESP-DISK/134）のジャケットの表裏。ジェラード・マランガとファクトリーの女優イングリット・スーパースターも参加している。

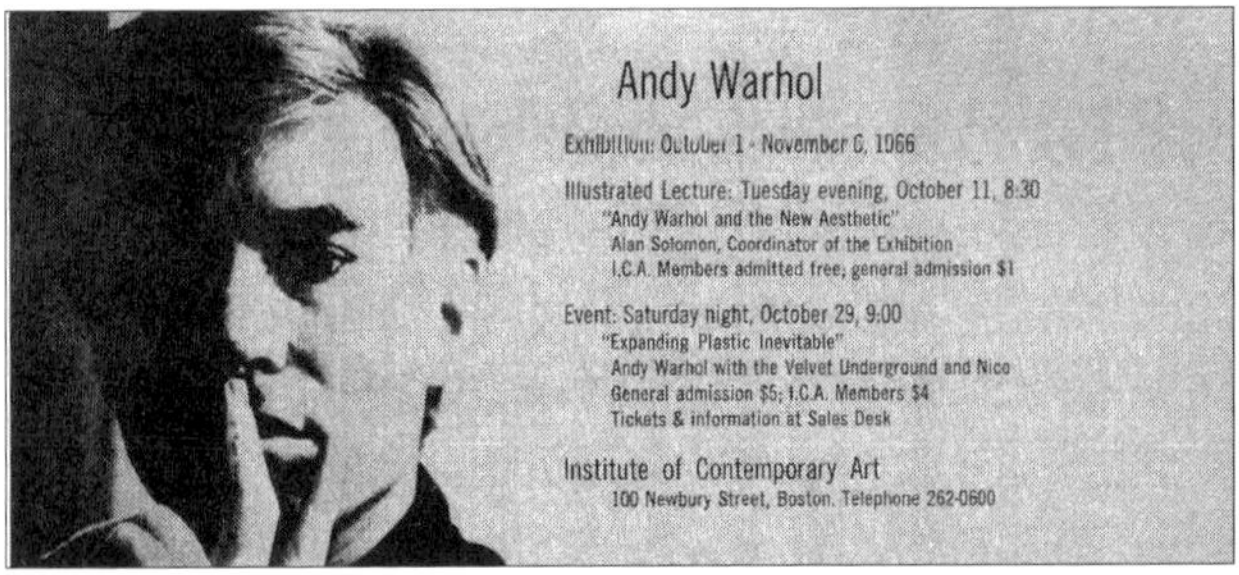

ウォーホルが66年10月〜11月にインスティテュート・オブ・コンテンポラリー・アートで開催した個展／イヴェントのフライヤー。ヴェルヴェッツ&ニコは10月29日の「エクスパンディング・プラスティック・イネヴィタブル」に出演した。

『ニューズ・ウィーク』の66年4月25日でポップ・アートが特集されたのをいいことに、その表紙を使ってしまったという“コピー文化”を象徴するフライヤー。5月3日〜18日のカリファルニア州ハリウッド「ザ・トリップ」公演のものだ。ヴェルヴェッツは毎日出演したわけではなく、ファクトリー映画を上映するだけの日や、アート展だけの日もあったらしい。

それぞれの思惑を超えた66～67年の成果

ファースト・アルバム『ザ・ヴェルヴェット・アンダーグラウンド&ニコ』が発売されたのは、67年3月12日だった。主な録音を終えてからおよそ10ヶ月が経過し、その間にはさまざまなことがあった。バンドの中だけではなく、ファクトリーをめぐる人間関係の変化にも影響されていたから、当時を語るメンバーの証言は個人の感想にすぎないと私は思っている。

　けれども、ウォーホルの要求どおりにニコを受け容れたことが、ルーにはかなりのストレスとなったのは確かだろう。ルーは、「オール・トゥモロウズ・パーティー」「アイル・ビー・ユア・ミラー」「ファム・ファタール」の3曲をニコのために書き、ステージのセンターを彼女に譲った。自分の持ち歌以外ではタンバリンを叩くだけのニコだったが、ウォーホルは彼女を映画『チェルシー・ガールズ』の主役に抜擢し、彼女ありきでヴェルヴェッツとヴァーヴ／MGMの契約を決めた。相手はコロンビアでボブ・ディランやサイモン&ガーファンクルを手掛け、MGMに移ってすぐにフランク・ザッパ&ザ・マザーズと契約した黒人プロデューサー、トム・ウィルソンだ。ディランが裏で推したようにも思えるが、〝ファクトリーの女優〟の座を彼女に奪われたイーディーや、曲が欲しくて自分と関係を結んだのかと悟ったルーは、しだいにニコを遠ざけるようになっていったらしい。

　66年5月2日にMGMとの契約書にサインしたヴェルヴェッツは、8月にニコをフィーチャーしたシングル「オール・トゥモロウズ・パーティ／アイル・ビー・ユア・ミラー」でデビューする。トム・ウィルソンはソフトな新曲をルーに要求したらしく、「サンデイ・モーニング」が書かれ、この曲だけ自身でプロデュース。12月にはB面に「ファム・ファタール」を入れたセカンド・シングルがリリースされた。

　おそらくウィルソンは、アンディ・ウォーホルがプロデューサーとしてクレジットされた66年半ばのセッションを、どうアルバムにして売り出そうかと考えたのだろう。話題にされるのは「ウォーホルがプロデュースしたロック・アルバム」「ファクトリーのバンド」「世界的な女優」の3つだ。ニューヨークの最先端には違いなかっ

左から、ジョン・ケイル、スターリング・モリソン、モーリン・タッカー、ルー・リード、ニコ、アンディ・ウォーホル。

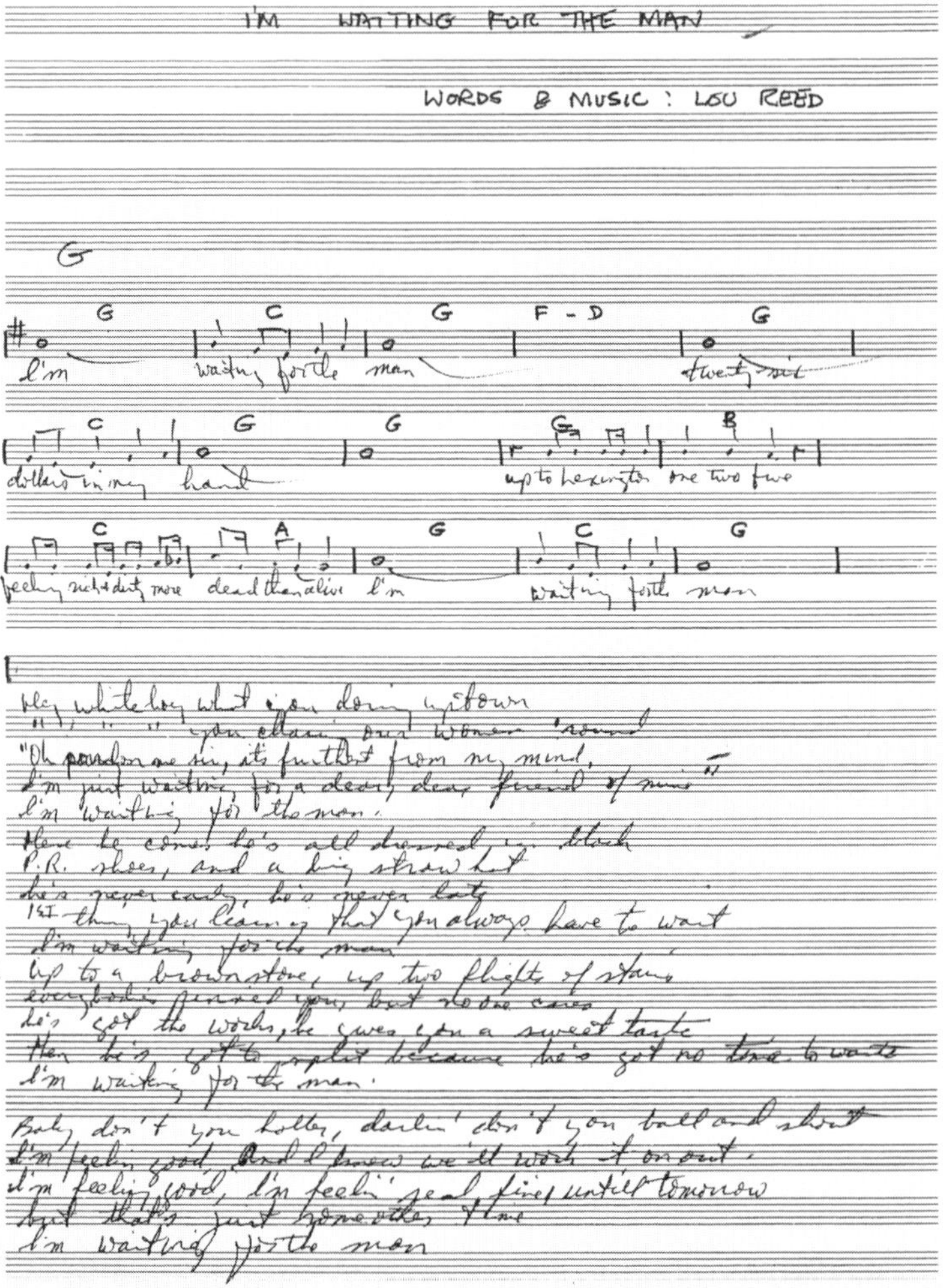

「アイム・ウェイティング・フォー・ザ・マン」のオリジナル・スコア。
ルーとジョンは出版社に提出するための譜面を書き分けていたようだ。

たが、アメリカ全土を巻き込むほどの動きではない。自分の名前を全米に広めたかったウォーホルは、ヴェルヴェッツとニコを積極的にツアーに出すことをプロモーションと考えたらしく、援助を惜しまなかった。一方ウィルソンは、音源も確かに〝ウォーホルの作品〟であると認めるつもりで、表にはバナナとAndy Warholの文字しかないジャケットを採用したのではないかと思う。

66年秋から67年春のツアーはメンバーにとっても新鮮で、ニコはツアー・バスを運転するのを面白がったという。66年11月17日〜20日にミシガン州のステイト・フェアグラウンド・コロシアムで行われた「カーナビー・ストリート・ファン・フェスティヴァル」ではジェフ・ベック・グループや、ジミー・ペイジ時代のヤードバーズら英国勢と共演し、ペイジに気に入られたり（彼は「アイム・ウェイティング・フォー・ザ・マン」をヤードバーズのステージで取り上げるようになった）、ボストンでニューヨーク以上の人気を得たりという収穫もあったから、それぞれ思うところはあっても、ニコを含むバンドとしての均整は取れていたのだろう。

しかし、『ザ・ヴェルヴェット・アンダーグラウンド&ニコ』はビルボードの192位までしか上がらず、67年5月26、27日のボストン・ティー・パーティ公演を最後にニコが脱退した。映画『チェルシー・ガールズ』が話題になるのは目に見えていたから、トム・ウイルソンのプロデュースでソロ・アルバム『チェルシー・ガール』が制作されることになり、ルーとジョンはソングライターとしてこのアルバムに関わることになるのだ。

混迷を極めていく後期

セカンド・アルバム『ホワイト・ライト／ホワイト・ヒート』は67年9月に、ウィルソンのプロデュースで録音された。ニコと差別化するためか、彼はバンドに好き放題にやらせているし、雑然としたガレージ・サウンドは〝パンクの元祖〟と呼ぶにふさわしい。けれども、ルーもジョンも、レコードにするならもっと整合性の取れたサウンドで、と思っていたのだろう。のちに発掘されたライヴ音源を聴けば明らかだが、ステージのヴェルヴェッツはここまでグチャグチャではないし、混沌を抜けた先に光が見えてくるようなストーリー性も持っている。

69年のヴェルヴェッツ。手前がダグ・ユール

3年ぶりのニューヨーク公演を告げるマクシズ・カンサス・シティのフライヤー（1970年）。

セカンド・アルバムの制作に入る前に、ルーはウォーホルからの独立を宣言し、ヴェルヴェッツの出版を管理していたスティーヴ・セスニックがマネージャーに任命された。楽曲の権利を出版社に売る仕事などをしていたセスニックは、ヴェルヴェッツの英国での出版権をブライアン・エプスタインと交渉していたことからメンバーに信頼されていたらしく、67年8月に正式にマネージャーに就任する。しかし、ウォーホルの庇護がなくなったバンドの生活を保証するのは大変だったらしく、68年1月30日に『ホワイト・ライト／ホワイト・ヒート』が発売されたあとも、同じようなツアーが繰り返されていることにジョンは不満を募らせていくのだ。

相変わらずアルバムは売れなかったから、ルーはバンドをポップな方に向けようとし、そこでもジョンとぶつかった。結局ジョンは68年9月28日のボストン・ティー・パーティ公演を最後に脱退。10月2日にはボストンのライヴによく来ていたダグ・ユールが新メンバーとなり、ベースとヴォーカルを担当することになった。

ウォーホルばかりでなく、トム・ウィルソンからも離れたバンドは、68年11月から12月にかけてセルフ・プロデュースで『ザ・ヴェルヴェット・アンダーグラウンド（通称：サード）』を録音した。69年3月にリリースされたこのアルバムは、ルーのソングライターとしての才にメンバーがみごとに呼応した大傑作だが、ＭＧＭのあと押しがなかったこともあってまったく売れず、4枚目のアルバムとなるはずだった69年の録音はすべてお蔵入りとなってしまうのだ（のちに『ＶＵ』と『アナザー・ヴュー』、そしてボックス・セット『ピール・スロウリー・アンド・シー』で発掘されたことで、幻の4作目は〝後期のキモ〟と評価されるようになっていく）。

ＭＧＭには契約まで切られたため、セスニックはレコード会社を決めるのに奔走した。そして70年1月にアトランティック傘下のコティリオンとの契約交渉が始まり、4月には『ローデッド』となるセッションが始まったのだが、産休に入っていたモーの代わりにダグ・ユールの弟ビリーがドラムを叩いたことから、ジョン脱退後のルーの独裁体制は歪み始め、セスニックは言うことを聞くダグに意見を求めるようになっていく。アルバムのミックスに不満を持っていたルーは、6月にマクシズ・カンサス・シティで始まった3年ぶりのニューヨーク連続公演の、とりあえずの最後だった8月23日~28日の初日をこなしたあと失踪。残りの4日間は、スターリング、ダグ、ビリーでこなし、その後もヴェルヴェッツのライヴは続いていった。『ローデッド』のリリース（11月15日）前だったからだろう。

71年1月にはダグの友人のウォルター・パワーズがベーシストとして加わったが、8月31日をもってスターリングが脱退している。セスニックとダグはさらにヴェルヴェッツで稼ごうと、復帰したモーと、ウィリー・アレキサンダーを加えてツアーを続けた。ダグ、モー、アレキサンダー、ウォルター・パワーズによるヴェッヴェッツは72年1月に解散したが、セスニックが英国のポリドールと契約を決めてきたため、72年9月にロンドンで実質的にはソロ作と言っていい『スクイーズ』を録音し、ダグは73年5月までザ・ヴェルヴェット・アンダーグラウンドを名乗ったツアーを続けたのである。

72年5月30日には、ルーの最後の演奏（70年8月24日）を収録したカセット音源の『ライヴ・アット・マクシズ・カンサス・シティ』がコティリオンから、73年2月には『スクイーズ』が英・ポリドールから、そしてルーがソロで成功したのに乗じて、69年のライヴ音源から選ばれた『1969 ヴェルヴェット・アンダーグラウンド・ライヴ』が74年9月にリリースされ、本編のあとも続いていた長いエンド・ロールがついに終わったのだった。

日本におけるヴェルヴェッツの認知度

80年代以降にロックを聴き始めた世代には信じられないだろうが、日本では73年春まで、ヴェルヴェット・アンダーグラウンドが語られたことがほとんどなかった。ポップ・アートに興味を持っていたイラストレイターやデザイナーは、ウォーホルのジャケットを目当てに『&ニコ』を入手していたようだが。

高田渡が71年6月に発表した『ごあいさつ』のジャケット（河村要助・画）のバナナは明らかにオマージュだが、そういう例はほかにないし、ヴェルヴェッツを語った記事は60年代には皆無だったはずだ。

私は72年7月、中2のときに同級生のレコ友、片岡俊一から初めてヴェルヴェッツの名前を聞かされた。「スターマン」のヒットで注目され始めたデイヴィッド・ボウイに夢中だった我々は、グラム・ロックの動向にいちばん興味があったのだが、夏休みに入る直前に片岡が突然、「今度ルー・リードという凄い人がデビューする。今日はそのアルバムを予約しに行くからつきあえ」と言うのだ。「その人はニューヨークのヴェルヴェット・アンダーグラウンドという凄いバンドで、凄いロックをやった人だから、もしかするとデイヴィッド・ボウイやマーク・ボランより凄いかもしれない」と彼は説明してくれたのだが、あとから調べてみても、その情報を片岡がどこで摑んだのか、まったくわからない。しかし、「凄い」の4連発を聞いて私も気持ちを揺さぶられ、その日、戸塚駅前の旭町通り商店街にあったハマヤに、9月に出るというそのアルバムを予約しに出かけた。

店員のお兄さんはもちろんルー・リードを知らなかったし、相手は中坊だ。しかも片岡は舌足らずだったから、このガキが言っているのはコレに違いない、と思ったらしく、当時ヒットしていた少年ポップ歌手ニール・リードのシングル「ママに捧げる歌」を出してきた。片岡は憤慨して、「ルー・リードですよ、ルー・リード。だいたい9月に出るＬＰですから！」と顔を真っ赤にして説明している。横で見ていた私はドタバタ喜劇のようなそのやりとりに笑ってしまったが、お兄さんはようやく新譜の注文書を出してきて、ルー・リードの『ロックの幻想』というアルバムが確かにビクターから発売されるのを見つけてくれた。

発売日までの2ヶ月、片岡はことあるごとに「早くルー・リードが聴きたい」と言い、「もちろん発売日には和久井んちで聴く」と宣言した。どこのレコード屋からも私の家の方が近かったから、片岡が買った盤に最初に針を落とすのは決まってウチだったのだ。

その日がついにやって来た。片岡は帰りのバスの中で何度もジャケットを出し、「クゥ〜」なんて言っている。ウチに着いた。いよいよ針を落とした。しかし、聴こえてきたのは我々が予想したのとはだいぶ違う、極めてシンプルなロックンロールだった。ＡＢ面を聴き終えたとき、片岡は「声がいい」と言った。私は「そうだね。好きな声だな」と応えて、もう一度最初から聴いた。ルーに詳しい音楽評論家が日本にはいなかったのか、ライナーノーツは『クロウダディ』の編集長ポール・ウィリアムズが書いたプレス・リリースの訳だった。それを読みながら『ロックの幻想』を聴くうちに、「ヴェルヴェット・アンダーグラウンドを知らずにルー・リードは語れない」という気になってきた。片岡もそう思ったのか、「よし、今度は都内の輸入盤屋をまわろう」ということになった。

　それから我々は音楽雑誌に出ている広告を頼りに、何度か新宿や渋谷の輸入レコード店に出かけたのだが、ヴェルヴェッツのレコードはどこにもなかった。そうこうするうちにルーの2枚目『トランスファーマー』が出て、数ヶ月前には誰も知らなかったのが嘘のようにルー・リードが語られ始めたのだ。そのアルバムをプロデュースしたデイヴィッド・ボウイのおかげである。

　明けて73年、シングル・カットされた「ワイルド・サイドを歩け」がビルボードのチャートを上がり始めると、ルーに注目するロック・ファンが一気に増え、ヴェルヴエッツからの流れを追ったちゃんとした記事が、初めて『ニューミュージック・マガジン』に出た。

　そんな矢先の4月1日、日曜日に「アンタのYシャツを買うから」と母に連れられて横浜に出た私は、「ちょっと覗いていくね」と言って入った西口のヤマハにヴェルヴェッツのアルバムがまとめて入荷しているのを発見して、思わず店内で「おお〜！」と叫んでしまった。家に帰ってすぐに片岡に電話すると、彼も異常に興奮して、「明日買いに行く。親に小遣いを前借りして1万円持っていくから、和久井もそうしろ」と言う。なにやら大騒ぎになっているのを電話の横で聞いていた母は、意外とあっさり前借りを許してくれた。レコードに1万円使うのなんて初めてだったから、翌日の始業式のあと横浜に出かけようという約束に眠れなくなった。レコードを買うのにあんなに興奮したのは、あとにも先にもそのとき

ルー・リード『ロックの幻想』の日本初版。
アメリカより5ヶ月遅れて72年9月に発売。ヴェルヴェッツ関係では最初の国内盤だった。

「ワイルド・サイドを歩け／パーフェクト・デイ」のシングル。
『トランスフォーマー』の国内盤は72年12月に発売されたが、初シングルはアメリカでのチャート・アクションを伺って73年5月にリリース。

だけだ。

4月2日、我々はヴェルヴェッツのアルバムを4枚ずつ買ってきた。『&ニコ』と『ホワイト・ライト／ホワイト・ヒート』は外せなかったからふたりとも買ったが、私は『ローデッド』と『ライヴ・アット・マクシズ・カンサス・シティ』にした。片岡は『サード』とMGMのベスト盤を選んだように記憶している。『&ニコ』はバナナの皮が剝けないサード・プレスだったが、ついに手に入れたヴェルヴェッツに我々は痺れ、片岡はその半年後に出たバナナが剝ける国内盤の『&ニコ』を入手してご満悦だった。

実はその年、当時通っていた中学がふたつに分かれ、片岡はもとの学校、私は新設校に移ることになった。全体を分ける日だったから、その年の始業式は異例で、二校の全生徒が集められたのだ。新しい学校には校則がなかったから、私は「現代音楽研究部」という名のクラブをつくり、学校でバンドの練習ができるようにした。意外にも、先生たちも応援してくれて、私のバンド（スクリーンの遠い前身）は屋上で練習し、文化祭の日は音楽室でワンマン・ライヴを開いた。それが評判となって近所の子供会やバザーなどで演奏する〝仕事〟が入るようになり、中学生にして一回2～3万のギャラをもらうようになったのだ。中3の一年でバンドが形になったのに気をよくした私は、「きっと音楽で食べていける」と思ってしまったのだろう。バカだった。良かったのは最初だけで、音楽で稼ぐのは60を過ぎても大変である。

学校が分かれてからも片岡とはよくレコードを買いに行ったが、中学を卒業すると会う回数は半減した。彼はすぐに高校を辞め、横浜でコックの見習いをするようになった。それもあっておいそれと遊べなくなったのだ。

片岡が久しぶりに、私がバイトしていたジーンズ・ショップにやってきたのは75年の7月の2週目だった。たぶん8日か11日だ。閉店間際に駆け込んできた彼は、「昨日ルーを観たよ」と言った。記録を見ると、中野サンプラザ公演は7日、9日、10日である。もちろん私も観たかったが、すでに自分が主催するコンサートを始めていた私は、バイトして金をつくらないといけなかったのだ。それを知っていた片岡はあえて誘わなかったのだろう。「カッコよかった。俺もああなろうと思って、黒いTシャツを買いに来たんだ。あるよね?」と言って、Tシャツを買って帰った。多くは語らなかったが、コックの見習いをしていても気持ちはルー・リード、という彼の気概はわかった。それが片岡と音楽の話をした、最後の夜になった。

再評価に応えての再結成ツアー

ヴェルヴェッツに出会ってから5年、10年、15年が経つと、片岡と血眼でレコードを探し回った日々が嘘のようにヴェルヴェッツは普通に聴かれるようになっていた。パンク以後は再評価も加速し、「最初に入手すべきロック・アルバム」のトップ30ぐらいに必ず『&ニコ』が選出されるようになった。

しかし、新参者のファンが語るヴェルヴェッツに、私は違和感を禁じえなかった。パティ・スミスやテレヴィジョンの先輩にあたる「ニューヨーク・パンクの元祖」という評価は、あまりにも安直だと思えたからだ。いや、ヴェルヴェッツを知らずにパンク・バンドをやっている小僧に出会ったら、私だって、「おいおい、ニューヨーク・パンクの元祖だぜ」と言うだろうが、音楽の専門誌で簡単にそう書かれたりすると、「せめてウォーホルの名前ぐらい出せよ」と思ったし、ウォーホルやファクトリーの名前があればあったで、「どこまで知ってるの？」と疑問を感じるのである。

それは、ルーの日本デビューから聴いてきたからではない。そんなことは自慢にはならない。けれど、ヴェルヴェッツを聴いて、「これなら俺にもできるかもしれない」とバンドを始め、それを50年近く続けてきたという自負はある。「音楽で表現したい」という衝動を、いまも私は持っているし、商売として成立させるよりも、自分の気持ちに正直でありたいと思っている。

レコード会社からもらったアドヴァンスをなるべく残して〝経費〟という名の生活費にしたり、ツアーのステージで新しいことを試したりするのは、中堅以下のロック・バンドを存続させる方法だ。ローリング・ストーンズやU2のようなスタジアム・クラスのバンド以外は、大道具や照明のタイミングを合わせるための〝ゲネプロ〟なんてできないし、そういうビッグ・ネイムだってツアーの初日から〝完成形〟を観せられるわけではない。ロック・バンドは常に成長しようとするし、昨日とは違っ

93年の再結成ツアー時。左から、スターリング・モリソン、
モーリン・タッカー、ジョン・ケイル、ルー・リード。

た地平に立つために逸脱や破壊を厭わないものなのだ。それを知らない音楽ライターが、あの、ドラッグやセックスまみれの時代の関係者の発言を、いとも簡単に引用した文章を書いているのが、私にはどうにも許せない。ロック・ミュージシャンの言うことがいかにいいかげんかを知っていたら、そういう原稿にはならないだろ？

しかしそれでも、ヴェルヴェッツがしだいに正当な評価を得て、多くの人に聴かれるようになったのは喜ばしい。入口はどうだろうと、いつか〝本質〟に気づいてくれればいいと思っている。

音楽業界のレールに乗らず、そのときの衝動をありのまま音にしたザ・ヴェルヴェット・アンダーグウンドは、「なにがロックか」を伝える、踏み絵のようなバンドである。「ミュージシャンの言うことはいいかげん」と前段で書いたばかりだが、適度にいいかげんでなければ人と一緒にものはつくれない。真性の衝動と、ドラッグやセックス、さらに人間関係においてのいいかげんさこそが、ヴェルヴェッツの絶妙なバランスだと私は思っている。

93年には、ルー、ジョン、スターリング、モーによる

初期ヴェルヴェッツ、ファクトリー関係者のアーカイヴ音源

（上）ファクトリーの番頭だったジェラード・マランガの詩の朗読や音楽を集めた“Up From The Archives”（1999年）。アンガス・マクリーズ、ウィリアム・バロウズ、イギー・ポップ、サーストン・ムーアとの共演を含む。
（中）最初のドラマー、アンガス・マクリーズ（1938〜1979）が残したドローン・ミュージックなどをまとめた“Cloud Doctrine”（2003年）。
（下）ファクトリー映画に俳優として関わっていたエリック・エマーソンが68年に結成したメシアから、75年まで活動したマジック・トランプスの録音を集めた唯一アルバム“Kickin' Up Moonlight Dust”（2006年）は日本のキャプテン・トリップからリリースされた。

再結成ツアーが行われ、パリで収録された『ライヴ1993』までリリースされた。その演奏は大方の予想を覆すタイトなもので、ヴィデオに記録された4人はいい感じに歳をとり、尾鰭のついた伝説をぶち壊す〝新しいロック・バンド〟として、自然にそこに立っていた。賛否両論あったが、60をすぎてもバンドをやっている私には、あのときの誠実さが年々重く感じられてきている。

その3年前、ルーとジョンによる『ソングス・フォー・ドレラ』のショウをNHKホールの最前列で観たとき、アンコールでようやくスタンディング・オヴェイションが起こったのに安心したのか、ルーとジョンはステージの前まで出てきて歓声に応えた。私がルーに手を差し出すと、彼はガッと手を摑んでくれて、私の目を見た。その手、その目を私は忘れない。いつか彼らの本をつくらなければならない、と私が思ったのはそのときだ。まだ一冊の本も書いていなかった私には、夢のまた夢みたいな話だったのだが……。

多くの未発表音源が出揃い、ファクトリー時代の関係者たちも、サブ・テキストとなる歴史的な資料を公開している。アンガス・マクリーズやジェラード・マランガ、ファクトリー映画で俳優を務めたエリック・エマーソンのバンド、マジック・トランプスにまではさすがにページが割けなかったから、右に並べてみた。

Chapter 2
THE VELVET UNDERGROUND
Original Albums

和久井光司

The Velvet Underground & Nico
ヴェルヴェット・アンダーグラウンド＆ニコ

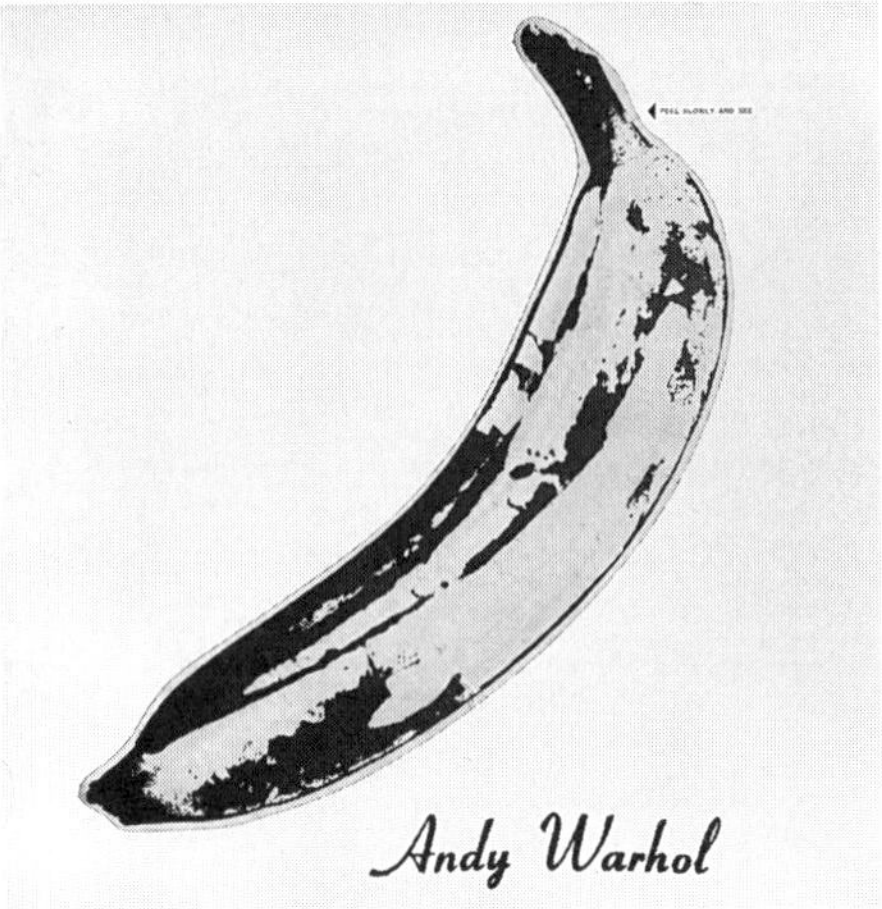

Verve／V-5008 (mono)／V6-5008 (stereo)
Release: 1967年3月12日

[Side A]
1. Sunday Morning
2. I'm Waiting For The Man
3. Femme Fatale
4. Venus In Furs
5. Run Run Run
6. All Tomorrow's Parties

[Side B]
1. Heroin
2. There She Goes Again
3. I'll Be Your Mirror
4. The Black Angel's Death Song
5. European Sun

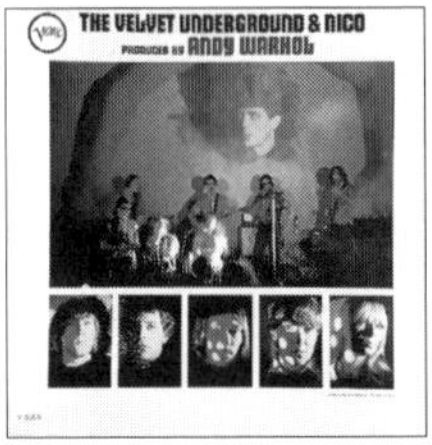

1st Back Cover／mono

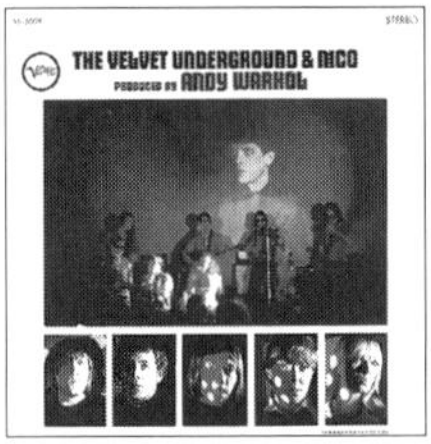

2nd Back Cover／stereo

人のことは言えないが、ロックの名盤ガイドや、ミュージシャンが影響を受けたアルバムを語る記事などで、このアルバムが大きく紹介されているのを見て、「ほう、そりゃイイものに違いない」とか、「とてもロックらしいロックなんだろう」と思って買いに走った人は、ものすごく多いはずだ。CD世代までのロック・ファンは、一度は通っているアルバムだろう。バナナが剝けなくてもジャケットのアート感はわかるだろうし、「サンデイ・モーニング」と「ファム・ファタール」と「アイル・ビー・ユア・ミラー」は普通にイイ曲だと思うはずだから、全部が好きとは言えないけれど持っている、という人が少なくない。

ハイ、いま「そう！　これだけは持っているの！」と言ったそこのお姉さん、申し訳ないけどビートルズ全アルバムの回に戻ってくださーい。「ホワイト・ライトもあるなぁ」と言ったキミ、きっと40ぐらいなのにパンク小僧っぽいそこのお兄さんだよ。「オレ？」じゃないって。キミはボブ・ディラン登場の回の補講を受けてくださーい。

あのさ、ロックってそんなにわすりやすいものじゃないのね。そりゃエンタテインメントの要素もあるけど、65年にディランがロックの扉を開けてからウッドストックまでの4年のあいだに世に出て残った人たちは、覚悟を持って芸術に踏み込んだわけ。だから生半可な気持ちで聴いてちゃわかりっこないの。清濁呑み込んで体験するって覚悟がないならポップスを聴いてればいいんですよ。ポップスだってちゃんとわかろうと思ったら大変なんだから……。

そんな先生がいるスクール・オブ・ロックがあればよかったのに。まぁ、学校で教えてくれることなんか何の役にも立たないと悟った人たちが始めたのが芸術なんだけど。

職業作家だったルー・リードが、現代音楽の極北を目指していたジョン・ケイルと出会って生まれたのが、ザ・ヴェルヴェット・アンダーグラウンドである。一筋縄ではいかない。ジョンはルーが持っていたボブ・ディラン的な要素にノーを出し、フォークやカントリー的なアプローチがまず禁じ手となった。スターリング・モリソンを加えて3人で録ったデモを聴けば、このアルバムに至るまでにジョンが排除したことがわかる。そしてモーリン・タッカーが加わったことで、R&B／ソウル的なグルーヴもなしになった。彼女にはそういう〝弾み〟が叩けないからだ。

最初にルーが持ってきた「ヘロイン」と「アイム・ウェイティング・フォー・ザ・マン」を気に入ったジョンは、ヴィオラによるドローンと、リズムのエッジを立たせるための叩きつけるようなピアノを加え、ルーは〝性の開放〟という時代の空気を同性愛やSMに求めた。ギターのエフェクターなんてファズしかない時代だったが、エピフォンのリヴィエラをアンプに近づけてハウらせる方が手っ取り早く暴力的だったからそっちを採用。音楽的な素養のないウォーホルにもハプニング性の高い混沌はわかったから、ここにニコを加えれば大衆の目を引きつけられるだろうと踏んだわけだ。66年4月25日にセプター・スタジオで録音されたデモ9曲が残っているが、その段階で方向性は決まっている。TTGスタジオでの本格的なレコーディングは6月までに終わったのに、トム・ウィルソンは「さすがにこれじゃあ」と思ったのかポップな曲を要求。セカンド・シングルのA面用にルーとジョンが書いた「サンデイ・モーニング」が加えられた。迷盤を名盤と読み違えた人たちによって大きくなったアルバムと言ってもいい。

White Light / White Heat
ホワイト・ライト／ホワイト・ヒート

Verve／V6-5046
Release: 1968年1月30日

[Side A]
1. White Light/White Heat
2. The Gift
3. Lady Godiva's Operation
4. There She Comes Now

[Side B]
1. I Heard Her Call My Name
2. Sister Ray

(Back Cover／mono)

(UK 2nd Cover)

なぜSMだったのかと言えば、虐める／虐められるの関係は表裏一体で、逆転したところが究極とも受け取れるからである。トニー・コンラッドが拾ってきたマイケル・レイのペイパーバック“The Velvet Underground”は、その辺に落ちているエロ本ではなく、具体的にSMプレイを論じたものだった。だからルーやジョンも興味を持ち、バンド名になったわけだ。しかし、マゾヒズムの語源になったレオポルド・フォン・ザッヘル＝マゾッホの自伝的な小説のシーンをそのまま歌詞に引用した「毛皮のヴィーナス」は、「ヘロイン」に続く〝バンドのイメージづくり〟だったのだろう。それが表層的だとか嘘くさいとは思わないし、ロック・アンド・ロールはもともと「つかまえて転がしちゃえ」みたいな意味のセックスを指す言葉だから、同性愛もSMも進歩的だったのだが。

「ヘロイン」にしても、有名なカントリー・クラシック「コカイン・ブルース」（47年にW.C.Nichol's Western Acesが吹き込んだのがオリジナルとされる）という下敷きがあってのことで、ブルースではひとつのジャンルである〝マーダー・バラッド（悪漢話）〟をロック世代の不良ソングに移行させたものとも受け取れる。つまり、ルーの歌詞は〝伝統の範疇〟とも考えられたわけだ。

『&ニコ』の凄みは（録音はともかく）「意図的にああいう音楽がつくられた」という一点に尽きる。フィードバックやノイズを別とすれば、〝偶然性〟は極めて少ないし、メロディもリズムもコードもはっきりしていて、アウトしているところはほとんどない。22ページに「アイム・ウェイティング・フォー・ザ・マン」のスコアを載せたが、「ヘロイン」「毛皮のヴィーナス」「ブラック・エンジェルズ・デス・ソング」「ゼア・シー・ゴーズ・アゲイン」などの譜面も存在する。みんなで決めたコードのうえでシンガーが叫んだのが〝曲〟になった77年のパンク・バンドとは、成り立ちがまったく違うのである。

けれども時代はハプニングを求めていた。〝決めごと〟からの逸脱もよしとする〝自由〟こそがロックのロックたるところだと思われ、〝ポップス〟との差別化が始まっていたのだ。だからトム・ウィルソンはヴェルヴェッツを認めたのだろうが、「サンデイ・モーニング」を要求するのだから、そりゃバンドは迷うよ。

ニコが別になったことでバンドは解き放たれたのか、67年9月にニューヨークのメイフェア・レコーディング・スタジオで録音されたこのアルバムは前作とは真逆の即興大会となった。ルーがひとりで書いたタイトル曲と「レディ・ゴディヴァズ・オペレーター」「アイ・ハード・ハー・コール・マイ・ネーム」、ルー、ジョン、スターリングの共作曲「ヒア・シー・カムズ・ナウ」は曲の骨格がはっきりしているが、4人の共作「ザ・ギフト」と「シスター・レイ」はルーのポエトリー・リーディング＋即興演奏という体で、17分27秒に及んだ後者はのちに蔵出しされたいくつかのライヴ・ヴァージョンより暴力的だ。

♪ワイライ〜とズッコケたコーラスで始まりながら、最後はアヴァンギャルドというのはある意味突き抜けているが、大衆に理解されなかったのは当然だろう。荒れ狂う洪水のような演奏を止めなかったウィルソンはエライが、これが歴史に残ったのは、アブドーラ・ザ・ブッチャー／ザ・シーク組やタイガー・ジェット・シンの凶器攻撃みたいなものだったからだと思う。

The Velvet Underground
ヴェルヴェット・アンダーグラウンドⅢ

MGM／SE-4617
Release: 1969年3月

[Side A]
1. Candy Says
2. What Goes On
3. Some Kinda Love
4. Pale Blue Eyes
5. Jesus

[Side B]
1. Beginning To See The Light
2. I'm Set Free
3. That's The Story Of My Life
4. The Murder Mystery
5. After Hours

『ピール・スロウリー・アンド・シー』や『ホワイト・ライト／ホワイト・ヒート』のデラックス・エディションで蔵出しされた4曲（5ヴァージョン）が、ジョン在籍時の最後のスタジオ・レコーディングだ。68年2月13日、14日にニューヨークのA&Rスタジオで録音された「テンプテイション・インサイド・ユア・ハート」と「ステファニー・セッズ」は、シングルを想定してつくられたのも頷ける極上のポップ・チューンだし、5月29日にハリウッドのTTGスタジオで録音された「ヘイ・ミスター・レイン」（2ヴァージョン）と「ビギニング・トゥ・シー・ザ・ライト」は、明らかにこのサード・アルバムに向かっている。「ヘイ・ミスター・レイン」はルーとジョンの共作曲だが、ジョンの色はかなり薄く、主導権はすでにルーに移っている印象である。

『ホワイト・ライト／ホワイト・ヒート』のリリースを決めたところでトム・ウィルソンはヴェルヴェッツから離れていたから、MGMには味方がいなくなった。「続けてこんなアルバムを持ってこられちゃたまらない」と思ったMGMは様子見のつもりでシングル候補の2曲を録音させてみたのだろうが、ヴェルヴェッツのポップな面が出ていたから、ルーに「この路線でやるなら引き続き面倒を見る」と伝えたのではないかと思う。レコード会社やプロダクションというのは、言うことを聞くヤツをまず取り込もうとするものなのだ（若いころはジョン・ケイルばりにトンガっていた私は、メイン・ソングライターなのにバンドから外されたことがある）。

67年8月にマネージャーとなったスティーヴ・セスニックはもともとは著作権管理や契約が専門の男だったから、ソングライターであるルー寄りだ。ジョンが孤立していったのは目に見えるし、セスニックごときの言うことを聞いているルーに、ジョンはガッカリしたんじゃないかと思う。

お互いに認め合っているからこそ負担になってしまうということはバンドにはよくあるが、同い年で誕生日が6日しか違わないルーとジョンの関係は、ロック史の中でも特別と言えるのではないだろうか。

ジョンがいなくなったことでヴェルヴェッツはルーの独裁体制となり、思いのままに曲が書けるようになった。スターリングとモーリンもすっきりしたのか、ルーが描く世界の具現化に協力しているし、それほどの個性はないかわりに足りないところにまわってくれるダグは、バンドの音を固めていくうえでは非常に重要になっていく。

69年11月に録音が始まったサード・アルバムに『ヴェルヴェット・アンダーグラウンド』のタイトルがついたのは、新しいバンドとして生まれ変わったことを意味していたのだろう。曲が粒揃いなうえ、アート的な実験性を残しているのが素晴らしかった。過去2作がものすごい振り幅だったために最初はとても地味に感じられるけれど、アルバムとしての完成度はみごとと言うしかない。

中でも、ぐっと抑えた「ペイル・ブルー・アイズ」から、〝助けて、俺の場所を見つけたいんだ／この弱さから救ってくれ／俺はあんたの慈悲からこぼれ落ちたんだ〟と歌う「ジーザス」への流れと、左右のスピーカーが違うシーンと歌を伝える「マーダー・ミステリー」が出色だ。

フォーキーなサウンドだが、モーのヴォーカル、スターリングのギター、ダグのオルガンも絶妙で、まったく不足がない。知的なアート・ロックの最高峰。

Loaded
ローデッド

Cotillion／SC 9034
Release: 1970年11月15日

[Side A]
1. Who Loves The Sun
2. Sweet Jane
3. Rock & Roll
4. Cool It Down
5. New Age

[Side B]
1. Head Held High
2. Lonesome Cowboy Bill
3. I Found A Reason
4. Train Round The Bend
5. Oh! Sweet Nuthin'

アルバム・タイトル、普通に訳せば「満載」だが、ドラッグが「バッチリ決まった」という意味もあるようだ。単純に「いっぱい積み込んだよ」ということだったのかもしれないが。地下鉄の出口から妖しい煙が立ち昇る様を描いたスタニスロウ・ザゴースキーのイラストがいい。内容をルーは気に入らなかったのかもしれないけれど、秀作と言えるだろう。中3の初日に次のライヴ盤までの5枚を一気に聴けば、ポップなこれがいちばん身近に感じられた。「フー・ラヴズ・ザ・サン」「スウィート・ジェーン」「ロック・アンド・ロール」で決まりだった。

69年に出るはずだったMGMでの4枚目が完成寸前にお蔵入りとなり、コティリオンに移籍。バンドとしてはすっかり固まっていたのにモーが産休に入ってしまったため、ダグの弟ビリーがドラムを叩いた。普通のドラマー（ヘタッピだが）になったことで、ルーの曲が持つリズムの弾みが自然に出ている。いま聴けば当時の問題がさまざまな形で影を落としているのがわかるし、ルーも納得のうえで目指した〝折衷点〟だとしても、1㎎のタバコぐらい軽い。

録音は70年4月から8月にかけてニューヨークのアトランティック・スタジオで断続的に行われたが、最後の段階でセスニックとダグが「フー・ラヴズ・ザ・サン」と「スウィート・ジェーン」に余計な加工をしたのが決定的となったらしく、ルーはミックス作業に顔を出さなくなったようだ。スターリングが彼の味方になっていたら違ったのだろうが、大学時代からの距離感を守ろうとしたのか、ノッポのギタリストは役に立たなかったのだ。

このアルバムに収録された曲は、ルーのヴォーカルを乗せるにはキーが高い。ギターのリフがベストなキーで書いた「スウィート・ジェーン」はルーのキーにも合っているから違和感がないが、ほかはどの曲も高いキーで書き、自分のヴォーカルに張りが出るようにしたんじゃないかと思う。それはルーにとっては〝譲歩〟だったはずだし、バンドを売っていくぞという〝意志〟に違いなかった。

しかし、誰も気づかなかった。ソングライターがバンドに曲を下ろすときの気持ちは、曲を書かないスターリングにはわからないのだろうが、ルーにしてみたら「お前はギターが弾けていればいいのか？」ということにもなるし、〝音楽〟をいじりまわしているに過ぎないダグなど、アーティストとしては認められなかったのだろう。

結果、ルーは口を閉ざしてしまった。「こいつらに言ってもしょうがない」という諦めからだ。

それでもいいレコードはつくれる。職業作家の経験があったルーは承知していた。

けれど、〝それ〟はイヤだったからヴェルヴェッツをつくったのだ。集めたメンバーの想いがバラバラでもバンドはできるが、どこから登ろうと同じ山の頂上を目指すのがバンドだろう。ルーが思いもしなかった道から山を攻めたジョンには敬意も持ったが、うしろからついてくるばかりだったのに頂上に至る最後の坂で横からすり抜けていくメンバーなんて、信じられるわけがなかった。

圧倒的な詞曲を張りのあるヴォーカルで聴かせ、逸脱のないバックがついているから、このアルバムはわかりやすいけれど、『サード』にあったアート的な佇まいはほとんど消えてしまったのである。

それでも愛すべき作品だが、物事がわかるようになってから聴くと、ちょっと悲しいアルバムだ。

Live At Maxes Kansas City
ライヴ・アット・マクシズ・カンサス・シティ

Cotillion／SC 9500
Release: 1972年5月30日

[Side A]
1. I'm Waiting For The Man
2. Sweet Jane
3. Lonesome Cowboy Bill
4. Beginning To See The Light

[Side B]
1. I'll Be Your Mirror
2. Pale Blue Eyes
3. Sunday Morning
4. New Age
5. Femme Fatale
6. After Hours

およそ3年ぶりのニューヨーク公演は、70年6月24日〜28日を皮切りに、8月まで、毎週水曜〜日曜の23時から25時（2ステージ）に、パーク・アヴェニュー・サウスのマクシズ・カンサス・シティで行われた。65年にミッキー・ラスキンによって創業されたこのクラブは、本作で世界的に知られるようになったが、74年にいったん閉店。75年には経営者がトミー・ディーン・ミルズに変わり、81年まで営業された。パンクの温床となるCBGB'sの見本となった店として、ロック史に名を残している。アリス・クーパー、ビリー・ジョエル、ブルース・スプリングスティーンらも、ヒット曲が出る直前までは常連だった。

ウォーホルと袂を分かったヴェルヴェッツは、意識的にニューヨークを離れたらしく、ボストン・ティー・パーティや、サンフランシスコのマトリックスを拠点にツアーを組むことが多かった。70年6月にマクシズの定期公演を始めたのは、アトランティックの本拠地でもあるニューヨークで地固めをしておこうという策だったらしい。

けれども『ローデッド』に嫌気が差していたルーは、8月最終週まで務めることができず、23日のステージを終えたあと（日付変わって24日に）失踪してしまったのだ。ルー最後の夜を友人のブリジッド・ポルクがカセットに録っていたため、セスニックはコティリオン／アトランティックとの契約を履行するためにこれを使ったのだが、ブートレッグなみのモノラル録音で、演奏もベストとは言い難かったから、発売時には酷評を浴びることになった。

72年5月30日というリリース・データが伝えているのは〝ギリギリのタイミング〟だ。『ローデッド』の発売から1年半のあいだにもう1枚アルバムを出さなければ、2年で2枚という契約は成立しない（通常、レーベルを離れる半年前までに新作を提出するのがルールである）。セスニックはアルバム2枚分のアドヴァンスをアトランティックからせしめ、それを分割でもらっていたはずだから、このタイミングで出さなければ借金が残ることになる。

バンドが続いているように装わなければ、金の出どころがなくなってしまうと踏んだセスニックとダグは、「ルーが脱退してもヴェルヴェッツは存在する」とアピールするためにドサまわりのようなツアーを繰り返していくが、アメリカでは相手にされなくなっていった。

この、ひどい音のアルバムには、「けれども」と言わせる魅力がある。凡百のライヴ盤は、音が欠けた部分をスタジオで補正したり、場合によっては差し替えを行ったりして〝つくられた〟ものだ。当時のロック・ファンにはそれをよしとしない連中も多く、「おどりゃ～そのまま出さんかい！」という風潮もあったからブートレッグが流行ったのだが（新宿のキニーなんてブートでひと財産築いた）、こんな〝リアル・ライヴ〟がメジャーから出るなんて、ものすごい〝潔さ〟だった。

曲がよくて、チューニングとリズムが合っていて、そこそこのバランスで録れていれば、〝ロックは何とかなる〟と世界中のバンドに思わせたという意味では、これこそがパンクの元祖だったはずだ。

褒められた演奏／録音ではないのに、もっと聴きたくなるのがミソ。04年の18曲ヴァージョンはさすがに冗長だと思うけれど、現行の15曲ヴァージョンは良い。オリジナル盤のひどい音に慣れてしまった身には、今世紀のリマスターは〝極上〟に感じられる。

Squeeze
スクイーズ

UK・Polydor／2383 180
Release: 1973年2月

[Side A]
1. Little Jack
2. Crash
3. Caroline
4. Mean Old Man
5. Dopey Joe
6. Wordless

[Side B]
1. She'll Make You Cry
2. Friends
3. Send No Letter
4. Jack & Jane
5. Louise

ルーのいないヴェルヴェッツなんて認めない、と言う気はないが、ロンドンのスタジオ・ミュージシャンをバックに録音されたこのアルバムは、ダグ・ユールのソロ作だ。

収録された11曲はすべてダグのオリジナルで、ルーを小型にしたような曲もあるのだが、ヴェルヴェッツの名前で商売するセスニックに乗ってしまったダグは情けない。「プライドはないのか！」と一喝したくなる。これなら『ファイナルV.U.』のライヴ音源の方がマシである。いや、ダグのソロ作として聴けば、これだってそんなに悪くはないのだが。

英国のポリドールとワン・ショット契約を決めてきたセスニックは大したものだが、なるべく安く録音するためにダグは多くの楽器を自分でプレイしたようだ。ドラムと女性コーラス以外は、ほとんどひとりで演っているのではないかと思う。ミュージシャンも、スタジオも、エンジニアも、録音日時もクレジットされていないから、確実に語れることが極めて少ないのだ。

唯一明らかになっているのは、ディープ・パープルのイアン・ペイスがドラムを叩いていることだが、全曲かどうかはわからない。そんなアルバムである。

最初に英国とドイツでリリースされ、追いかけるように日本。フランスとスペインでも発売されたが、アメリカでは出たことがない。そんなアルバムである。

こういう作品を論評するのは悲しい。素直にいいところを書いても読者には信じてもらえないだろうし、聴かなくていいと言ってしまえばヴェルヴェッツの歴史に幕が降ろせない。こういう形で終わりを迎えることがあるのもバンドだから、存在を認めることは重要なのに。

いま30年ぶりに聴いたけれど、悪くない。けれど、それ以上は言えないかな。そんなアルバムである。

1969 Velvet Underground Live
1969〜ヴェルヴェット・アンダーグラウンド・ライヴ

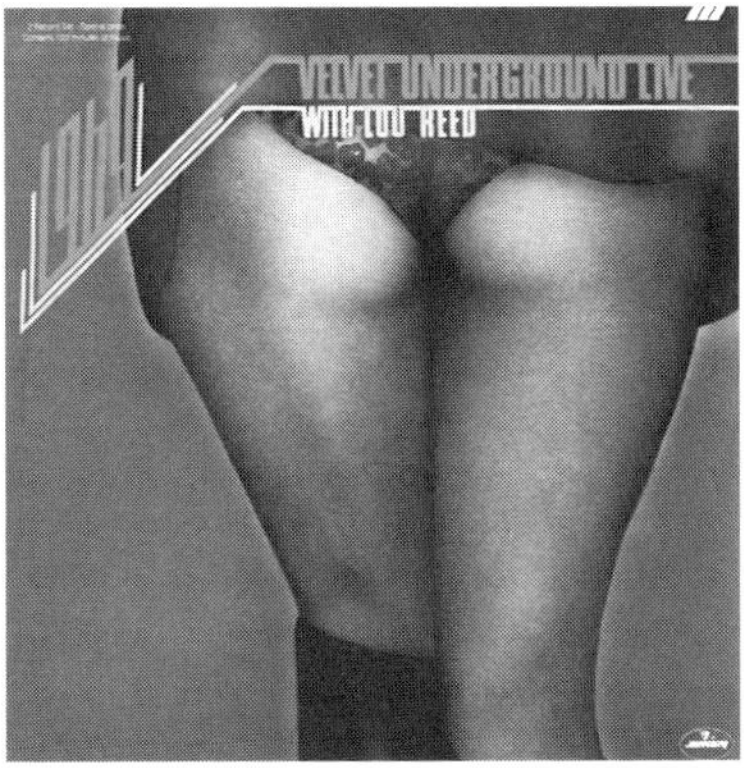

Mercury／SRM-2-7504
Release: 1974年9月
[Side A]
1. Waiting For My Man / 2. Lisa Says / 3. What Goes On / 4. Sweet Jane
[Side B]
1. We're Gonna Have A Real Good Time Together / 2. Femme Fatale / 3. New Age / 4. Rock And Roll / 5. Beginning To See The Light
[Side C]
1. Ocean / 2. Pale Blue Eyes / 3. Heroin
[Side D]
1. Some Kinda Love / 2. Over You / 3. Sweet Bonnie Brown / It's Just Too Much / 4. White Light/White Heat / 5. I'll Be Your Mirror

ルーの人気にあやかってのリリースだったのは、タイトルに"with Lou Reed"の一語が加えられていることからも明らか。オリジナルは2枚組だが、日本初版はA面とC面を併せた1枚もので、やがて米英でも"Vol.1""Vol.2"と分売した再発盤が登場した。おかげで意外と厄介。

69年10月〜12月のマトリックス・ライヴを中心とする音源がマーキュリーに持ち込まれたのは、財政難に陥っていたスティーヴ・セスニックを救うためだったそうだが、(メンバーに怒られそうだったからか)セスニックは具体的な編集作業を、『ローリング・ストーン』に執筆しながらマーキュリーでA&Rマンをやっていたポール・ネルソンに任せたのだ。ライナーノーツは彼とエリオット・マーフィーが書いている。

『サード』のデラックス・エディションに再編集されたマトリックス・ライヴが収録され、それを中心とした『ザ・コンプリート・マトリックス・テープス』まで聴けるようになった現在では用済みとなった感もある本作だが、内容は折り紙つきのうえ、手軽に入手できるとあって、いまだに高い人気を誇っている。

LPは全17曲だったが、現行のCDには別日の「ヘロイン」と、「アイ・キャント・スタンド・イット」が追加されているので、2枚組CDが決定版と言っていいだろう。

しかし『ザ・コンプリート・マトリックス・テープス』のおかげで、ここに収録された曲たちの録音日時が揺らいできた。こうなったら69年秋から暮れのライヴをまとめた全集を希望したいし、その箱にはアーンスト・ソーマーレンが描いたこのジャケットの絵柄を使ってほしい。

ルーのリズム・ギターとモーのドラムの一体感は格別だし、ジョンがいなくてもサイケな曲はサイケ。パティ・スミスも「ベスト」とする名作である。

Live MCMXC III
ライヴ1993

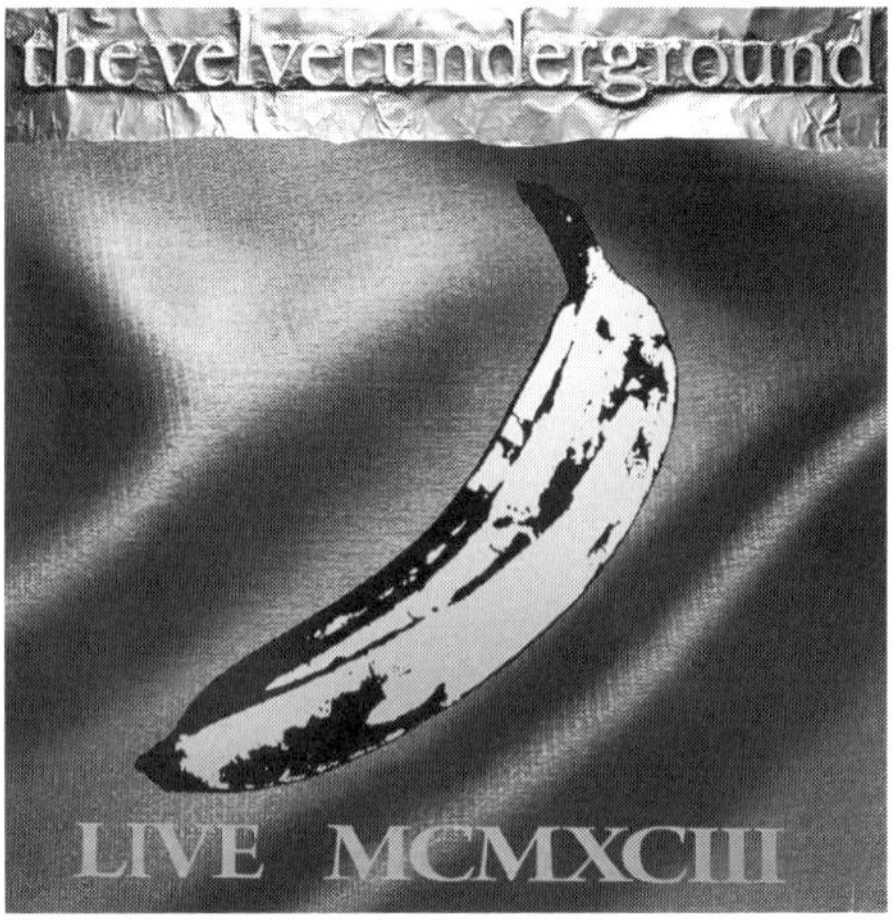

Sire／9 45464-2［CD］
Release: 1993年10月26日

［**Disc 1**］
1. We're Gonna Have A Real Good Time Together
2. Venus In Furs
3. Guess I'm Falling In Love
4. Afterhours
5. All Tomorrow's Parties
6. Some Kinda Love
7. I'll Be Your Mirror
8. Beginning To See The Light
9. The Gift
10. I Heard Her Call My Name
11. Femme Fatale

［**Disc 2**］
1. Hey Mr. Rain
2. Sweet Jane
3. Velvet Nursery Rhyme
4. White Light / White Heat
5. I'm Sticking With You
6. Black Angel's Death Song
7. Rock 'N' Roll
8. I Can't Stand It
9. I'm Waiting For The Man
10. Heroin
11. Pale Blue Eyes
12. Coyote

（DVD）

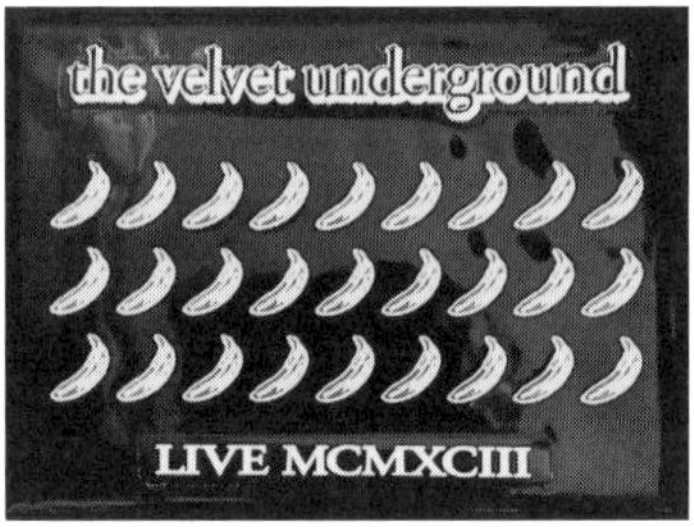

Live MCMXC III (Limited Edition)
Sire／9 45343-2［CD］
1. Venus In Furs
2. All Tomorrow's Parties
3. Some Kinda Love
4. The Gift
5. Afterhours
6. Sweet Jane
7. Rick 'N' Roll
8. I'm Waiting For The Man
9. Heroin
10. Pale Blue Eyes

再結成めいたパフォーマンスは、89年12月3日のニューヨーク、ブルックリン・アカデミー・オブ・ミュージック（ルー、ジョン、モー）、90年6月15日のフランス、ジェイ・アン・ジョザ（69年のジョン脱退以来の4人）、92年2月20日のパリ、カジノ・デ・パリス（モー、スターリング、ルー）、92年12月5日のニューヨーク大学（ジョン、スターリング、ルー）があったが、本格的な再結成は93年のツアーが最初で最後となった。

6月1日、2日のエジンバラ、プレイハウスでスタートしたツアーは、ロンドン2箇所、オランダ2箇所、ドイツのハンブルク、チェコ、パリ3公演、ベルリン、フランスのストラスブルグ、英国のグラストンベリー・フェス、再びパリ、スイス2公演、デンマーク、イタリア4公演と続いた。全22公演。このライヴ・アルバム／ヴィデオは6月15～17日のパリ、オリンピア公演を収録したものだ。

硬質な演奏だが〝パンクの元祖〟と言うよりは〝アート・ロック〟の趣。やはり狂った大学教授みたいなジョンがキモで、『アナザー・ヴュー』で蔵出しされた「ヘイ・ミスター・レイン」が、オリジナル・ヴァージョンとはまったく異なる15分超えのインプロ大会となっていたのには驚いた。「シスター・レイ」をやらなかったから、その気持ちがこっちに乗っかったのかもしれないが、フリーキーなルーのギターと、それに応えるジョンのヴィオラはちょっと凄い。ふたりを支え続けるモーのドラムとスタリーングのベースがまったく揺らがないのもストイックだし、「熱くならずにこういう演奏をするのがヴェルヴェッツのカッコよさだなぁ」と感心してしまう。

ストレートなナンバーは「ロック・アンド・ロール」と「アイ・キャント・スタンド・イット」がいいが、「アイム・ウェイティング・フォー・ザ・マン」のヴォーカルをジョンに任せたのは謎だし、続く「ヘロイン」で異常に盛り上がる観客には興醒めさせられる。お前ら、この曲に手拍子はないんじゃないか？

新作を録音する計画もあったから、新曲「ヴェルヴェット・ナーサリー・ライム」と「コヨーテ」を披露しておいたのだろうが、このツアー中にルーとジョンが険悪になったため、新作は反故となり、誰かが抜けたことはあっても解散したことはなかったオリジナル・ヴェルヴェッツの正式な解散が発表された。

〝パンクの元祖〟を期待していた若者たちには当然受けなかったが、ヴァイナルの特殊ジャケ10曲入りの限定CDと、アナログ4枚組ヴァージョンが私はとても好きだ。

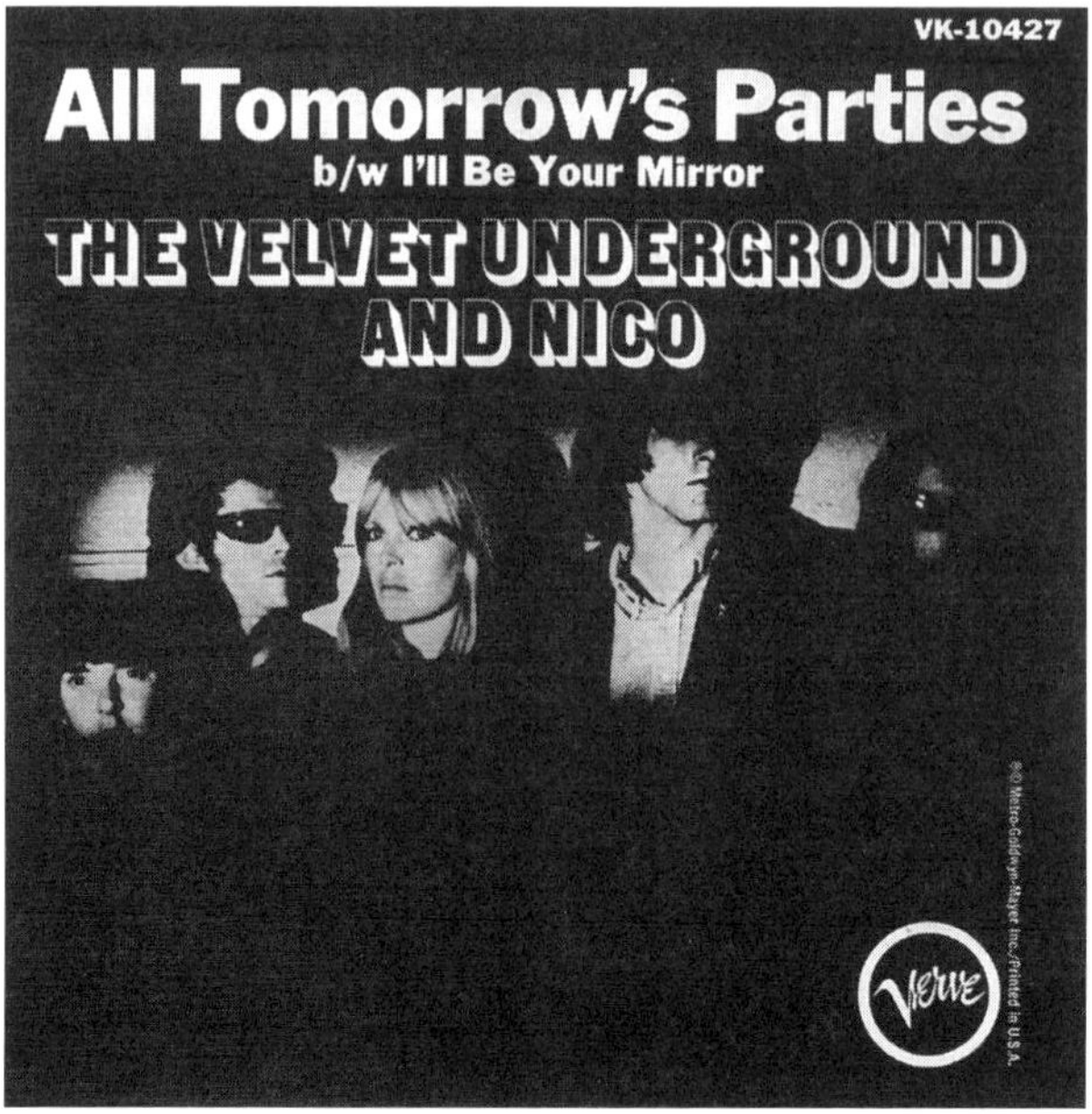

Original Singles Discography

All Tomorrow's Parties / I'll Be Your Mirror
Verve／VK-10427
Release: 1966年7月

Sunday Morning / Femme Fatale
Verve／VK-10466
Release: 1966年11月

White Light / White Heat / Here She Comes Now
Verve／VK-10560
Release: 1967年11月

What Goes On / Jesus
MGM／K-14057（Promo Only）
Release: 1969年3月

Who Loves The Sun / Oh! Sweet Nuthin'
Cotillion／45-44107
Release: 1970年4月

Chapter 3

THE VELVET UNDERGROUND

Reissue & Compilations

犬伏 功
森 次郎
山田順一
和久井光司

The Velvet Underground & Nico
(Super Deluxe Edition)
ヴェルヴェット・アンダーグラウンド&ニコ
(45周年記念スーパー・デラックス・エディション)

US・Polydor/B0016946-02［CD］
Release: 2012年10月30日

［Disc 1］
The Velvet Underground & Nico "Stereo Version"
1. Sunday Morning
2. I'm Waiting For The Man
3. Femme Fatale
4. Venus In Furs
5. Run Run Run
6. All Tomorrow's Parties
7. Heroin
8. There She Goes Again
9. I'll Be Your Mirror
10. The Black Angel's Death Song
11. European Son
Alternate Versions
12. All Tomorrow's Parties
 (Alternate Single Voice Version)
13. European Son (Alternate Version)
14. Heroin (Alternate Version)
15. All Tomorrow's Parties
 (Alternate Instrumental Mix)
16. I'll Be Your Mirror (Alternate Mix)

［Disc 2］
The Velvet Underground & Nico "Mono Version"
1〜11 はDisc 1と同曲目
The Singles
12. All Tomorrow's Parties (Mono Single)
13. I'll Be Your Mirror
 (Mono Single - Alternate Ending)
14. Sunday Morning (Mono Single - Alternate Mix)
15. Femme Fatale (Mono Single)

［Disc 3］
Nico: Chelsea Girl
1. The Fairest Of The Seasons
2. These Days
3. Little Sister
4. Winter Song
5. It Was A Pleasure Then
6. Chelsea Girls
7. I'll Keep It With Mine
8. Somewhere There's A Feather
9. Wrap Your Troubles In Dreams
10. Eulogy To Lenny Bruce

［Disc 4］
Scepter Studios Sessions:
Acetate Cut On April 25, 1966
1. European Son (Alternate Version)
2. The Black Angel's Death Song (Alternate Mix)
3. All Tomorrow's Parties (Alternate Version)
4. I'll Be Your Mirror (Alternate Version)
5. Heroin (Alternate Version)
6. Femme Fatale (Alternate Mix)
7. Venus In Furs (Alternate Version)
8. Waiting For The Man (Alternate Version)
9. Run Run Run (Alternate Mix)
The Factory Rehearsals: January 3, 1966
10. Walk Alone
11. Crackin' Up / Venus In Furs
12. Miss Joanie Lee
13. Heroin
14. There She Goes Again
15. There She Goes Again

Live At Valleydale Ballroom, Columbus, Ohio, November 4, 1966

［Disc 5］
1. Melody Laughter
2. Femme Fatale
3. Venus In Furs
4. The Black Angel's Death Song
5. All Tomorrow's Parties

［Disc 6］
1. Waiting For The Man
2. Heroin
3. Run Run Run
4. The Nothing Song

ユニバーサルの〝デラックス・エディション〟シリーズに『ヴェルヴェット・アンダーグラウンド&ニコ』が加えられたのは同企画がスタートした02年（当時はまだレーベル統合前でポリグラム／MCAからの発売）のこと。ここでは長らく廃盤のままだったアルバムのモノ・ヴァージョン全曲の初デジタル化が実現、同じく再発売の機会に恵まれなかったシングル用ヴァージョンもしっかり拾われていた。その後、あらゆる関連音源の網羅を目的としたさらに上位の企画〝スーパー・デラックス・エディション〟シリーズが始まったが、アルバム発売45周年となる12年に同シリーズの一作としてリリースされたのが本ボックスである。

最初の〝デラックス・エディション〟発売から10年を経ての拡大版となった本作、ヴェルヴェッツ研究家として著名なリッチー・ウンターバーガーのエッセイと貴重な図版が掲載された92ページのハードカヴァー・ブックに6枚のCDが封入された豪華なつくりが魅力だが、音のみに目を向ければ、02年版の〝デラックス・エディション〟をベースに2つの大きな新発掘音源を網羅したもの、と言える。他の〝スーパー・デラックス〟同様に高額の限定盤ゆえすでに入手困難となっているが、Spotifyなどのサブスクリプション・サービスで聴くことは可能だ。

ディスク1にはアルバム本編のステレオ・ヴァージョンと5曲の別ミックス／ヴァージョンを追加、ディスク2には02年版〝デラックス・エディション〟にも収められていたアルバムのモノ・ヴァージョンと2枚のシングル両面、計4曲が加えられている。ディスク3にはモーリン・タッカー以外のメンバー全員が作曲と演奏で関わった実質上のヴェルヴェッツ作品、ニコの『チェルシー・ガール』の全曲を収録。残る3枚のディスクが初公式リリースとなるもので、ディスク4にはコロムビア・レコードの営業責任者ノーマン・ドルフによってニューヨークのセプター・スタジオで録音、66年4月25日に作成されたアセテート盤に収められた9曲と、ファクトリーで66年1月に行われたリハーサル音源6曲を収録。ディスク5〜6にはオハイオ州コロンバスのヴァレイデール・ボールルームで66年11月4日に行われたライヴが収められているが、28分にも及ぶインプロヴィゼイションを捉えた2曲に圧倒される一方で、アルバム収録曲となった7曲がいずれもスタジオ・ヴァージョンに忠実な演奏というギャップが面白い。レコード・デビュー前の貴重な記録だが音質もまずまずで、この手の録音としては聴きやすい方だろう。なお、このライヴのみ本ボックスでしか聴くことができない。（犬伏）

The Velvet Underground & Nico
(Deluxe Edition)
ヴェルヴェット・アンダーグラウンド&ニコ
(デラックス・エディション)

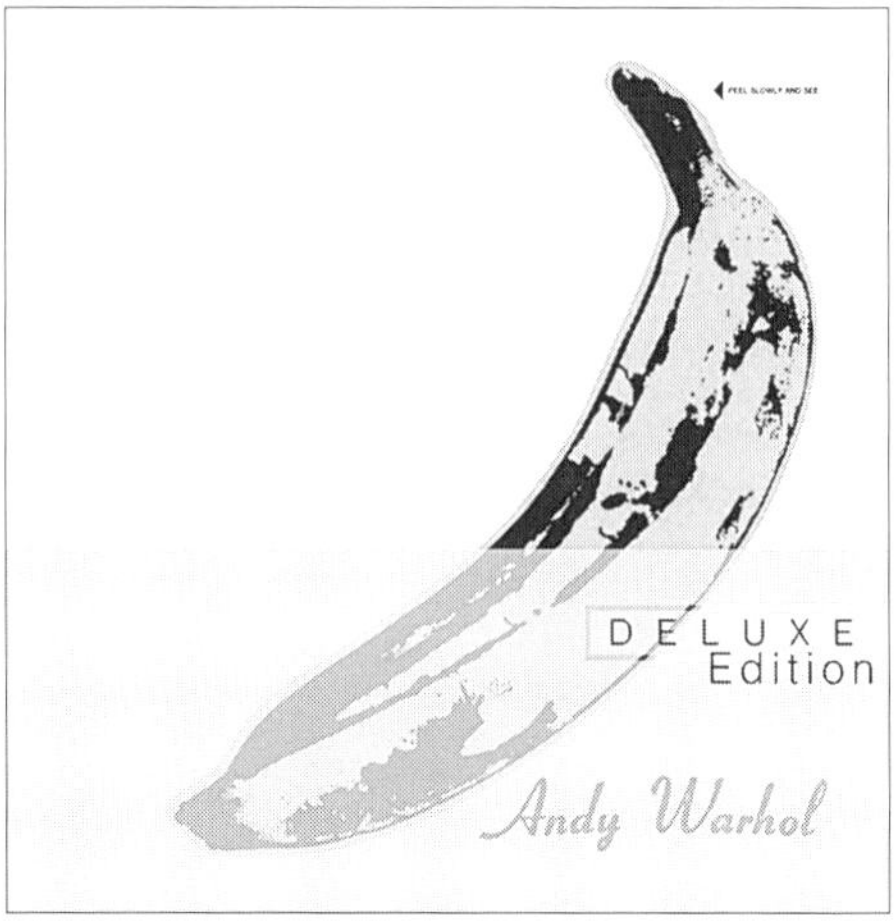

US・Polydor/B0016945-02［CD］
Release: 2012年10月30日
［Disc 1］
The Velvet Underground & Nico "Stereo Version"
1. Sunday Morning
2. I'm Waiting For The Man
3. Femme Fatale
4. Venus In Furs
5. Run Run Run
6. All Tomorrow's Parties
7. Heroin
8. There She Goes Again
9. I'll Be Your Mirror
10. The Black Angel's Death Song
11. European Son
Alternate Versions
12. All Tomorrow's Parties (Alternate Single Voice Version)
13. European Son (Alternate Version)
14. Heroin (Alternate Version)
15. All Tomorrow's Parties (Alternate Instrumental Mix)
16. I'll Be Your Mirror (Alternate Mix)
［Disc 2］
Scepter Studios Sessions: Acetate Cut On April 25, 1966
1. European Son (Alternate Version)
2. The Black Angel's Death Song (Alternate Mix)
3. All Tomorrow's Parties (Alternate Version)
4. I'll Be Your Mirror (Alternate Version)
5. Heroin (Alternate Version)
6. Femme Fatale (Alternate Mix)
7. Venus In Furs (Alternate Version)
8. Waiting For The Man (Alternate Version)
9. Run Run Run (Alternate Mix)
The Factory Rehearsals: January 3, 1966
10. Walk Alone
11. Crackin' Up / Venus In Furs
12. Miss Joanie Lee
13. Heroin
14. There She Goes Again
15. There She Goes Again

『&ニコ』の〝デラックス・エディション〟が初めてリリースされたのが02年。それから10年を経た12年にアルバム発売45周年に合わせリリースされたのが本作。同時発売されているCD6枚組の〝スーパー・デラックス・エディション〟からディスク1と4をそのまま抜き出したものだが、最も重要なところはここにしっかり押さえられている。高額な限定盤としてすでに売り切れ状態の〝スーパー・デラックス〟とは異なり、本作の方は現在もカタログに載っているロングセラーの定番商品である。

ディスク1は『&ニコ』のステレオ・ヴァージョンに5曲の別ヴァージョン/ミックスを追加したもの。⑫「オール・トゥモロウズ・パーティーズ」はニコのヴォーカルがシングル・トラックの別ミックスで、アルバム及びシングル・ヴァージョンのいずれもニコのヴォーカルがダブル・

トラック処理されており、ここに収められたストレートなシングル・ヴォーカル・ヴァージョンの方がニコの存在感がより強く感じられる。⑫のみ86年に米国でリリースされたCDが初出で、他の4曲は本作及び〝スーパー・デラックス〟で初めてリリースされたものだ。⑬「ヨーロピアン・サン」は完成版にあるSEや編集が加えられる前の9分を超えるフル・ヴァージョンで、続く⑭「ヘロイン」とともに後述の通称〝セプター・セッションズ・アセテート〟収録のものと同一テイクのステレオ・ヴァージョン。⑮「オール～」はヴォーカルが加わる前のバッキング・トラックで、ニコの歌がないとラーガ・ロック期のバーズのアウトテイクのようにも聞こえる。⑯「アイル・ビー・ユア・ミラー」はリリース版と同じテイクながら、完成版にあるエコー処理等がまったく行われていないフラットな音像で、まるで目の前で歌っているようなニコのヴォーカルが生々しい仕上がりだ。

本作及び〝スーパー・デラックス〟の最大の目玉となったのがディスク2に収められた〝セプター・セッションズ・アセテート〟からの9曲だろう。これは02年にカナダ人のコレクター、ウォーレン・ヒルがチェルシーのフリー・マーケットで発見したもので、購入金額はなんと75セントだったという。その後アメリカのオークション・サイト：eBayに出品され、2万5千ドル超えで落札されている。以来ブートレグとして流通していたが、ここで念願の公式リリースとなった。このアセテート盤はコロムビアの営業責任者、ノーマン・ドルフがウォーホルの依頼を受けてニューヨークのセプター・スタジオで行った録音を、エンジニアのジョン・リカタが4トラック・テープからモノラルにミックス・ダウン、4月25日にアセテート盤にカットしたもので、契約を目的にコロムビア・レコードへ預けられたが却下されている。この時の録音がアルバムのベースとなったが、「アイム・ウェイティング・フォー・ザ・マン」「ヴィーナス・イン・ファーズ」「ヘロイン」はTTGスタジオでの再録音ヴァージョンが採用されたため、ここで聞けるものは未発表の初期テイクということになる。また「オール・トゥモロウズ・パーティーズ」や「ファム・ファタール」はTTGでオーヴァーダブが行われたため、ここで聞けるものは完成版との様々な相違点がある。⑩～⑮はファクトリーで66年1月に行われたリハーサルから6曲を抜き出したもので、ニコが歌う「ゼアー・シー・ゴーズ・アゲイン」やボ・ディドリーのカヴァー「クラッキン・アップ」など興味深いトラックが並んでいる。

（犬伏）

White Light / White Heat
(45th Anniversary
Super Deluxe Edition)
ホワイト・ライト/ホワイト・ヒート
(45周年記念スーパー・デラックス・
エディション)

US・Polydor/B0019246-02 [CD]
Release: 2013年12月6日

[**Disc 1**]
White Light / White Heat "Stereo Version"
1. White Light / White Heat
2. The Gift
3. Lady Godiva's Operation
4. Here She Comes Now
5. I Heard Her Call My Name
6. Sister Ray
7. I Heard Her Call My Name (Alternate Take)
8. Guess I'm Falling In Love (Instrumental Version)
9. Temptation Inside Your Heart (Original Mix)
10. Stephanie Says (Original Mix)
11. Hey Mr. Rain (Version One)
12. Hey Mr. Rain (Version Two)
13. Beginning To See The Light
 (Previously Unreleased Early Version)

[**Disc 2**]
White Light / White Heat "Mono Version"
1〜6 はDisc 1と同曲目
7. White Light / White Heat (Mono Single Mix)
8. Here She Comes Now (Mono Single Mix)
9. The Gift (Vocal Version)
10. The Gift (Instrumental Version)

[**Disc 3**]
Live At The Gymnasium, New York City, April 30th, 1967
1. Booker T.
2. I'm Not A Young Man Anymore
3. Guess I'm Falling In Love
4. I'm Waiting For The Man
5. Run Run Run
6. Sister Ray
7. The Gift

『&ニコ』に続いて『ホワイト・ライト／ホワイト・ヒート』も発売45周年に合わせた〝スーパー・デラックス・エディション〟がリリースされている。前作がCD6枚組だったことを思うと、本ボックスのボリュームは少々物足りなく感じてしまうが、それはこの時期のヴェルヴェッツが無駄な録音を残していないということなのだろう。本ボックスも前作同様の装丁で、56ページのハードカヴァー・ブックに3枚のCDを封入、エッセイを手がけているのはローリング・ストーン誌でおなじみの著名なロック・ジャーナリスト、デヴィッド・フリッケだ。リマスターを担当したのはスターリング・サウンド・スタジオの名手ケヴィン・リーヴスで、マスタリングのみならず、ボーナス収録された86年の未発表作品集『アナザー・ヴュー』収録曲のリミックスも手掛けている。納得の人選だ。なお、本ボックスも前作同様すでに廃盤で入手が難しくなっているが、Spotifyなどのサブスクリプション・サービスで聴くことができる。

ディスク1にはアルバムのステレオ・ヴァージョンと7曲のボーナス・トラックを収録。次に紹介する〝デラックス・エディション〟にも同じディスクが用いられたので、詳細はそちらを参照いただきたい。ディスク2は68年に米英でリリースされたアルバムのオリジナル・モノ・ヴァージョン全曲に、ボーナス・トラック4曲を加えたもの。長らく聴くことが難しかったモノ・ヴァージョンだが、12年に米サンデイズドがファーストから『サード』まで3枚のオリジナル・アルバムに、当時未発表に終わったアルバム『1969』とニコの『チェルシー・ガール』をすべてモノ・ヴァージョンで収めたアナログLP5枚組ボックス〝The Verve / MGM Albums〟（米Sundazed◎VU 4003）としてリリース（19年に別装丁にて再発売）されていたので、本ボックスが初のデジタル化ということになる。ボーナス曲のうちタイトル曲⑦、⑧「ヒア・シー・カムズ・ナウ」はモノ・シングル・ヴァージョンだが、アルバム本編のモノ版との違いはほとんど感じられない。⑨⑩「ザ・ギフト」は完成版のチャンネル左右をそれぞれ分けたもので、⑨で朗読のみ、⑩で演奏のみを楽しむことができる。ディスク3はジョン・ケイルが保管していたテープから、67年4月30日にニューヨークのザ・ジムナジアムでのライヴを収めたもので、①「ブッカー・T」③「ゲス・アイム・フォーリング・イン・ラヴ」が95年発売のボックス『ピール・スローリー・アンド・シー』で公開されていたが、ほかは本作で初リリースとなったものだ。

（犬伏）

White Light / White Heat
(45th Anniversary Deluxe Edition)
ホワイト・ライト／ホワイト・ヒート
(45周年記念デラックス・エディション)

US・Polydor／B0019339-02［CD］
Release: 2013年12月6日

[Disc 1]
White Light / White Heat "Stereo Version"
1. White Light / White Heat
2. The Gift
3. Lady Godiva's Operation
4. Here She Comes Now
5. I Heard Her Call My Name
6. Sister Ray

Additional Material
7. I Heard Her Call My Name (Alternate Take)
8. Guess I'm Falling In Love (Instrumental Version)
9. Temptation Inside Your Heart (Original Mix)
10. Stephanie Says (Original Mix)
11. Hey Mr. Rain (Version One)
12. Hey Mr. Rain (Version Two)
13. Beginning To See The Light (Previously Unreleased Early Version)

[Disc 2]
Live At The Gymnasium, New York City, April 30th, 1967
1. Booker T.
2. I'm Not A Young Man Anymore
3. Guess I'm Falling In Love
4. I'm Waiting For The Man
5. Run Run Run
6. Sister Ray
7. The Gift

『ホワイト・ライト／ホワイト・ヒート』は発売時こそそれほど話題にならなかったが、その後、重要作として定番化。ゆえに廃盤となった時期がなく、CD時代になっても古いマスタリングの商品が長らく流通していたが、米サンデイズドからアナログ時代のシングル盤を集めた09年発売のボックス“The Singles 1966–69”（米Sundazed◎S 7002）や、前出のアナログ盤ボックス“The Verve/MGM Albums”のような秀逸な復刻版のリリースを経て、12年に『&ニコ』の発売45周年に合わせて始まった集大成版〝スーパー・デラックス・エディション〟シリーズにいたったわけだ。そして『ホワイト・ライト／ホワイト・ヒート』も、ここでようやく内容の詳細が見直され、再評価の転機となる機会が与えられたのだった。

本作は〝スーパー・デラックス〟とともにリリースされ

たCD2枚組の〝デラックス・エディション〟。奇しくも同年10月27日に亡くなったルー・リードの追悼盤となってしまったが、企画は彼の存命中から進められていた。

ディスク1にはケヴィン・リーヴスによる最新リマスター・ヴァージョンと、7曲のボーナス・トラックが収められている。⑦「アイ・ハード・ハー・コール・マイ・ネーム」はアルバム収録曲の初期テイクで、完成版とかなり印象が違って聞こえるのはリード・ギターがオフ気味だったり、ミックスのバランスが異なっているため。演奏のテンションは完成版同様、非常に高い。⑧「ゲス・アイム・フォーリング・イン・ラヴ」は当時のステージでよく演奏されていた曲だが、スタジオ版はヴォーカルを収録することなく未完成に終わっている。スタジオ版は86年発売の未発表曲集『アナザー・ヴュー』で公開されていたが、ここではリーヴスによる最新のリミックス・ヴァージョンが収められている。⑨「テンプテーション・インサイド・ユア・ハート」、⑩「ステファニー・セッズ」は当時シングル用に録音されながら未発表に終わったナンバーで、95年発売の『ピール・スローリー・アンド・シー』で84年制作のリミックス・ヴァージョンが登場、05年リリースの編集盤“Gold”（米Polydor◎B0004374-02）にオリジナル・ミックスが収録され、ここではオリジナル・ミックスの方が選ばれている。⑪「ヘイ・ミスター・レイン（ヴァージョン1）」⑫「同（ヴァージョン2）」⑬「ビギニング・トゥー・シー・ザ・ライト」はいずれも68年5月29日にロスのTTGスタジオで録音された未発表トラックで、⑪⑫は前出の『アナザー・ヴュー』収録曲、⑬「ビギニング〜」はここで発掘されるまで未発表だった『サード』収録曲の初期ヴァージョン。いずれもリーヴスによる最新リミックス版が収録されている。

ディスク2はジョン・ケイルが保管していたテープから、67年4月30日にニューヨークのザ・ジムナジアムでのライヴを収めたもので、これまで①「ブッカー・T」③「ゲス・アイム〜」のみ95年発売のボックス『ピール・スローリー・アンド・シー』で聴くことができた。②「アイム・ノット・ア・ヤング・マン・エニーモア」は当時ライヴのみで試された即興曲。③「ゲス・アイム・フォーリング・イン・ラヴ」はスタジオ録音されながらヴォーカル未収録で終わった曲の完成版。アルバム発売の約5ヶ月前ながら、⑥「シスター・レイ」は充分に仕上がっている。朗読のない⑦「ザ・ギフト」のヘヴィな音像も強烈な、聴きどころいっぱいのライヴである。

（犬伏）

The Velvet Underground
(45th Anniversary
Super Deluxe Edition)
ヴェルヴェット・アンダーグラウンドIII
(45周年記念スーパー・デラックス・
エディション)

US・Polydor/B0021752-02 [CD]
Release: 2014年11月21日

[Disc 1]
The Velvet Underground "The Val Valentin Mix"
1. Candy Says
2. What Goes On
3. Some Kinda Love
4. Pale Blue Eyes
5. Jesus
6. Beginning To See The Light
7. I'm Set Free
8. That's The Story Of My Life
9. The Murder Mystery
10. After Hours

[Disc 2]
The Velvet Underground "The Closet Mix"
1〜10 はDisc 1と同曲目
11. Beginning To See The Light
(Alternate Closet Mix)

[Disc 3]
The Velvet Underground "Promotional Mono Mix"
1〜10 はDisc 1と同曲目
11. What Goes On (Mono Single)
12. Jesus (Mono Single)

[Disc 4]
1969 Sessions
1. Foggy Notion (Original 1969 Mix)
2. One Of These Days (New 2014 Mix)
3. Lisa Says (New 2014 Mix)
4. I'm Sticking With You (Original 1969 Mix)
5. Andy's Chest (Original 1969 Mix)
6. Coney Island Steeplechase (New 2014 Mix)
7. Ocean (Original 1969 Mix)
8. I Can't Stand It (New 2014 Mix)
9. She's Mu Best Friend (Original 1969 Mix)
10. We're Gonna Have A Real Good Time Together
(New 2014 Mix)
11. I'm Gonna Live Right On (Original 1969 Mix)
12. Ferryboat Bill (Original 1969 Mix)
13. Rock & Roll (Original 1969 Mix)
14. Ride Into The Sun (New 2014 Mix)

[Disc 5]
Live At The Matrix,
November 26 & 27, 1969 (Part 1)
1. I'm Waiting For The Man
2. What Goes On
3. Some Kinda Love
4. Over You
5. We're Gonna Have A Real Good Time Together
6. Beginning To See The Light
7. Lisa Says
8. Rock & Roll
9. Pale Blue Eyes
10. I Can't Stand It Anymore
11. Venus In Furs
12. There She Goes Again

[Disc 6]
Live At The Matrix,
November 26 & 27, 1969 (Part 2)
1. Sister Ray
2. Heroin
3. White Light/White Heat
4. I'm Set Free
5. After Hours
6. Sweet Jane

『ヴェルヴェット・アンダーグラウンドIII』はダグ・ユール加入後の68年11月に録音がスタートし、69年3月にリリースされたアルバムだが、実は近年まで複数のヴァージョンが混在、整理されることなく発売され続けていた。本ボックスはこのアルバムの関連音源を網羅したCD6枚組の〝スーパー・デラックス・エディション〟で、アルバムの45周年に合わせ14年に発売されたものだが、それまでの〝混乱〟が初めて整理された画期的なパッケージとなった。

本アルバムはMGMのヴェテラン・エンジニア、ヴァル・ヴァレンティンによってミックスされたものが完成版とされたが、ルーはそれに満足せず、独自のミックスを作成した。それはスターリング・モリスンの「まるでタンスの中で録ったよう」との発言から〝クローゼット・ミックス〟と呼ばれたが、米国初版ではクローゼット・ミックス、英国初版ではヴァレンティン・ミックスが採用された。その後、70年代前半の米国再発盤はヴァレンティン版へと差し替えられたが、英国では逆に71年になるとクローゼット・ミックスへと差し変わり、80年代以降はヴァレンティン・ミックスが一般的となったものの、86年の独盤CDで再びクローゼット・ミックスが登場するなど、混乱はその後も続いている。ここでディスク1に〝ヴァレンティン〟、ディスク2に〝クローゼット〟と、初めて双方が並んで収められたのは画期的で、ようやく『サード』の総括ができたのである。ディスク3は当時プロモーション盤のみに収められたモノラル・ヴァージョンだが、ステレオ・ヴァージョンの左右を合わせた〝リダクション〟版であり、プロパーなモノ・ミックスではない。ボーナス曲⑪「ホワット・ゴーズ・オン」、⑫「ジーザス」はいずれも当時のプロモ・シングル用ミックスで、前者はラジオ用のエディット版だ。ディスク4は『サード』完成後にMGMで行われた次作用のセッションからの録音を集めたもので、全曲が85年の『VU』、86年の『アナザー・ヴュー』でリリース済みだった。しかし45周年版のリリースにあたって84年ミックスの②③⑥⑧⑩⑭を69年のミックスへ戻し、ほかは本作用にリミックスされている。曲順に違いこそあるものの、67ページ掲載の“Velvet Underground 1969”はこのディスク4に6曲を追加したものだ。ディスク5〜6は45ページ掲載の『1969〜ヴェルヴェット・アンダーグラウンド・ライヴ』と同じ69年10月30日〜11月1日、11〜16日、23〜27日、12月1〜3日のマトリックス公演のうち、11月26〜27日の初出音源を中心に収めたもので、全編リミックスされ驚くほどクリアな音に生まれ変わっている。

（犬伏）

The Velvet Underground
(Deluxe Edition)
ヴェルヴェット・アンダーグラウンド
（デラックス・エディション）

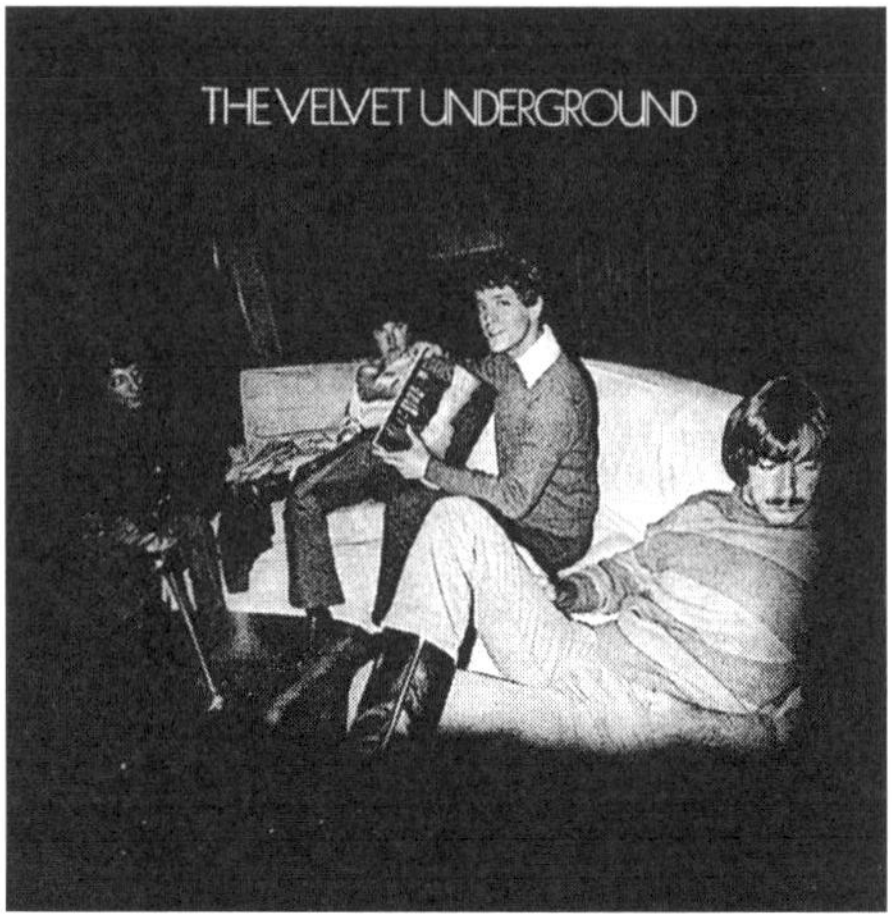

US・Polydor／B0022026-02［CD］
Release: 2014年11月21日
［Disc 1］
The Velvet Underground "The Val Valentin Mix"
1. Candy Says
2. What Goes On
3. Some Kinda Love
4. Pale Blue Eyes
5. Jesus
6. Beginning To See The Light
7. I'm Set Free
8. That's The Story Of My Life
9. The Murder Mystery
10. After Hours

［Disc 2］
Live At The Matrix November 26 & 27, 1969
1. I'm Waiting For The Man
2. What Goes On
3. Some Kinda Love
4. Over You
6. Beginning To See The Light
7. Lisa Says
8. Rock & Roll
9. Pale Blue Eyes
10. I Can't Stand It Anymore
11. Heroin
12. White Light/White Heat
13. Sweet Jane

次第にポップな志向となってきたルー・リードと、より高い実験性を求めたジョン・ケイルの方向性が対立、ジョンは68年9月をもってバンドを脱退した。後任には、マネージャーのスティーヴ・セスニックも薦めたダグ・ユール。ジョン脱退の4日後には、早くも新生ヴェルヴェット・アンダーグラウンドがステージに立っている。本作はこの顔ぶれで11月にスタートしたセッションで完成したアルバム『ヴェルヴェット・アンダーグラウンドIII』の〝デラックス・エディション〟で、前出の〝スーパー・デラックス・エディション〟と同じく、アルバム発売45周年を迎えた14年にリリースされている。

ディスク1に収められたアルバム本編は、MGMのヴェテラン・エンジニア、ヴァル・ヴァレンティンによってミックスされたもの。前ページでも触れたように、ルーがそれに満足しなかったため、彼が制作したクローゼット・ミックスとヴァレンティン・ミックスが混在したままリリースが続けられていた。ルーによるクローゼット・ミックスには、それまで以上に〝詩〟を重視した彼の明確な意図が反映されていたが、端正でバランスの取れたヴァレンティン・ミックスの方が普通に聴くにはいいだろう。名門ヴァーヴのジャズ作品からフランク・ザッパのマザーズ・オブ・インヴェンションに及ぶ幅広い作品で、豊富な経験を積んできたエンジニアならではの仕事は素晴らしい。両者にはミックスの違いのみならず、完成テイク選択の差異もあり、③「サム・カインダ・ラブ」が異なるテイクとなっている。ここに収録されているヴァレンティン版はクローゼット・ミックスより20秒以上長く、ギターやパーカッションのアレンジも異なっている。〝デラックス・エディション〟にヴァレンティン・ミックスが採用されたことは、今後もヴァレンティン版が〝正〟とされることを意味している。〝スーパー・デラックス・エディション〟が入手できない現在、クローゼット・ミックスも市場から消えないようカタログの調整を願いたいものである。

　ディスク2は45ページ掲載の『１９６９～ヴェルヴェット・アンダーグラウンド・ライヴ』と同じ69年10月30日～11月1日、11～16日、23～27日、12月1～3日にサンフランシスコのクラブ、マトリックスで行われたライヴを収めたものだが、11月26～27日の演奏から選ばれた12曲（『Ⅲ』の〝スーパー・デラックス・エディション〟で2枚のＣＤに収められていた18曲のマトリックス公演収録曲を〝デラックス・エディション〟用に1枚のＣＤに再編集したもの）を聴くことができる。これらは現存するマルチ・トラックから全曲がリミックスされているため、驚くほど鮮度が高く生々しい仕上がりになっているが、音の良さは彼らのライヴを収めたあらゆる作品の中でも群を抜いていると思う。③⑤⑥⑦⑪⑫は前出の『１９６９～』と演奏そのものは同一で、ほかはすべてここで初めてリリースされたもの。この発掘をきっかけに、15年にはマルチ・トラックにあった11月26～27日録音の42曲すべてをＣＤ４枚に収めた〝The Complete Matrix Tapes〟が登場、19年にはアナログＬＰ８枚組も限定リリースされている（75ページ参照）。

　冒頭の「アイム・ウェイティング・フォー・ザ・マン」と「ホワット・ゴーズ・オン」の初出テイクに驚かされるが、正式なスタジオ録音が存在しない④「オーヴァー・ユー」がパーフェクトな音質で聴けるのも嬉しい。圧巻の発掘である。

（犬伏）

Loaded
(Re-Loaded 45th Anniversary Edition)

EU・Rhino/081227953737［CD+DVD］
Release: 2015年10月30日

［Disc 1］
Loaded "Stereo Version"
1. Who Loves The Sun
2. Sweet Jane (Full-Length Version)
3. Rock & Roll (Full-Length Version)
4. Cool It Down
5. New Age
6. Head Held High
7. Lonesome Cowboy Bill
8. I Found A Reason
9. Train Round The Bend
10. Oh! Sweet Nuthin'
Session Outtakes
11. I'm Sticking With You (Remix)
12. Ocean
13. I Love You
14. Ride Into The Sun

［Disc 2］
Loaded "Promotional Mono Version"
1〜10 はDisc 1 と同曲目
Additional Material
11. Who Loves The Sun (Single A-Side)
12. Oh! Sweet Nuthin' (Single B-Side)
13. Rock & Roll (Unissued Single A-Side)
14. Lonesome Cowboy Bill (Unissued Single B-Side)

［Disc 3］
Loaded Demos, Early Versions And Alternate Mixes
1. Rock & Roll (Demo)
2. Sad Song (Demo)
3. Satellite Of Love (Demo)
4. Walk And Talk (Demo)
5. Oh Gin (Demo)
6. Ocean (Demo)
7. I Love You (Outtake)
8. Love Makes You Feel Ten Feet Tall (Demo/Remix)
9. I Found A Reason (Demo)
10. Cool It Down (Early Version/Remix)
11. Sweet Jane (Early Version/Remix)
12. Lonesome Cowboy Bill (Early Version/Remix)
13. Head Held High (Early Version/Remix)
14. Oh! Sweet Nuthin' (Early Version/Remix)
15. Who Loves The Sun (Alternate Mix)
16. Sweet Jane (Alternate Mix)
17. Cool It Down (Alternate Mix)
18. Lonesome Cowboy Bill (Alternate Mix)
19. Train Round The Bend (Alternate Mix)
20. Head Held High (Alternate Mix)
21. Rock & Roll (Alternate Mix)

［Disc 4］
Live At Max's Kansas City
1. I'm Waiting For The Man
2. White Light/White Heat
3. I'm Set Free
4. Sweet Jane
5. Lonesome Cowboy Bill
6. New Age
7. Beginning To See The Light
8. I'll Be Your Mirror
9. Pale Blue Eyes
10. Candy Says
11. Sunday Morning
12. After Hours
13. Femme Fatale
14. Some Kinda Love
15. Lonesome Cowboy Bill (Version 2)

［Disc 5］
Live At Second Fret, Philadelphia, 1970
1. I'm Waiting For The Man
2. What Goes On
3. Cool It Down
4. Sweet Jane
5. Rock & Roll
6. Some Kinda Love
7. New Age
8. Candy Says
9. Head Held High
10. Train Round The Bend
11. Oh! Sweet Nuthin'

［DVD］
Loaded (5.1 Surround Sound Remix In DTS 96/24 And Dolby Digital Surround Sound)
1. Who Loves The Sun
2. Sweet Jane
3. Rock & Roll
4. Cool It Down
5. New Age
6. Lonesome Cowboy Bill
7. I Found A Reason
8. Head Held High
9. Train Around The Bend
10. Oh! Sweet Nuthin'
Loaded (5.1 Surround Sound To Stereo Downmixes in 96/24 High Resolution Audio)
1〜10 と同曲目
Loaded (Flat Transfer Of Original Stereo Album In 96/24 High Resolution Audio)
1〜10 と同曲目

　MGM時代のオリジナル・アルバムは、発売45年に合わせた集大成拡大版のシリーズ〝スーパー・デラックス・エディション〟として再発されたが、70年にコティリオンから発表され、現在はライノがカタログを管理するアルバム『ローデッド』も、同じく発売45年周年版のCD6枚組ボックス〝Re-Loaded 45th Anniversary Edition〟としてリリースされている。近年はアルバムごとに形状の異なる箱になったりするので収納に困ることもしばしばだが、このボックスはユニバーサル版と外形上の仕様が揃えられているのがありがたい。本ボックスは残念ながら日本での発売が見送られ、本国盤も売り切れているのだが、ほかのボックス同様にSpotifyなどのサブスクリプション・サービスで聴くことができる。

　これは次ページで紹介する97年リリースの『ローデッド』（スペシャル・ヴァージョン）を拡大した集大成版で、ディスク1はアルバム本編に4曲のアウトテイク（「アイム・スティッキング・ウィズ・ユー」のみ未完に終わったMGMでの4作目のセッションで収録）を追加。ディスク2は当時ラジオ局用に作られたプロモーション盤のみで聴けるモノラル・ヴァージョン（ただしステレオ版の左右を足したモノ・リダクション）に、2枚のシングル用のモノ・ヴァージョン（1枚は未発売）を加えた14曲が収められている。ディスク3はデモやアウトテイクを集めたもので、初出となるのは「スウィート・ジェーン」「クール・イット・ダウン」「ロンサム・カウボーイ・ビル」のオルタネイト・ミックスのみ。ほかはすべて97年版に収録済みだが、6曲がリミックスされているので要注意。ディスク4は72年にリリースされた『ライヴ・アット・マクシズ・カンサス・シティ』の最新リマスター拡張盤で、「ロンサム〜」の別日収録テイクを含む15曲を収録。このディスクは翌16年に単独発売されたが、04年発売の2CD版には本ディスクより3曲多い18曲が収められていた。ディスク5にはここで初出となった70年5月9日のフィラデルフィア公演の11曲が収められている。『マクシズ〜』より約3ヶ月前の演奏で、『ローデッド』収録曲のアレンジがまだ固まっていない辺りが新鮮だが、音質は悪い。6枚目のディスクはハイレゾ音声を収めたDVDで、アルバム本編の5.1ch DTS 96kHz/24bit ドルビー・デジタル・サラウンドと、同サラウンドをステレオにミックス・ダウンした96kHz/24bit、及びアルバムのオリジナル・マスターの96kHz/24bit ヴァージョン（「スウィート〜」と「ロックン〜」は発売当時のヴァージョンで収録）の3種が収められている。

（犬伏）

Loaded (Fully Loaded Edition)
ローデッド（スペシャル・ヴァージョン）

US・Rhino／R2-72563［CD］
Release: 1997年2月18日

［Disc 1］
Original Album
1. Who Loves The Sun
2. Sweet Jane (Full-Length Version)
3. Rock & Roll (Full-Length Version)
4. Cool It Down
5. New Age (Long Version)
6. Head Held High
7. Lonesome Cowboy Bill
8. I Found A Reason
9. Train Round The Bend
10. Oh! Sweet Nuthin'

Bonus Tracks
11. Ride Into The Sun (Demo)
12. Ocean (Outtake)
13. I'm Sticking With You (Outtake)
14. I Love You (Demo)
15. Rock & Roll (Alternate Mix)
16. Head Held High (Alternate Mix)

［Disc 2］
Alternate Album
1. Who Loves The Sun (Alternate Mix)
2. Sweet Jane (Early Version)
3. Rock & Roll (Demo)
4. Cool It Down (Early Version)
5. New Age (Full-Length Version)
6. Head Held High (Early Version)
7. Lonesome Cowboy Bill (Early Version)
8. I Found A Reason (Demo)
9. Train Round The Bend (Alternate Mix)
10. Oh! Sweet Nuthin' (Early Version)

Bonus Tracks
11. Ocean (Demo)
12. I Love You (Outtake)
13. Satellite Of Love (Alternate Demo)
14. Oh Gin (Demo)
15. Walk And Talk (Demo)
16. Sad Song (Demo)
17. Love Makes You Feel Ten Feet Tall (Demo)

ヴェルヴェット・アンダーグラウンドのオリジナル・アルバム中、最も早く〝エクスパンデッド版〟が登場したのが『ローデッド』だった。意外に思われるかもしれないが、これはワーナー系作品がリイシュー・レーベルの草分け的存在である米ライノの権利管轄下にあるためだ。発売から20年以上が経過したパッケージではあるが、いまもって内容が古びていないのはさすがライノである。むしろ〝Re-Loaded 45th Anniversary Edition〟（6CD）と同時発売された最新リマスター盤（ボーナス・トラック4曲収録の1CD版）よりこちらの方が優秀と思えるし、スリップケースに開けられた穴から見えるアートワークの一部が、特殊加工されたプラケースによって動いて見えるという仕掛けもユニークだった。

MGMで制作を進めていた4枚目のアルバムを諦め、アトランティック傘下のコティリオンへとホームを移して制作が進められた『ローデッド』だが、マネージメントとの不和からルーはついに脱退を決意。彼が去ったあとにリリースされたアルバムは作者のクレジットが書き換えられ、数曲が作りかえられ、アートワークにはルーが一切登場しないなど、マネージャーのスティーヴ・セスニックによる嫌がらせとも取れる所業が随所に見られる作品となった。作りかえられた3曲――最後の重要なフレーズがバッサリ切られた「スウィート・ジェーン」、短縮された「ニュー・エイジ」、エディットされミックスも変えられた「ロックン・ロール」――は95年のボックス『ピール・スローリー・アンド・シー』で本来の形に戻されたが、ここではそれらの〝オリジナル・ヴァージョン〟がボーナス・トラックとして扱われるのではなく、すべてアルバムの曲順に組み入れられている。リリースされたアルバムに手を加えることについては様々な意見があるだろうが、これはリイシュー制作者による「作者の意図を尊重する」姿勢を示したものだろう。

アルバム本編を収めたディスク1には5曲のボーナス・トラックが収められているが、「ライド・イントゥ・ザ・サン」「オーシャン」「アイ・ラヴ・ユー」は前出のボックス『ピール〜』で初公開されたアウトテイク（ここではデモと表記されているが、〝Re-Loaded〜〟ではセッション・アウトテイクと表記が改められている）。出産のため『ローデッド』には不参加だったモーリン・タッカーが歌う「アイム・スティッキング・ウィズ・ユー」は、未発表に終わったMGM4枚目のセッションでの録音で、85年の未発表作品集『VU』収録のものよりも初期のテイクである。「ロックン・ロール」の別ミックスは完成版の中間部以降で聞こえるコーラスをイントロでも試す様子を捉えた貴重なテイク。「ヘッド・ヘルド・ハイ」は完成版よりはるかに過激なルーのヴォーカルに圧倒される別テイクだ。

ディスク2には、デモやアウトテイクで構成されたアルバムのオルタネイト版と、アルバム未収録曲のデモ7テイクを収録。まだ加工が施されていない「フー・ラヴズ・ザ・サン」、曲を試している段階と思しきラフな「スウィート・ジェーン」と「クール・イット・ダウン」、アレンジが大幅に異なる「ロンサム・カウボーイ・ビル」などが聴きどころで、CD2枚という制約の中では最良の選択と思える。前ページで紹介した〝Re-Loaded〜〟ではさらなる蔵出しが実現したが、こっちの方がシャープにまとまっていると言っていい。

（犬伏）

Live At Maxes Kansas City
(2-CD Edition)

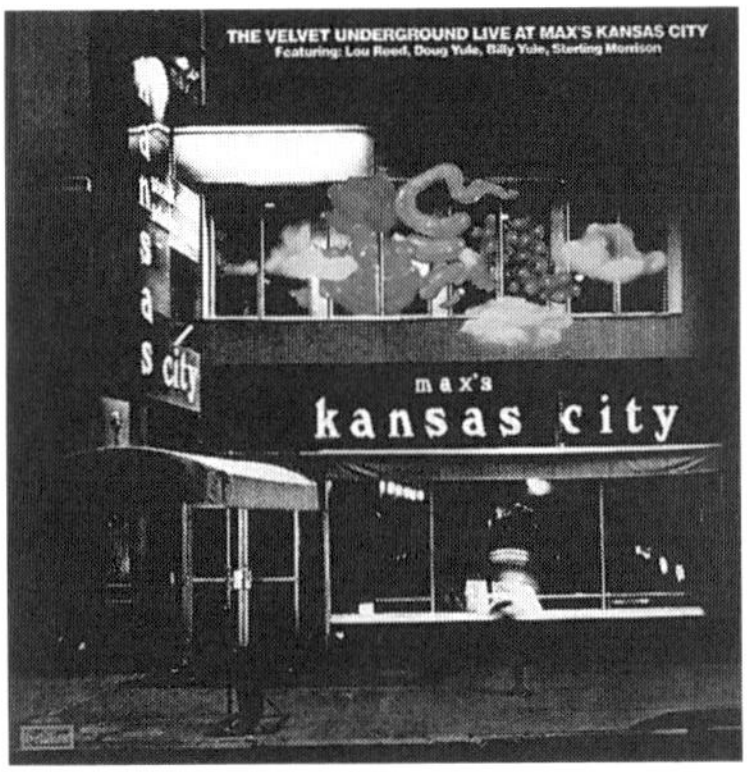

US・Rhino／R2 78093［CD］
Release: 2004年8月3日

［Disc 1］
1. I'm Waiting For The Man
2. White Light White Heat
3. I'm Set Free
4. Sweet Jane (Version 1)
5. Lonesome Cowboy Bill (Version 1)
6. New Age
7. Beginning To See The Light

［Disc 2］
1. Who Loves The Sun
2. Sweet Jane (Version 2)
3. I'll Be Your Mirror
4. Pale Blue Eyes
5. Candy Says
6. Sunday Morning
7. After Hours
8. Femme Fatale
9. Some Kinda Love
10. Lonesome Cowboy Bill (Version 2)
11. Untitled

派手な宣伝はなく、突然CD2枚組の拡大版がリリースされたときは驚いた。蔵出しとなったのは、「ホワイト・ライト〜」「アイム・セット・フリー」「スウィート・ジェーン（ヴァージョン1）」「フー・ラヴズ・ザ・サン」「キャンディ・セッズ」「ロンサム・カウボーイ・ビル（ヴァージョン2）」という7曲だ（ディスク2の⑪は確かに収録されているのだが、ノイズなのでクレジットはされなかった）。2014年の『ローデッド』45周年6枚組では「フー・ラヴズ・ザ・サン」と「スウィート・ジェーン（ヴァージョン2）」、最後のノイズを外した5曲入りとなり、2枚組のアナログ盤も限定リリースされた。

この2枚組CDが出たときは、カセットで録られたモノラル音源がここまで良くなるか、と感心させられたが、長すぎてダルくなってしまったのも事実。なので15曲版は納得だし、さらなるリマスターで出世魚さながらとなった。けれどそれが『ローデッド』に含まれているのは腑に落ちないから、決定版は2枚組LPということになるわけだ。

オリジナルのプロモ盤に貼ってあるステッカーにPromo Only Monauralと記されているため、それを異常な値段で売っている店もあるが、もともとモノラルなので騙されないように。

（和久井）

Velvet Underground 1969

US・Republic／00602557813999
Release: 2018年3月9日

[Side A]
1. Foggy Notion (Original 1969 Mix)
2. One Of These Days (2014 Mix)
3. Lisa Says (2014 Mix)
4. I'm Sticking With You (Original 1969 Mix)
5. Andy's Chest (Original 1969 Mix)

[Side B]
1. I Can't Stand It (2014 Mix)
2. She's My Best Friend (Original 1969 Mix)
3. We're Gonna Have A Real Good Time Together (2014 Mix)
4. I'm Gonna Move Right In (Original 1969 Mix)
5. Ferryboat Bill (Original 1969 Mix)

[side C]
1. Coney Island Steeplechase (2014 Mix)
2. Ocean (Original 1969 Mix)
3. Rock & Roll (Original 1969 Mix)
4. Ride Into The Sun (2014 Mix)

[side D]
1. Hey Mr. Rain (Version One)
2. Guess I'm Falling In Love (Instrumental Version)
3. Temptation Inside Your Heart (Original Mix)
4. Stephanie Says (Original Mix)
5. Hey Mr. Rain (Version Two)
6. Beginning To See The Light (Early Version)

『VU』と『アナザー・ヴュー』で初公開され、14年の『サード』45周年ボックスで14曲にまとめられた69年のMGMセッションを、ミックス違いもまとめて収録した全20曲入りの限定アナログ盤。この音源が『1969』という一枚のアルバムになったのは、12年にサンデイズドがアナログ・ボックス『ザ・ヴァーヴ／MGMアルバムズ』を出したときだったが、10曲入りで単独発売もなかったため、69年のセッションだけを収めたアルバムは待ち望まれていたのだ。

69年のオリジナル・ミックスと、質感が異なる14年のリミックスが存在するため、比較するのが面倒な音源だったが、こうしてくれたおかげでセッションの全貌が掴みやすくなった。しかし、ユニバーサルからの公式リリースだったにもかかわらず、ろくに宣伝もせず、アナログ限定だったのだから、多くのファンには届かなかったのである。

ユニバーサルには〝MGMが却下した音源〟という意識がいまも残っているのかもしれないが、ポップな『ローデッド』と、ルーの初期作に振り分けられる曲が並んでいるのだから、もっと評価されて然るべきだ。未完成ゆえに想像を膨らませてくれるところもあるし、バンドのクリエイティヴィティがいちばん高かった時代でもあるのだから。（和久井）

V.U.
VU／ヴェルヴェット・アンダーグラウンドⅣ

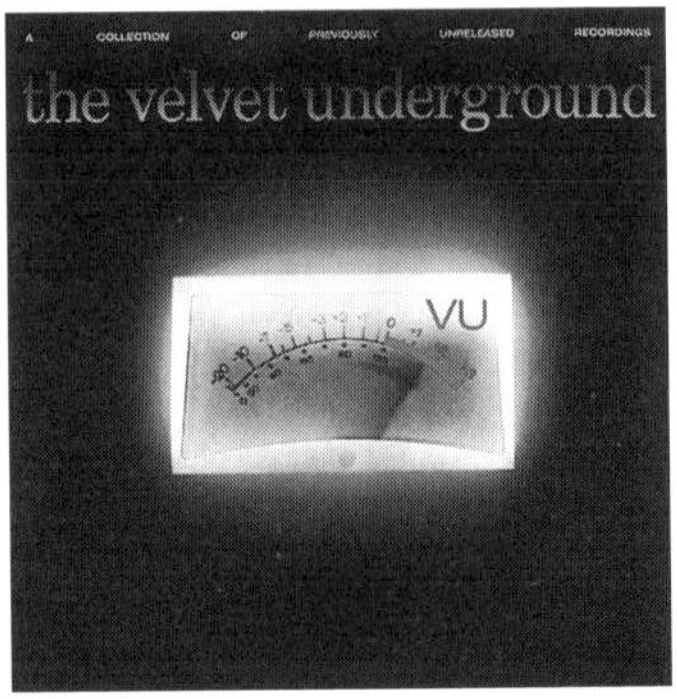

US・Verve／823 721-1 Y-1
Release: 1985年2月
[Side A] 1. I Can't Stand It / 2. Stephanie Says / 3. She's My Best Friend / 4. Lisa Says / 5. Ocean
[Side B] 1. Foggy Notion / 2. Temptation Inside Your Heart / 3. One Of These Days / 4. Andy's Chest / 5. I'm Sticking With You

Another View
アナザー・ヴュー

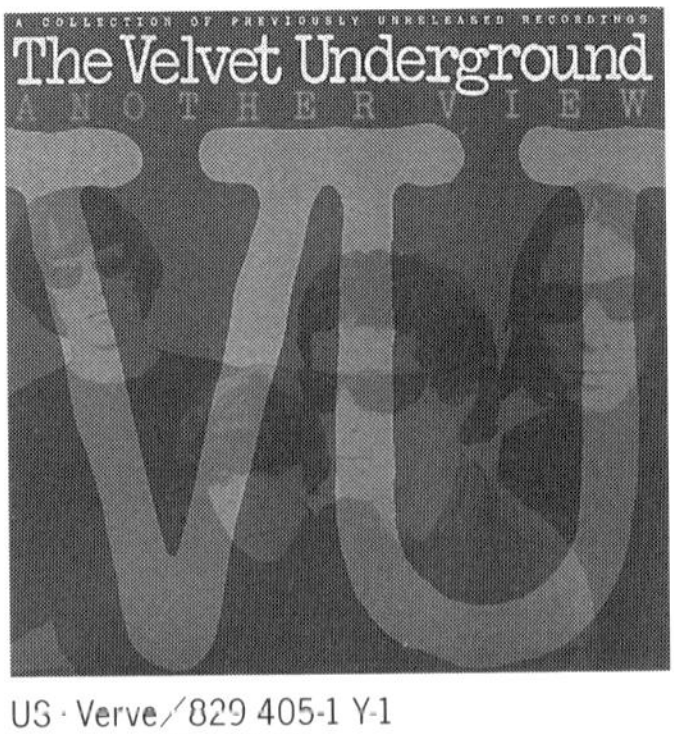

US・Verve／829 405-1 Y-1
Release: 1986年9月
[Side A] 1. We're Gonna Have A Real Good Time Together / 2. I'm Gonna Move Right In / 3. Hey Mr. Rain (Version I) / 4. Ride Into The Sun / 5. Coney Island Steeplechase
[Side B] 1. Guess I'm Falling In Love (Instrumental Version) / 2. Hey Mr. Rain (Version II) / 3. Ferryboat Bill / 4. Rock And Roll

今では各アルバムの拡張版や『1969』が出ているので影が薄くなった感はあるものの、リリース当時はそれなりの衝撃をもって迎えられた2枚の未発表曲集。日本では81年と82年の再発でヴェルヴェッツのカタログがようやく出揃い、彼らの活動の流れが見えてきたところだっただけに、よいタイミングでの発売だった。

ポリグラムがオリジナル・アルバムを再発（CD化）しようとした際に発見された19曲の未発表トラックがこの2枚のアルバムに振りわけられているわけだが、『V.U.』は68年2月から69年10月に録られた曲が収められ、当初はオリジナルの3枚と『V.U.』を纏めたアナログ・ボックス・セット"The Velvet Underground"（UK / Polydor / VUBOX 1）のボーナス・ディスクとして組み込まれていた『アナザー・ヴュー』には67年12月から69年9月までの音源が収録されている。前者にはのちにルー・リードが『ロックの幻想』や『トランスフォーマー』でリメイクする曲も含まれ、後者には「ハヴ・ア・リアル・グッド・タイム・トゥゲザー」のスタジオ・ヴァージョンや『ローデッド』で発表される「ロック・アンド・ロール」のオリジナル・ヴァージョンなど実に興味深い音源が並んでいる。そうした蔵出しは『サード』と『ローデッド』の間にあったミッシング・リンクを埋める作品としてファンを喜ばせた。

本国アメリカでは『V.U.』が初めてトップ100に入るなど売れたこともあって、このあと更なる発掘作業が進められていく。

（山田）

Peel Slowly And See
ピール・スローリー・アンド・シー

US・Polydor／314 527 887-2［CD］
Release: 1995年9月26日

[Disc 1] 1. Venus In Furs (Demo) / 2. Prominent Men (Demo) / 3. Heroin (Demo) / 4. I'm Waiting For The Man (Demo) / 5. Wrap Your Troubles In Dreams (Demo) / 6. All Tomorrow's Parties (Demo)

[Disc 2] 1. All Tomorrow's Parties (Single Version) / 2. Sunday Morning / 3. I'm Waiting For The Man / 4. Femme Fatale / 5. Venus In Furs / 6. Run Run Run / 7. All Tomorrow's Parties / 8. Heroin / 9. There She Goes Again / 10. I'll Be Your Mirror / 11. The Black Angel Death Song / 12. European Son / 13. Melody Laughter (Live) / 14. It Was A Pleasure Then / 15. Chelsea Girls

[Disc 3] 1. There Is No Reason (Demo) / 2. Sheltered Life (Demo) / 3. It's All Right (The Way That You Live) (Demo) / 4. I'm Not Too Sorry (Now That You're Gone) (Demo) / 5. Here She Comes Now (Demo) / 6. Guess I'm Falling In Love (Live) / 7. Booker T. (Live) / 8. White Light / White Heat / 9. The Gift / 10. Lady Godiva's Operation / 11. Here She Comes Now / 12. I Heard Her Call My Name / 13. Sister Ray / 14. Stephanie Says / 15. Temptation Inside Your Heart / 16. Hey Mr. Rain (Version One)

[Disc 4] 1. What Goes On (Live) / 2. Candy Says (Closet Mix) / 3. What Goes On (Closet Mix) / 4. Some Kinda Love (Closet Mix) / 5. Pale Blue Eyes (Closet Mix) / 6. Jesus (Closet Mix) / 7. Beginning To See The Light (Closet Mix) / 8. I'm Set Free (Closet Mix) / 9. That's The Story Of My Life (Closet Mix) / 10. The Murder Mystery (Closet Mix) / 11. After Hours (Closet Mix) / 12. Foggy Notion / 13. I Can't Stand It / 14. I'm Sticking With You / 15. One Of These Days / 16. Lisa Says / 17. It's Just Too Much (Live) / 18. Countess From Hong Kong (Demo)

[Disc 5] 1. Who Loves The Sun / 2. Sweet Jane (Full Length Version) / 3. Rock And Roll / 4. Cool It Down / 5. New Age (Full Length Version) / 6. Head Held High / 7. Lonesome Cowboy Bill / 8. I Found A Reason / 9. Train Round The Bend / 10. Oh! Sweet Nuthin' / 11. Satellite Of Love / 12. Walk And Talk / 13. Oh Gin / 14. Sad Song / 15. Ocean / 16. Ride Into The Sun / 17. Some Kinda Love (Live) / 18. I'll Be Your Mirror (Live) / 19. I Love You

レア・トラックも含むバンド初のウルティメイト・ボックス・セットは5枚組。93年にはオーストラリアで3000セットの限定の3枚組ボックス〝What Goes On〟も出ており、マニア目線ではそちらも捨てがたいのだが、正統的なクロニクル作品としてはこちらということになる。

ディスク1は65年7月の未発表デモ集。ディスク2は『&ニコ』収録曲に加えて、「オール・トゥモロウズ・パーティーズ」のシングル・ヴァージョンや「メロディー・ラフター」の未発表ライヴ、ニコ『チェルシー・ガール』から「イット・ウォズ・ア・プレジャー・ゼン」などを収録。ディスク3は未発表のデモ&ライヴや『ホワイト・ライト／ホワイト・ヒート』の曲、『V.U.』と『アナザー・ヴュー』で発掘されたレア・トラックが収められている。ディスク4はサード収録曲のクローゼット・ミックスを中心に未発表ライヴなどを収め、ディスク5は『ローデッド』とそのアウトテイク、『ライヴ・アット・マクシズ・カンサス・シティ』からセレクトした曲が収録された。

あとはデビュー前の66年にESPからリリースされたオムニバス〝The East Village Other〟に収録の〝Noise〟を押さえれば、ヴェルヴェッツの全体像を俯瞰することができる。（山田）

Final V.U. 1971–1973
ファイナル V.U. 1971–1973

JAP・Captain Trip／CTCD-350-353［CD］
Release: 2001年8月1日

［**Disc 1**］
1. Chapel Of Love
2. I'm Waiting For The Man
3. Spare Change
4. Some Kinda Love / Turn On Your Love Light
5. White Light / White Heat
6. Pretty Tree Climber
7. Rock And Roll
8. Back On The Farm
9. Dopey Joe
10. Sister Ray / Never Going Back To Georgia
11. After Hours

［**Disc 2**］
1. I'm Waiting For The Man
2. Spare Change
3. Some Kinda Love
4. White Light / White Heat
5. Hold On
6. What Goes On
7. Cool It Down
8. Back On The Farm
9. Oh Sweet Nuthin'
10. Sister Ray
11. After Hours
12. Dopey Joe
13. Rock And Roll

［**Disc 3**］
1. I'm Waiting For The Man
2. White Light / White Heat
3. Some Kinda Love
4. Little Jack
5. Sweet Jane
6. Mean Old Man
7. Run Run Run
8. Caroline
9. Dopey Joe
10. What Goes On
11. Sister Ray / Train Round The Bend
12. Rock And ROll
13. I'm Waiting For The Man

［**Disc 4**］
1. I'm Waiting For The Man
2. Little Jack
3. White Light / White Heat
4. Caroline
5. Sweet Jane
6. Mean Old Man
7. Who's That Man
8. Let It Shine
9. Mama's Little Girl
10. Train Round The Bend

Bonus Tracks: Radio Broadcast Version Of Disc 2

11. White Light / White Heat
12. What Goes On

タイトルからもわかるように、ルー・リードが脱退してからバンドがその活動を終えるまでの3年間を追った4枚組ボックス・セット。日本のキャプテン・トリップ・レコーズから1000セット限定で発売された。ヴェルヴェッツでありながら、ルーはおろかジョン・ケイルやスターリング・モリソンもいない〝別物〟と捉える向きも多いかと思うが、これもまたバンドの〝真実〟の一部である。

音源はすべてダグ・ユール・アーカイヴスからの承認を得ており、ディスク1に収められた71年11月のロンドン公演とディスク2の同時期のアムステルダム公演は、ダグ（ギター、ヴォーカル）、ウォルター・パワーズ（ベース）、ウイリー・アレキサンダー（ピアノ、ヴォーカル）、モーリン・タッカー（ドラム、ヴォーカル）というメンバーによる演奏で、72年12月のウエールズ公演を収録したディスク3は、ダグ、ロブ・ノリス（ギター）、ジョージ・ケイ（ベース）、のちにエルフやイアン・ギラン・バンドなどで活躍するマーク・ナウシーフ（ドラム）というラインナップでの録音。このメンバーはマネージャーのスティーヴ・セスニックによってツアーのためだけに集められた面々だった。そして最後のディスク4は、『スクイーズ』を発表したあとのダグが生活のためにニュー・ハンプシャーで組んでいたバー・バンドを担ぎ出し、プロモーターがメンバーの意思を無視して勝手にヴェルヴェッツの名を使って集客したツアー（もっとも3回のショウだけで終わったが）からの音源で、ダグと彼の弟のビリー、ケイ、ドン・シルヴァーマン（ギター）という顔触れによる73年5月のボストンでのコンサートの模様が収められている。そのディスク4には『スクイーズ』に収録されたダグ作の曲が多いが、ほかは初期からの曲が万遍なくセレクトされており、のちにウイリー・アレキサンダー&ブーン・ブーン・バンドとしてデビューするアレキサンダーの曲もセットリストに加えられていた。なお、ディスク4のボーナス・トラックとして収められた4曲は、ディスク2のアムステルダム公演がオランダのラジオ局VPROで放送された際にファンが録音したものが使われている。

すべてオーディエンス録音なので音質的に諸手を挙げて薦められるものではないが、闇に包まれていたバンドの最後の姿を体感することができる貴重なドキュメントと言えるだろう。ブックレットには、ヴェルヴェッツという名に翻弄されたダグが語る当時の実情も証言として掲載されている。このボックスは、バンドの本当の最期を看取るという意味では重要な作品なのだ。

（山田）

Bootleg Series Volume 1: The Quine Tapes
ブートレグ・シリーズ vol.1 ライヴ1969：ザ・クワイン・テープス

US・Polydor／314 589 067-2［CD］
Release: 2001年10月16日

［Disc 1］
1. I'm Waiting For The Man
2. It's Just Too Much
3. What Goes On
4. I Can't Stand It
5. Some Kinda Love
6. Foggy Notion
7. Femme Fatale
8. After Hours
9. I'm Sticking With You
10. Sunday Morning
11. Sister Ray

［Disc 2］
1. Follow The Leader
2. White Light / White Heat
3. Venus In Furs
4. Heroin
5. Sister Ray

［Disc 3］
1. Rock And Roll
2. New Age
3. Over You
4. The Black Angel's Death Song
5. I'm Waiting For The Man
6. Ride Into The Sun
7. Sister Ray / Foggy Notion

80年代にルー・リードのバンドに加入したロバート・クワインは、元々はヴェルヴェッツのファンだった。彼が69年にソニー製のカセットテープ・レコーダーで録音したヴェルヴェッツのライヴを公式音源化したものが、この『ザ・クワイン・テープス』である。

69年5月11日、クワインが法律を学んでいたワシントン大学で、ヴェルヴェッツとタジ・マハールのコンサートが開かれた。バスケット用の体育館で簡素なPAから流れてきた「シスター・レイ／フォギー・ノーション」が、ディスク3の最後に収録されている。音質は決して良くないが、加入して半年が経ったダグ・ユールのポップなオルガンと、スターリング・モリソンの鋭いギター！によって、ジョン・ケイル在籍時とは異なるバンドに変化したことを示す素晴らしい演奏だ。

同年の後半、クワインはサンフランシスコに居を移す。ツアーを繰り返していたヴェルヴェッツが彼の地を訪れたのは11月のことだ。フィルモア系列のファミリー・ドッグで開かれた3夜連続のコンサートも、クワインは客席で録音していた。ディスク1がそのハイライトである。「アイム・ウェイティング・フォー・ザ・マン」は、モー・タッカーのタイトなドラムの上でダグの縦横無尽なベースとスターリングの突っかかるようなギターが絡み合う、オープニングに相応しいテイクだ。また「ホワット・ゴーズ・オン」で聴かれる性急なギターのカッティングには〝早過ぎたパンク〟の一語が重なる。

ヴェルヴェッツはマトリックスに会場を移し、公演を続けていった。クワインはそのほとんどに足を運び、録音したという。早い時間には観客が数人という回もあったそうで、おのずとバンドとクワインの距離は縮まっていったのだ。彼は楽屋に招かれるようになり、同じ42年生まれのルーと音楽談義に耽ったり、メンバーに頼まれて前日のテープを聴かせたりすることもあったという。

ディスク2と3に収録されたマトリックスでの演奏は、小さなクラブならではの実験性と熱気に包まれている。プリミティヴなビートを叩き出すモーを軸に、緩急をつけながらどこまでも上昇していくバンドがリアルに記録された「ヘロイン」、短期間のうちにディスク1のヴァージョンとは趣を異にするダルな雰囲気に変貌を遂げた「アイム・ウエイティング～」は、バンドの成長を伝えるものだ。なお『1969』や『ザ・コンプリート・マトリックス・テープズ』と重複するテイクもあるが、ソースは別物である。

ヴェルヴェッツがサンフランシスコを離れたあと、クワインは録音したカセットを何ヶ月も繰り返し聴いていたが、当時の原始的な再生機器のおかげでオリジナルのテープはボロボロになってしまう。そこでクワインは知り合いからソニー製の7インチ・オープンリール・デッキを借り、自分が最高だと思うテイクを約4時間にまとめたのだった。

クワインは70年代後半にリチャード・ヘル&ザ・ヴォイドイズのメンバーとして世に知られるようになる。つまりこの『クワイン・テープス』は、パンクなギタリストが69年当時の視点で選んだヴェルヴェッツのベスト・パフォーマンスになるわけだ。現在ではさまざまなライヴ音源が手に入るようになったが、ヴェルヴェッツと濃密な時間を過ごしたクワインの選曲は、この先も輝き続けるだろう。

なお、10年には6枚組のアナログ・ボックスが限定発売された。（森）

The Complete Matrix Tapes
ザ・コンプリート・マトリックス・テープズ

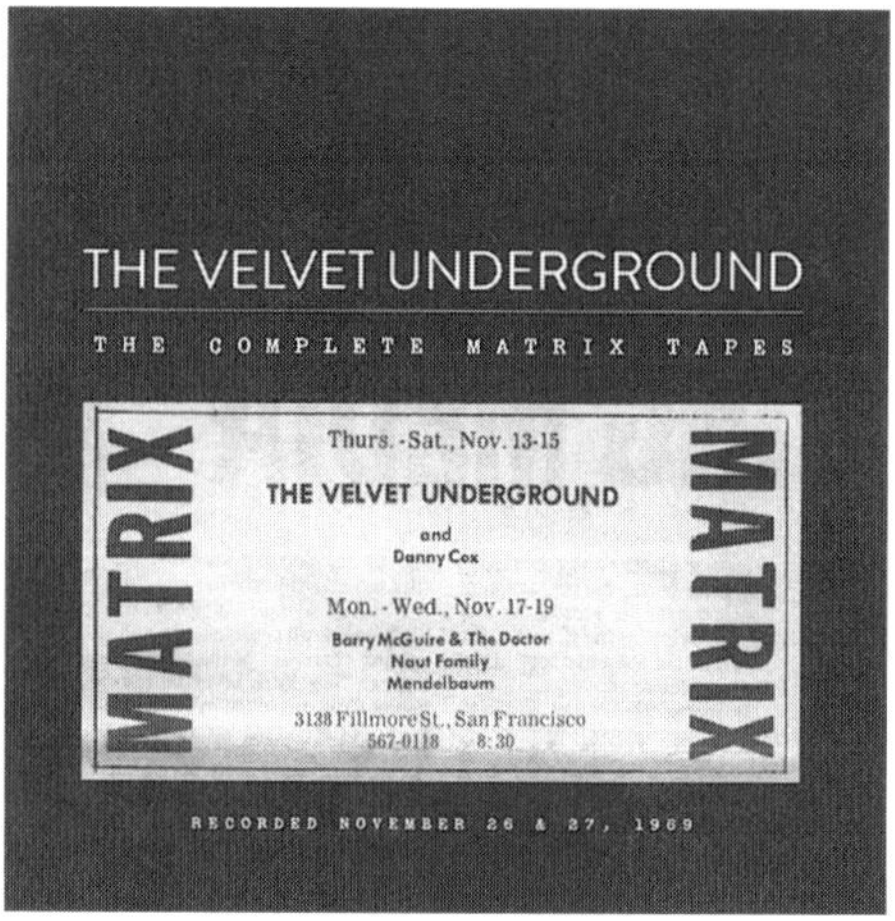

US・Universal／B0023955-02［CD］
Release: 2015年11月20日

［**Disc 1**］
1. I'm Waiting For The Man (Version 1)
2. What Goes On (Version 1)
3. Some Kinda Love (Version 1)
4. Heroin (Version 1)
5. The Black Angel's Death Song
6. Venus In Furs (Version 1)
7. There She Goes Again (Version 1)
8. We're Gonna Have A Real Good Time Together (Version 1)
9. Over You (Version 1)
10. Sweet Jane (Version 1)
11. Pale Blue Eyes
12. After Hours (Version 1)

［**Disc 2**］
1. I'm Waiting For The Man (Version 2)
2. Venus In Furs (Version 2)
3. Some Kinda Love (Version 2)
4. Over You (Version 2)
5. I Can't Stand It (Version 1)
6. There She Goes Again (Version 2)
7. After Hours (Version 2)
8. We're Gonna Have A Real Good Time Together (Version 2)
9. Sweet Bonnie Brown/Too Much
10. Heroin (Version 2)
11. White Light/White Heat (Version 1)
12. I'm Set Free

［**Disc 3**］
1. We're Gonna Have A Real Good Time Together (Version 3)
2. Some Kinda Love (Version 3)
3. There She Goes Again (Version 3)
4. Heroin (Version 3)
5. Ocean
6. Sister Ray

［**Disc 4**］
1. I'm Waiting For The Man (Version 3)
2. What Goes On (Version 2)
3. Some Kinda Love (Version 4)
4. We're Gonna Have A Real Good Time Together (Version 4)
5. Beginning To See The Light
6. Lisa Says
7. New Age
8. Rock & Roll
9. I Can't Stand It (Version 2)
10. Heroin (Version 4)
11. White Light/White Heat (Version 2)
12. Sweet Jane (Version 2)

ヴェルヴェッツは69年後半の西海岸ツアーの際の、10月31日〜11月1日、11月11日〜17日、23日〜27日、12月1日〜3日に、ジェファーソン・エアプレインのマーティー・ベイリンが経営していたサンフランシスコのクラブ「マトリックス」に出演している。マトリックスのステージには4トラックのレコーダーでライヴ録音できるシステムが装備されていたから、ヴェルヴェッツはここで頻繁にライヴを録り、それが『1969ヴェルヴェット・アンダーグラウンド・ライヴ』の主なソースとなった。このとき、ロバート・クワインがカセット・デッキを担いでツアーを追いかけていたから、マトリックスのライヴも『ザ・クワイン・テープス』に収録されることになったが、同じショウのライヴでもソースが違うわけだから質感が異なっている。

ところが、14年に『サード』の45周年スーパー・デラックス・エディションに収録すべくマトリックス・ライヴを確認すると、11月26日、27日の録音がほとんど使われていないことが判明。予想を超える収穫に驚いたプロデューサー・チーム（ビル・レヴィンソンとジェイミー・フェルドマン）がユニバーサルに進言したことから、4回のショウをすべて収録したこの4枚組が誕生したのだ。

『サード』の45周年スーパー・デラックスでは抜粋され、CD2枚に収められた音源をすべて公開したのだから、69年ライヴの決定版となったのは言うまでもないが、ユニバーサルに価値がわかる人間がいなかったのか、歴史的な発見が多くのファンにスルーされてしまった。私の周りでもこの4枚組を聴いた人はほとんどいなかったのだから、本書によってようやく広まることになるのではないかと思う。

とにかく演奏が素晴らしいし、リミックス／リマスターはパーフェクトと言えるほどだ。2日間の4回のショウでさまざまなアプローチを試みているのもエライけれど、どっちに転がっても着地できているのだから凄い。私はいまや、ヴェルヴェッツのアルバムはこれがベストだと思っているぐらいである。

さらに19年、アビー・ロード・スタジオでジェフ・ペスチェがカッティングした、まさかのアナログ盤8枚組が登場したのだから、ビル・レヴィンソンの執念もあっぱれだ。CD4枚組ヴァージョンでも充分ではあるが、お金に余裕がある人はまだギリギリ市場に残っているアナログ8枚組で、この超絶ライヴを味わっていただきたい。ロックの歴史がひっくり返るような〝神がかりな二夜〟は、「この音で聴いてこそ！」と賛同してもらえると思うし、一生の宝となるのは間違いない。超推薦盤。

（和久井）

Lou Reed, John Cale & Nico: Le Bataclan '72
ルー・リード、ジョン・ケイル&ニコ：ライヴ・アット・ザ・バタクラン

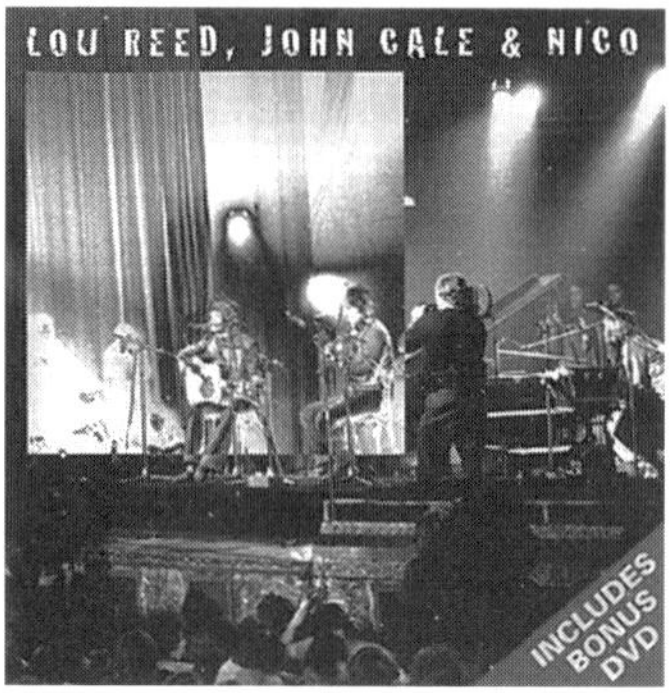

UK・Grey Scale／GSGZ036CD [CD+DVD]
Release: 2017年

[CD]
1. Waiting For The Man
2. Berlin
3. Black Angel's Death Song
4. Wild Child
5. Heroin
6. Ghost Story
7. The Biggest, Loudest, Hairiest Group Of All
8. Empty Bottles
9. Femme Fatale
10. No One Is There
11. Frozen Warnings
12. Janitor Of Lunacy
13. I'll Be You Mirror
14. All Tomorrow's Parties (Encore)
15. Pale Blue Eyes (Rehearsal)
16. Candy Says (Rehearsal)

[DVD]
1. Berlin
2. I'm Waiting For The Man
3. Heroin
4. Ghost Story
5. Femme Fatale

ITA・Dynamic／dyna010 [CD]
Release: 2003年

1972年1月29日、ルー・リード、ジョン・ケイル、そしてニコがパリのバタクラン劇場にあらわれた。フランスのテレビ番組『ポップ・ドゥ』収録のため、3人のライヴが行われたのである。以前からブートレッグで出回っていた音源だが、近年になって公式化され、CDとDVDのセットなども発売された。

緊張感溢れる、といった謳い文句も見受けられるが、映像を見てもヒリヒリとした雰囲気は感じられない。ただ72年の初頭と言えば、ニコとケイルはすでに本格的なソロ活動を始めていたが、ルーはようやく最初のソロ・アルバム『ロックの幻想』のレコーディングを終えたばかりの時期だ。言葉をひとつひとつ丁寧に置いていくように歌われたオープニングの「ウェイティング・フォー・ザ・マン」などは、彼にとっては手探りの部分があったことも窺わせる。

ルーはケイルのピアノやヴィオラの助けを借りて、ヴェルヴェッツ時代の曲や「ベルリン」などを歌い、ジョンは『ヴィンテージ・ヴァイオレンス』から「ゴースト・ストーリー」を取り上げたほか、未発表曲も披露した。ルーとジョンがアコースティック・ギターを弾きながら歌うさまは、フォーク・デュオのようでもある。

ニコは「ジュニター・オブ・ルナシー」など、ソロの曲ではハーモニウムを弾きながら貫禄のステージを繰り広げている。『&ニコ』からは「ファム・ファタール」、「アイル・ビー・ア・ミラー」、そしてアンコールの「オール・トゥモロウズ・パーティー」が歌われた。

（森）

Selected Unofficial Release

森 次郎

Avant 1958–1967
アヴァン1958–1967

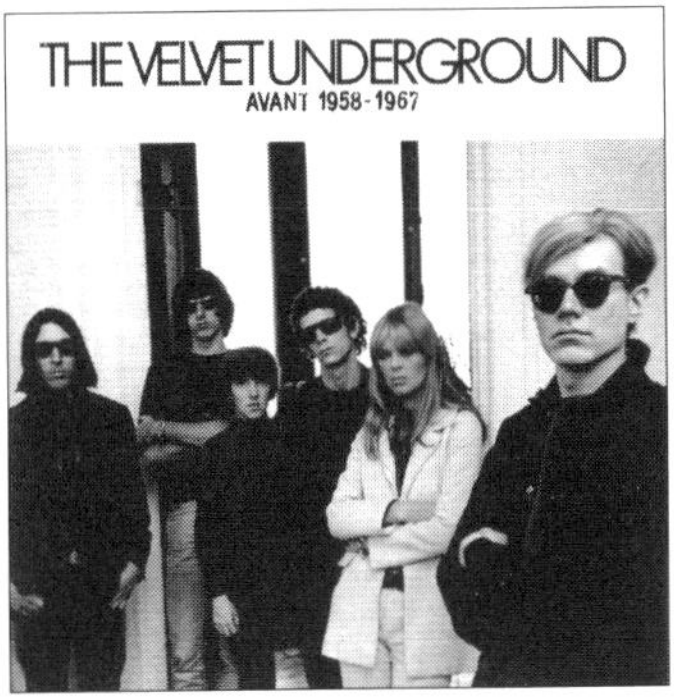

JAP・Eternal Grooves／EGRO-0030［CD］
Release: 2019年
〈Scepter Sessions 1966 (Acetate)〉
1. All Tomorrow's Parties / 2. I'm Waiting for the Man / 3. Femme Fatale / 4. Venus in Furs / 5. Run Run Run / 6. Heroin / 7. I'll Be Your Mirror / 8. The Black Angel's Death Song / 9. European Son
〈Demo & Rehearsal 1965–1967〉
10. All Tomorrow's Parties / 11. I'm Waiting for the Man / 12. Venus in Furs / 13. The Factory Jam 1 / 14. The Factory Jam 2 / Pre-VU Lou Reed Recordings / 15. So Blue / 16. The Ostrich / 17. You're Driving Me Insane / 18. Surfin' Is The Life For Me / Pre-VU Nico Recordings / 19. Strip-Tease / 20. I'm Not Sayin' / 21. The Last Mile

『アヴァン1958―1967』は、『&ニコ』発売までの音源集。

まず、セプター・スタジオ・セッションとして知られる、『&ニコ』の初期ヴァージョンが9曲。次に、65年7月にルー、ジョン、スターリングの3人で行われたリハーサルから3曲。さらに、ウォーホルのファクトリーにおけるセッションが2テイク収録されている。

ルーが16歳のときにザ・ジェイズというバンドのギタリストとして録音したシングルから「ソー・ブルー」、そして職業作曲家時代にでっちあげたバンドのシングルから3曲が取り上げられるなど、ヴェルヴェッツ結成以前の音源もある。

そして、ニコが1962年に出演した映画『ストリップ・ティーズ』の主題歌として録音されながらボツになったゲンズブール作の同名曲や、65年にイミディエイトからリリースされたデビュー・シングル「アイム・ノット・セイン／ザ・ラスト・マイル」も収録されている。

今では公式化された音源もあるが、まとめて聴くことができる便利な1枚だ。

Transmission Impossible

Eat To The Beat／ETTB092［CD］
Release: 2018年

［Disc 1］
live Rehearsals Broadcast, New York City, NY, 1966
1. Walk Alone / 2. Venus In Furs / Crackin' Up / 3. Rhythm & Blues Instrumental / 4. Run Run Run / Miss Joanie Lee / 5. Day Tripper / Boom Boom / 6. Rockabilly Instrumental / 7. Blues Instrumental / 8. Heroin / 9. There She Goes Again / 10. Green Onions / 11. There She Goes Again / 12. Heroin* / 13. I'll Keep It With Mine* / 14. European Son / Susie-Q* / 15. Get It On Time / 16. I'll be Your Mirror
*FM broadcast at the Cinematheque, New York, NY, 6th February 1966

［Disc 2］
FM broadcast recorded at La Cave, Cleveland, OH, 2nd October 1968
1. What Goes On / 2. I'm Waiting For The Man / 3. Pale Blue Eyes / 4. Foggy Notion / 5. Heroin / 6. Jesus / 7. Venus In Furs / 8. Beginning To See The Light / 9. Sister Ray / 10. I'm Gonna Move Right In / 11. I Can't Stand It / 12. That's The Story Of My Life

［Disc 3］
FM broadcast recorded by John Cal, Nico and Lou Reed at The Bataclan, Paris, France, 29th January 1972
1. I'm Waiting For The Man / 2. Berlin / 3. The Black Angel's Death Song / 4. Wild Child / 5. Heroin / 6. Ghost Story / 7. The Biggest, Loudest, Hairiest Group Of All / 8. Empty Bottles / 9. Femme Fatal / 10. No One Is There / 11. Frozen Warnings / 12. Janitor Of Lunacy / 13. I'll Be Your Mirror / 14. All Tomorrow's Parties / 15. Pale Blue Eyes / 16. Candy Says

『トランスミッション・インポッシブル』はラジオの放送音源を中心にしたCD3枚組。

　ディスク1には『&ニコ』のリハーサル音源とされる66年の13テイクと、同じく66年2月6日のライヴ3曲が収録されている。前者はレコーディングに向けてアレンジを詰めていく作業というよりも、リラックスしたセッションの要素が強く、R&Bやロカビリー、ブルース調のインストゥルメンタルも含まれている。「毛皮のヴィーナス」「ラン・ラン・ラン」などはまだバンド・アレンジが固まっておらず、アイデアを出し合っている段階のようだ。

　後者にはすでに完成形に近いかたちの「ヘロイン」、ニコのソロ・アルバム『チェルシー・ガール』に収録されることになるボブ・ディランの「アイル・キープ・イット・ウィズ・マイン」が含まれる。

　ディスク2には68年10月2日、ダグ・ユール加入直後のライヴが12曲77分にわたって収録されている。会場はクリーヴランドのラ・ケイヴ。単体でリリースされている『ラ・ケイヴ1968』と重複するテイクもある。

　まだダグが存在感を示すまでには至っていないが、新体制によるタイトで勢いのある演奏が堪能できる。「ホワット・ゴーズ・オン」のやかましいほどのギターソロは必聴。また、『サード』に収録される楽曲の、レコーディング前のヴァージョンを聴くことができる。

　ディスク3は、ルー・リード、ジョン・ケイル、ニコによる『ライヴ・アット・ザ・バタクラン』と同じ内容だ。

Live At Boston Tea Party December 12th 1968

Keyhole／KH2CD9013［CD］
Release: 2014年
［**Disc 1**］1. Heroin / 2. I'm Gonna Move Right In / 3. I'm Waiting For The Man / 4. I'm Set Free / 5. Foggy Notion / 6. Beginning To See The Light / 7. Candy Says
［**Disc 2**］1. White Light / White Heat / 2. Jesus / 3. Sister Ray4. Pale Blue Eyes

Live At Boston Tea Party January 10th 1969

Spyglass／SPY2CD0003001［CD］
Release: 2017年4月1日
［**Disc 1**］1. Heroin / 2. I'm Gonna Move Right In / 3. I'm Set Free / 4. Run Run Run / 5. Waiting For The Man / 6. What Goes On / 7. I Can't Stand It / 8. Candy Says
［**Disc 2**］1. Beginning To See The Light / 2. White Light White Heat / 3. Pale Blue Eyes / 4. Sister Ray

『ライヴ・アット・ザ・ボストン・ティー・パーティー』は、67年からヴェルヴェッツが出演していたクラブでの録音。ここでは3タイトルを紹介する。

『サード』録音の直後にあたる68年12月12日から3日間、ヴェルヴェッツはMC5とともに同会場でライヴを行っている。“December 12th 1968”はその初日の模様が記録されたものだ。

加入から2ヶ月が経ったダグは、かなりバンドに溶け込んでいる。「フォギー・ノーション」での攻撃的なベース・ラインは、『トランスミッション〜』に収録された同年10月の音源では聴かれなかったものだ。バンド自体も、やや内省的だった『サード』よりもアグレッシヴな演奏に終始している。

1か月後の録音が、“January 10th 1969”。セット・リストにあまり変化はないが、目立っているのはモーのドラムがハードになってきていること。ダグのプレイに煽られたのか、「ヘロイン」のシンバルも「アイム・ゴナ・ムーヴ・ライト・イン」のバス・ドラムも力強く、バンドを牽引している。スターリングは「ラン・ラン・ラン」で粘っこく、まとわりつくようなギターソロを披露。『&ニコ』収録曲の再構築を試しているようだ。「ウェイティング・フォー・ザ・マン」はすでにテンポを落としたアレンジが定着していたが、スターリングとルーによるギターのアンサンブルがさらに複雑に絡み合うようになってきている。

どの曲も長尺になり、ジャム・バンドの様相を呈してきているのが、この頃のヴェルヴェッツの姿だ。

The Boston Tea Party July 11th 1969

Spyglass／SPY2CD0003002［CD］
Release: 2017年4月1日
［Disc 1］ 1. I'm Waiting For The Man / 2. Jesus / 3. Run Run Run / 4. I'm Set Free
［Disc 2］ 1. White Light White Heat / 2. Candy Says / 3. Pale Blue Eyes / 4. Beginning To See The Light / 5. Sister Ray / The Murder Mystery

Live At The End Of Cole Ave. - The First Night

Keyhole／KH2CD9003［CD］
Release: 2013年
［Disc 1］ 1. It's Just Too Much / 2. Waiting For The Man / 3. I Can't Stand It / 4. I'm Set Free / 5. Beginning To See The Light / 6. The Ocean / 7. Venus In Furs / 8. What Goes On / 9. Heroin / 10. I'll Be Your Mirror / 11. Femme Fatale
［Disc 2］ 1. Pale Blue Eyes / 2. Candy Says / 3. Jesus / 4. That's The Story Of My Life / 5. I Found A Reason / 6. Sunday Morning / 7. After Hours / 8. Jam

〝July 11th 1969〟は、6か月の間にバンドがさらに成熟を遂げていたことがよくわかる内容になっている。

「ウェイティング〜」はまたもや変貌を遂げ、細かくリズムを刻むモーのドラムに、ダグのベースが呼応してグルーヴィに突き進んでいく。「ラン・ラン・ラン」もジョン・ケイルが抜けた穴を全員で埋めようとしているかのように、フリーキーな演奏の応酬だ。『サード』に収録された「アイム・セット・フリー」にしても、ポップさは失わないままスケールの大きな演奏を繰り広げられているのだから、手がつけられない状態だ。

白眉は22分に及ぶ「シスター・レイ／ザ・マーダー・ミステリー」のメドレー。モーのプリミティヴなアフリカン・ドラムのようなプレイがリズムをキープし、ダグのきらびやかでチープなオルガンが空間を彩っていく。間隙を縫うようにルーとスターリングのギターが唸りをあげているのがたまらない。

〝Live At The End Of Cole Ave.〟は、さらに3か月が経った69年10月18日に行われたライヴの音源だ。なお、この翌日の模様が『1969〜ヴェルヴェット・アンダーグラウンド・ライヴ』に収録されている。

エネルギーの放出が凄まじい前半と、ポップで落ち着いた後半との対比が面白い。最後に収められた軽い感じのジャムを聴くと、この時期のヴェルヴェッツが広い音楽性に対応できるバンドだったことがよくわかる。また、のちに『ローデッド』に収録される「アイ・ファウンド・ア・リーズン」も演奏された。

Chapter 4

LOU REED

森 次郎
山田順一
和久井光司

晩年のマッチョな空手マンが実像?――ルー・リード

和久井光司

ルーは17歳のときに、バスケット・ボール・クラブのコーチに恋をした。彼との関係がどこまで進んだかはわからないが、父親はルーをゲイと決めつけ、「お前は精神異常だ」と言って電気ショック治療に通わせた。24回のコースは非常に辛いものだったという。おかげでルーは父を毛嫌いするようになり、「まっとうな人間」を信用しなくなる。妹を溺愛する優しい少年は、ロックンロールとビート文学にのめりこみ、シラキュース大学で薫陶を受けたデルモア・シュウォーツにあと押しされる格好で、詩作や散文に取り組むようになったのだ。

１９４２年３月２日にブルックリンで生まれたルー・リードは、会計士として成功したユダヤ人の長男として郊外の街で育ち、大学の寮でスターリング・モリソン（１９４２年８月29日～95年８月30日）と一緒になる。ピックウィック・インターナショナルで職業作家として働くようになっても、詩人か作家として身を立てることを考えていたらしいが、ジョン・ケイルと出会い、それまでのロックンロールやポップスにはなかった音楽表現があることを知って、フォーク・ロックから〝ロック〟に踏み込んだボブ・ディランとは違う形で、文学と音楽が交差する地点を目指すようになったのだと思う。

ウォーホルのお抱えバンドになる以前に「ヘロイン」や「アイム・ウェイティング・フォー・ザ・マン」を書き、ＳＭプレイの倒錯に人間の真理を見ていたのだから、ファクトリー時代に〝セックス・ドラッグズ&ロックンロール〟に磨きをかけたのは言うまでもない。けれどもルーはニコに恋をし、多くの女性と関係を持った。「男でもＯＫ」だったが、性的に〝アニマル〟だっただけだ

職業作家時代。トニー・コンラッド、ルー・リード、テリー・フィリップス、ウォルター・デマリア、ジョン・ケイルによるザ・プリミティヴズ（1964年）。

ろう。実際、彼の詩の主人公はマッチョなほどに男性的だし、サディスティックでもある。

72年にデイヴィッド・ボウイがロック界で初めて、自分はゲイであると公言したとき、ルーは『トランフォーマー』のプロデューサーのあとを追うようにゲイを売りにしたが、73年1月9日にはベティ・クロンスタッドという女性と最初の結婚をしたし、ボウイこそ実はノンケだった。ルーは75年に初来日した際にレイチェルというボーイフレンドを連れてきたから、「間違いなくそっち」説が定番化したけれど、80年には英国人デザイナーのシルヴィア・モラレスと再婚し、ドラッグから足を洗おうとした。当初は「酒に切り替えてみたのだが…」と妻のせいのように不満を漏らしていたが、シルヴィアと始めたジョギングで肉体改造に目覚め、やがて空手にのめりこんだのだから、80年代以降はクスリに依存することもなくなっていたのだろう。

ルーの詩には、社会不適合者たちの悲しい性に魂のさすらいを重ねたジャック・ケルアックと、カットアップ手法で散文をブッ切りにして行間を読ませたウィリアム・バロウズからの影響が窺えるが、ビートに乗せて言

デイヴィッド・ボウイと（1972年）。

葉を吐き出すスタイルはディラン以上に簡潔で、サウンドと一体化している。そういう意味では高いオリジナリティを誇っているのだが、テーマやストーリーはつかみにくく、ロウ・コードでゴリゴリ鳴っているギターの方が明確な〝文体〟を持っていると言っていいぐらいに、言葉と音楽は一体化しているのだ。

　だからだろう、ギターのアンプ、音色やエフェクターには非常にこだわっていて、曲を先導していくリズム・ギタリストとしては超一流だった。普通のロック・ギタリストは（らしくないから）持たないスタインバーガーのエレキ（とくにヘッドのないやつ）を使っているころはセンスを疑ったが、〝見た目より音〟の本格派なのである。ヴェルヴェッツ時代のエピファン・リヴィエラはチューニングが甘そうだから、〝確かなギター〟を求めるようになっていったのだろうが。

　ジョンに最初に曲を聴かせたときに、「フォークみたい」と言われたことがトラウマとなったのか、ヴェルヴェッツ時代には自ら黒っぽいグルーヴを禁じ手として、アメリカン・ロック的な〝弾み〟を排除しているのにも注目だ。フォークやカントリーといったロックのルーツ

ジョン・ケイル、アンディ・ウォーホルと（1978年）。

に向かっていれば、ラヴィン・スプーンフルのような曲も残したのではないかと思うのだが、ヴェルヴェッツ時代はジョンが抜けてから、ソロになってからは『サリー・キャント・ダンス』あたりから〝弾み〟への取り組みが見えるものの、その面白さはいまだ語られていない。「スウィート・ジェーン」のD－D－A－G－Bm－Aというリフは、アタマのD以外が全部ウラ拍でシンコペイトしていて、そこにあのストリート感あふれる詩を乗せているのだから素晴らしい〝芸〟だし、「ウォーク・オン・ザ・ワイルド・サイド」のベース（ハービー・フラワーズ）こそが、ジョニ・ミッチェルの「コヨーテ」（ジャコ・パストリアス）の元ネタだと思うのだけれど、そういう〝リズムの革新性〟にまだ誰も気づいていないのだ。で、安直に〝ニューヨーク・パンクの元祖〟と片づけられるのだから、悲しくなるわけだよ、私は。

　メディアがつくりあげたイメージに、どいつもこいつも翻弄されすぎなのだ。フランク・ザッパはヴェルヴェッツのことを酷評していたというのも定説だが、どうやらそれはトム・ウィルソンの〝仕掛け〟らしい。ザッパは自分のレーベルからアリス・クーパーをデビューさせる際に、「LAでいちばん酷いバンド」と言っているぐらいだから、彼の「酷い」は個性を際立たせるためのアイロニーだと思う。95年にザッパがロックの殿堂入りを果たしたときと、08年にレナード・コーエンに同じ栄誉が与えられたときのプレゼンターはルーが務めている。ザッパに対しては、ヴェルヴェッツとマザーズを対比させて、その功績を称えたのだから、60年代の〝対立〟は何だったのか、ということだ（ちなみにヴェルヴェッツは96年に、ルー個人は15年に殿堂入りした）。

92年に男女の関係になり、21年を一緒に過ごしたローリー・アンダーソンでさえ（彼女はロックをあまり知らないのだが）、ヴェルヴェッツを英国のバンドだと思っていたというのだから、アメリカでの評価もアテにならない。つまり、ルー・リードの音楽は〝これから〟ちゃんと聴かれるようになるのだろう。

2013年10月27日のルーの死後、ローリーが『ローリング・ストーン』に語った出会いと結婚のエピソードがいかしている。

92年にドイツのミュンヘンで開かれたフェスに同席したふたりは、主催者側からの要請で共演。その後ニューヨークで、ルーの方からオーディオ＆エンジニアリング協会の見本市にローリーを誘い、「お茶しない？」「このあと夕食に行こうか」と一緒にいる時間を延ばして、そのままふたりはできちゃったのだ。以来ずっとお互いを「パートナー」と呼んでいたのに、08年4月12日に突然結婚したのだから驚いた。

それはカリフォルニアの道端で自分のことがイヤになったローリーが、携帯でルーに電話して、「やりたいと思っていたのにやれなかったことが沢山あるの」とグチったのに端を発している。

ルーは「やりたかったことって？」と訊き、ローリーは「ドイツ語も習えなかったし、物理も学べなかったし、結婚もできなかった」と答えた。「じゃあ俺たち結婚しない？　そっちに向かって半分まで行くから、明日とか、どお？」とルー。

「えー？　明日って、いくらなんでも急だと思わない？」と言うローリーに、ルーは「ううん、思わない」と答えたのだという。

翌日コロラドで落ち合ったふたりは、登記所に向かった。そういう男なんだ、ルー・リードって。

ローリー・アンダーソンと、コニー・アイランドで。

Lou Reed
ロックの幻想

RCA Victor／LSP-4701
Release: 1972年4月1日
[Side A]
1.I Can't Stand It
2. Going Down
3. Walk And Talk It
4. Lisa Says
5. Berlin
[Side B]
1. I Love You
2. Wild Child
3. Love Makes You Feel
4. Ride Into The Sun
5. Ocean

そういうわけ（26〜30ページ参照）で私は、このアルバムでヴェルヴェッツを初体験した。中2のときだ。

当時はこれがヴェルヴェッツだとは思わなかった。こんなシンプルなロックが、退廃や倒錯に彩られたニューヨークの地下世界の伝説になるはずがない。誰だってそう思う。ルー・リードは改心してまともなロックをやるようになったが、ヴェルヴェッツ時代はメチャクチャだったのだろう。そうじゃなければ、退廃や倒錯なんて言葉で語られるわけがない。だいたいこんなにカッコいいロックが売れなかったなんておかしいではないか――と。

しかしこれもまたヴェルヴェッツだった。当時は知らなかったが、ほとんどの曲がヴェルヴェッツ後期に書かれたもので、『1969』でやりたかったことをソロで実現したようなアルバムである。その地続き具合はポール・ウィリアムズがライナーで書いているとおりだが、日本では最初「これはグラムじゃないよ」と言われたのに、追いかけるように出た『トランフォーマー』によってあっさりグラム・ロックの烙印を捺されてしまったのだ。

RCAとの契約を決めてきたのは新たにマネージャーとなったダニー・フィールズだった。ルーが環境を変えての再出発を望んだため、ロンドンのモーガン・スタジオ録音が採用され、共同プロデューサーにはフレイミング・グルーヴィーズを手掛けたことで知られた音楽評論家のリチャード・ルービンソンが選ばれた。

セッションに集められたのは、エルトン・ジョン・バンド〜フックフットのカレブ・クウェイ（ギター）、イエスのスティーヴ・ハウ（ギター）とリック・ウェイクマン（キーボード）、セッションマンのレス・ハードルやブライアン・オジャース（ともにベース）ら。面白いところではザ・トルネードズやジョニー・キッド&ザ・パイレーツで活躍した名ドラマー、クレム・カッティーニがパーカッションで参加していること。女性コーラスはケイ・ガーナーとエレーヌ・フランソワ。エンジニアは多くの英国ロック・アルバムを録ったマイク・ボバックだ。

イエスのふたりのプレイがそれらしくなかったおかげでプログレ・ファンにスルーされたのはよかったが、第1章で書いたように、当時の日本ではヴェルヴェッツがほとんど知られていなかったから、『トランスフォーマー』を聴いてルーのファンになった人たちが遡って入手するアルバムになってしまう。それでもいいのだけれど、『トランスフォーマー』のようなトレンド感はここにはない。ヴェルヴェッツとの分岐点に置かれた傑作として再評価されるようになったは、だいぶあとになってだった。

トム・アダムズが描いたジャケット画は「オーシャン」にインスパイアされたものだったはずだが、ほかのソロ作はと並べると異質だ。そこが分岐的らしい、と私は思うのだが、一般的には謎なジャケかもしれない。73年にMGMが出した“Lou Reed & The Velvet Underground”（Pride/PRD-0022）というコンピの鳥のジャケットは、こっちに合わせた唯一のものと言えるだろう。

タン、タン、タン、タンという極めてシンプルなフィルで始まる「アイ・キャント・スタンド・イット」で決まりのアルバムだが、とにかく曲がいいし、シンガーとしての魅力も充分に伝わってくる。こういう曲を書いていたのにまったく評価されなかった後期のヴェルヴェッツが、いっそう〝いたいけ〟に思えてくる傑作である。

（和久井）

Transformer
トランスフォーマー

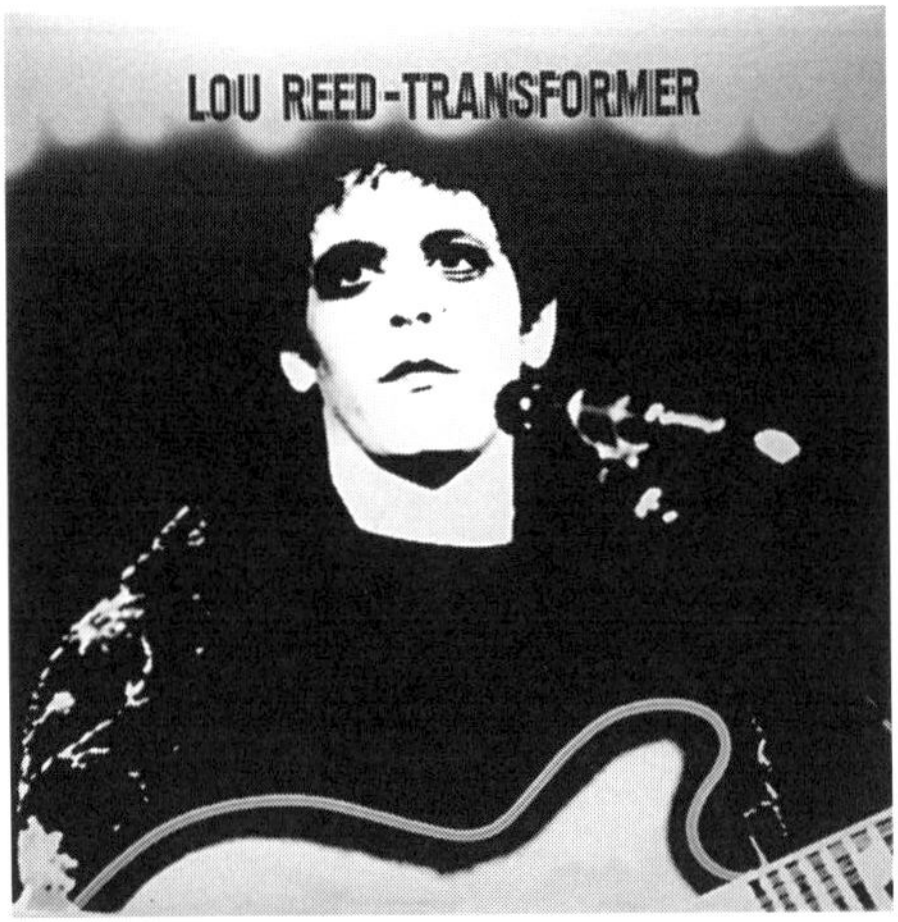

RCA Victor／LSP-4807
Release: 1972年11月8日

[Side A]
1. Vicious
2. Andy's Chest
3. Perfect Day
4. Hangin' Round
5. Walk On The Wild Side

[Side B]
1. Make Up
2. Satellite Of Love
3. Wagon Wheel
4. New York Telephone Conversation
5. I'm So Free
6. Goodnight Ladies

キンクスの次はヴェルヴェッツで一冊と思ったのは、ルーがRCA～アリスタにいた時期がキンクスと重なっていたからではないのだが、このころのRCAは本体が「RCAインターナショナル」というワールドワイドな会社になっていたからか、妙な世界戦略が匂って面白い。デイヴィッド・ボウイはそれにいちばんハマった人だと思う。

『ロックの幻想』の仕上がりを不満としたRCAは、ボウイがヴェルヴェッツのファンだったと知ってプロデュースを依頼。『ジギー・スターダスト』のヒットで時代の寵児となったボウイは、〝ぽっと出〟ではないことを示すためにモット・ザ・フープルに「オール・ザ・ヤング・ドゥーズ」を書き、それもヒットさせていたから、まさに飛ぶ鳥を落とす勢いだった。

ボウイとミック・ロンソンにプロデュースを任せたロン

ドン録音にはルーも可能性を感じたのだろうし、ヴェルヴェッツの幻影を断ち切って〝ルー・リード〟のペルソナを確立した傑作が生まれたことに不満はなかったはずだ。

トライデント・スタジオで行われた録音に、ボウイとロンソンが持ち込んださまざまなアイディアは、アルバムをヴェラエティに富んだものにし、それによってソングライターとしてのルーの実力が際立てられた。グラム・ロックの〝虚飾〟でコーティングされたセックス・ドラッグズ＆ロックンロールが、一般には丁度よかったのだ。フィクションじゃなければついていけないからである。

ウォーホルに〝背徳〟というお題を振られて書いた「ヴィシャス」は、そういう意味ではグラム・ロックと相性がよかったし、ミック・ロンソンの痙攣するギターと、クラウス・フォアマンの弾むベースに、バタバタしたドラムという組み合わせはナイスだった。

「パーフェクト・デイ」と「サテライト・オブ・ラヴ」というソロ初期の名曲が収録されていることも、このアルバムの大衆性を上げているが、白眉はなんといっても「ウォーク・オン・ザ・ワイルド・サイド」だ。シングル・カットされたこの曲が、翌年になって全米16位／全英10位に達したことでアルバムも29位／13位のヒットになったわけだが、ロンソンのアイディアだったというハービー・フラワーズのフレットレス・ベースと、ちょっとソウルフルな女性コーラスは、その後も踏襲される、ルーのもうひとつのイメージとなった。若者にも通じる言葉で言えば、レア・グルーヴ感か。語りに近いルーのヴォーカルも、ヒップホップ以後の世代はラップと受け取るだろう。

オールド・タイム感がコミカルな「ニューヨーク・テレフォン・カンヴァセイション」と、ホーン・セクションがシアトリカルな「グッドナイト・レディース」が次作『ベルリン』への布石となったのも見逃せない点だけれど、ボウイとロンソンの演出はいま聴くとずいぶん表層的だ。

ドラッグはともかく、ホモ・セクシャルに関してはまったくポーズだったことをのちにボウイは告白しているが、〝本物〟のルーにはそれが我慢ならなかったらしく、最後には鉄拳制裁して決別となるのだった。

ボウイは当時アリス・クーパーのことを〝贋物の芸能野郎〟（大意）と攻撃していたが、いま考えれば自分にもあったそういう面を悟られないようにする策だったと思う。ルーが次作でアリス・クーパーのプロデューサー、ボズ・エズリンと組んだのは、ケツを貸してはくれないボウイへのあてつけだったのかもしれない。

（和久井）

Berlin
ベルリン

RCA Victor／APL1-0207
Release: 1973年7月

[Side A]
1. Berlin
2. Lady Day
3. Men Of Good Fortune
4. Caroline Says I
5. How Do You Think It Feels
6. Oh, Jim

[Side B]
1. Caroline Says II
2. The Kids
3. The Bed
4. Sad Song

　ドラマティックに仕上げるならここまでやらないと、と言わんばかりの一大ミュージカルは、アリス・クーパーを売って世界的に認められつつあったボブ・エズリン（のちにはピンク・フロイドの『ザ・ウォール』や『対』、クーラ・シェイカーを手掛ける）にプロデュースを任せたロンドン録音。アリス・クーパー・バンドからはスティーヴ・ハンターとディック・ワグナーが参加し、『ロックンロール・アニマル』と『ルー・リード・ライヴ』を生むツアーに発展したのだから、初期の傑作といえばこれに尽きる。

　スティーヴ・ウィンウッド、ジャック・ブルース、エインズリー・ダンバーに、ブレッカー・ブラザーズまで顔を揃えているのだから、とたんに『トランスフォーマー』が〝安仕掛け〟に感じられるようになった。

『ロックの幻想』に収録されていた「ベルリン」を起点に

したストーリーであることは一目瞭然だったから、片岡は新宿のディスクロードに輸入盤が入ってきた途端に購入し、いつものようにウチでふたりで聴いた。夏休み中の、蒸し熱い夕暮れだったと思う。

店頭で見たときからジャケットにヤラれていたが、シュリンクを切ってみたら、アリス・クーパーの一連のアートワークを担当していたパシフィック・アイ&イアーが手掛けたジャケの表裏と一体になった歌詞ブックが出てきて、それだけで我々はメロメロだった。

ベルリンの安酒場で出会ったアメリカ人のジムと、ドイツ人のショウ・ガール（実体は娼婦）キャロラインが、愛し合い、衝突し、傷つけあいながらも底辺で生きるさまを描いた物語だが、キャロラインは自殺し、ジムは残された彼女の写真を胸にベルリンを去っていく。

ルーがイメージしたのはナチスによる統制が始まった30年代から戦中のベルリンだったという。アメリカからドイツに渡ったジェセフ・フォン・スタインバーグ監督がマレーネ・ディートリヒの主演で映画化した『嘆きの天使』が下敷きになったのは間違いないが、登場人物たちの人間模様は60年代のファクトリーにもだぶる。さまざまな対比を描くことで当時のベルリンに重ねたところもあるのだろうが、本人も〝これは音楽による映画だ。ロマン・ポランスキーが監督する『ベルリン』を観てみたい〟と語ったように、ロック・アルバムとしては特殊な（幾多のロック・オペラとは一線を画す）豊潤なドラマなのである。

ＲＣＡはルーのような中堅によくこんなチャンスを与えたな、と思うし、金のかけ方が素晴らしい。

けれど、ヴェルヴェッツ時代からのロックンロールを捨ててしまったように感じた人たちも少なくなかったようで、とくにアメリカでは賛否が分かれたのだ。英国では7位まで上がったのに、アメリカではビルボード98位がハイエスト・ポジションだったのだから、作品が報われたとは言い難く、この路線の踏襲は03年の『ザ・レイヴン』まで待たねばならなかった。

ロンドン録音ゆえか、『ロックの幻想』も『トランスフォーマー』も英国初版の音が私にはしっくりくるのだが、のちにこれもそうかと思って英国盤を入手すると、デイヴィッド・リンチの『エレファント・マン』みたいな冒頭のＳＥが3分の1ぐらいにカットされていて、不穏な幕開けが台なしになっているではないか。がっかりだった。ＣＤだとブックレットの素晴らしさが半減なので、これは米国初版のＬＰでどうぞ。

（和久井）

Rock N Roll Animal
ロックン・ロール・アニマル

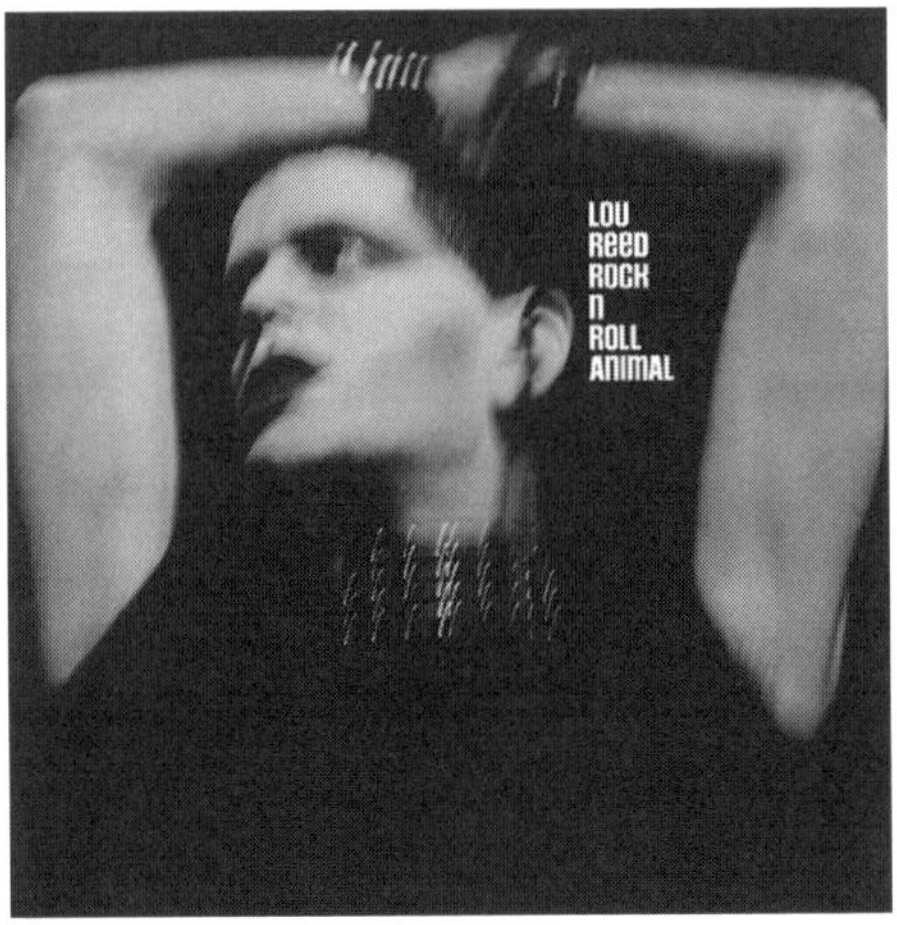

RCA Victor／APL1-0472
Release: 1974年2月21日
[Side A]
1. Intro / Sweet Jane
2. Heroin

[Side B]
1. White Light/White Heat
2. Lady Day
3. Rock 'N' Roll

Lou Reed Live
ルー・リード・ライヴ

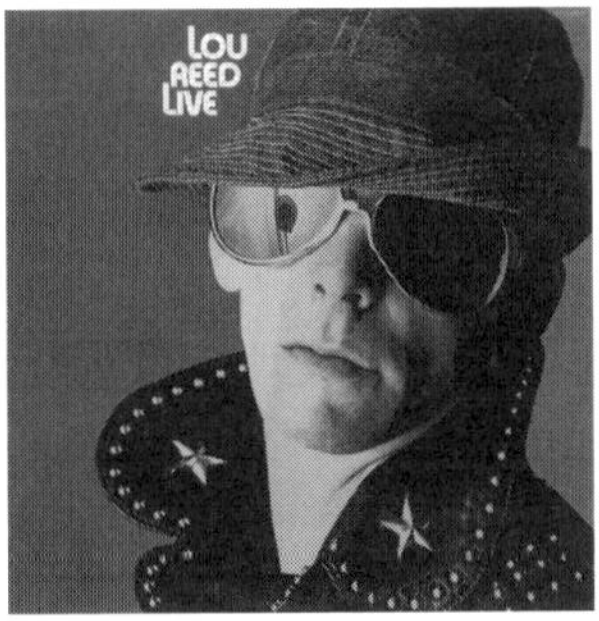

RCA Victor／APL1-0959
Release: 1975年3月
[Side A]
1. Vicious
2. Satellite Of Love
3. Walk On The Wild Side

[Side B]
1. I'm Waiting For The Man
2. Oh Jim
3. Sad Song

73年9月からはじまった『ベルリン』のワールド・ツアーの最終日にあたる12月21日、ニューヨークのハワード・スティンズ・アカデミー・オブ・ミュージックで収録されたライヴ・アルバムが、『ロックンロール・アニマル』と『ルー・リード・ライヴ』だ。前者はルーの初のライヴ盤として発売されたが、後者は本人が認めないまま世に出されている。

バンドのメンバーは『ベルリン』に参加していたスティーヴ・ハンター（ギター）とディック・ワグナー（ギター）に、プラカッシュ・ジョン（ベース）、ペンティ〝ウィッティ〟グラン（ドラム）、レイ・コルコード（キーボード）という布陣。プラカッシュとペンティはブラックストーン・レンジャーズのメンバー、レイはセッション・プレイヤーとして知られ、エアロスミスの『飛べ！エアロスミス』

では共同プロデューサーとしてもクレジットされている。このメンバーはボブ・エズリンが集めたようだ。ツアーのセット・リストは、ヴェルヴェッツ時代の5曲と、『ベルリン』からの5曲、『トランスフォーマー』からの3曲で構成され、1ステージは約90分。ちなみにこの日は2回のショウが行なわれた。

72年11月にリリースされた「ワイルド・サイドを歩け」とそれをフィーチャーした『トランスフォーマー』のヒットは、ヴェルヴェッツのカタログの再発売という副産物も生んだが、ルーは便乗商法をそれなりに面白がり、ヴェルヴェッツ時代の曲にあらためて陽を当てるチャンスかもしれない、と考えたようだ。それもあって、『ベルリン』収録曲の「レディ・デイ」以外はすべてヴェルヴェッツ時代のナンバーという『ロックンロール・アニマル』に同意したのである。

一方『ルー・リード・ライヴ』は、『トランスフォーマー』から3曲、『ベルリン』からの2曲が収められ、ヴェルヴェッツのナンバーは「アイム・ウェイティング・フォー・ザ・マン」のみで、こちらは『サリー・キャント・ダンス』のヒットに乗じていち早く二の矢を放ちたかったＲＣＡの勝手な都合によってリリースされたものだった。なお、プロデュースを担当したのは、ブルース・プロジェクトやブラッド・スウェット&ティアーズのギタリストだったスティーヴ・カッツ（『ロックンロール・アニマル』はルーと共同）。ルーのマネージャーを務めていたデイヴ・カッツの弟という縁もあっての起用だった。

ギターを置き、ヴォーカルに専念したルーの存在感もさることながら、両アルバムの最大の魅力は、ハンターとワグナーのツイン・リード・ギターだ。ふたりの絡みを中心としたハード・ロック・テイストが有効だったのは、このあとレイ以外の4人がそのままアリス・クーパーのバンドへと流れることからも明らか。彼らが繰り出すドラマテックで派手なサウンドは大衆受けし、ルーの人気上昇に大いに貢献した。

00年に発売された『ロックンロール・アニマル』のリマスターＣＤには、『ベルリン』収録曲の「ハウ・ドゥ・ユー・シンク・イット・フィールズ」と「キャロライン・セッズ1」がボーナス・トラックとして加えられ、2枚併せて聴けば当日演奏されたすべての楽曲を網羅できる。しかし、『ロックンロール・アニマル』ではハンターが右、ワグナーが左という定位のギターが、『ルー・リード・ライヴ』では何故か逆になっているのがいただけない。

（山田）

Sally Can't Dance
死の舞踏

RCA Victor／CPL1-0611
Release: 1974年8月
［**Side A**］
1. Ride Sally Ride
2. Animal Language
3. Baby Face
4. N.Y. Stars

［**Side B**］
1. Kill Your Sons
2. Ennui
3. Sally Can't Dance
4. Billy

それまでの3枚のオリジナル作はロンドン・レコーディングだったが、ソロになってはじめてアメリカで録音された4作目。プロデュースは『ロックンロール・アニマル』に続いてスティーヴ・カッツとルーが担当している。

『ベルリン』のワールド・ツアーにも誘っていたブラックストーン・レンジャーズのマイケル・フォンファラ（キーボード）にあらためて声をかけ、フォンファラと活動をともにしていたダニー・ワイズ（ギター）とツアー・メンバーによる体制でリハーサルをはじめるも、ギタリストのスティーヴ・ハンターとディック・ワグナーがアリス・クーパーのバンドに参加するために脱退。結局、残された面々がベーシックなメンバーとなって制作された。なお、「ビリー」にはヴェルヴェッツ時代に確執が噂されたダグ・ユールがベースで参加している。

しかし、カッツとルーの関係はうまくいかず、リードは積極的な関与を拒んだ。それもあって彼は完成したアルバムをこき下ろし、毛嫌いしていたのだが、本人の思いに反して全米10位をマークするヒット・アルバムになっている。皮肉なことにこれは今でもキャリア・ハイの成績である。

まるでカッツが勝手につくったかのように言われているが、内容的にはルー自身も造詣が深い（ハイプな）ソウル・ポップが展開されている。T・レックスがブラック・ミュージックに接近した『ズインク・アロイと朝焼けの仮面ライダー』を発表したのが74年2月、デヴィッド・ボウイが「1984」を突破口に『ヤング・アメリカンズ』で〝プラスティック・ソウル〟を宣言したのが75年3月ということを思えば、本作はそうした流れを図らずも捉えていたことになる。代表作とは言えないが、今ならばその魅力をより理解できるはずだ。

（山田）

Metal Machine Music
メタル・マシーン・ミュージック

RCA Victor／CPL2-1101
Release: 1975年7月
[Side A]
1. Metal Machine Music A-1
[Side B]
1. Metal Machine Music A-2
[Side C]
1. Metal Machine Music A-3
[Side D]
1. Metal Machine Music A-4

ルーのキャリア云々というだけでなく、ロック／ポップス史上、最大の問題作。『サリー・キャント・ダンス』のヒットに気をよくしたＲＣＡは、すぐさまもっとコマーシャルなアルバムを出すように要求した。ルーはセールスを優先するレコード会社に対して気乗りしないまま、75年1月にニューヨークのスタジオに入って新作の制作をはじめたが、プロデューサーのスティーヴ・カッツと衝突して作業は頓挫。新たなツアーへと出かけてしまう。これに業を煮やしたＲＣＡは、本人の承諾を得ずにライヴ盤の『ルー・リード・ライヴ』をリリースしたが、今度はルーがそれに激怒し、対抗策として提出したのが自宅で録音したギター・フィードバック・ノイズのみで構成された2枚組の本作だった。

理解不能な内容に困惑したＲＣＡはクラシック・レーベルのレッド・シールからのリリースも検討しつつ、これまで通り通常のレーベルから発売したものの、最終的にはほかのアルバムの売り上げに影響することを恐れて回収している。

ジャケットに記載された機材の表記はデタラメ。ＬＰのＤ面は視聴者が針を上げないと延々と同じ音が繰り返される〈ロックド・グルーヴ〉仕様になっていて、セルフ・ライナーには「このレコードを最期まで聴き通した奴はいない。自分も含めて」と記すなど何かとリスナーに苦行を強いる作品で、当時の評価は散々だった。しかし、ルーはただ自棄になってこの作品をつくったわけではなく、ラモンテ・ヤングやオーネット・コールマンが実践していた〝無調の即興〟の可能性を試したのだ。その探究心はこのあとも薄れず、08年に本作の流れを汲んだメタル・マシーン・トリオを結成。翌年には自身のレーベルから本作をブルーレイとＤＶＤで再発した。彼は本作の意義を今も世に問い続けているのである。（山田）

Coney Island Baby
コニー・アイランド・ベイビー

RCA Victor／APL1-0915
Release: 1975年12月

[Side A]
1. Crazy Feeling
2. Charley's Girl
3. She's My Best Friend
4. Kicks

[Side B]
1. A Gift
2. Ooohhh Baby
3. Nobody's Business
4. Coney Island Baby

　75年7月の初来日公演を含むツアーを8月に終えたルーは、10月にそのツアーでも披露していた新曲をレコーディングすべく、ニューヨークのメディア・サウンド・スタジオに入った。プロデュースはルーとメディア・サウンドのエンジニア、ゴドフリー・ダイアモンドが担当している。ゴドフリーの兄のジャックがリードと旧知の仲だったことからスタジオも含めてゴドフリーに任せたのだ。余談だが、ジョブライアスのバックを務め、その後バイオニック・ブギーでニューヨークのディスコ・シーンを盛り上げたグレッグもダイアモンド兄弟の一人である。

　このころRCAやマネージメントとの軋轢を抱え、財政危機にも陥るなど苦難を抱えていたルーだったが、一筋の光明を見出していた。それが74年後半に出会ったレイチェル・ハンフリーズで、彼女の存在が唯一の心の拠り所だったのである。二人の関係性は恋愛を超え、まるで同志のような間柄だった。ルーはその喜びを素直にアルバムで表現した。つまり、本作はルーからレイチェルに送ったラヴ・レターなのだ。事実、表題曲の歌詞は「この曲をルーとレイチェルとそして神に捧げよう」と綴られている。

それだけにアルバムは穏やかでロマンティックな雰囲気に包まれている。それまではよくも悪くもプロデューサー任せだった制作も、この作品はルーの主導で行なわれており、ゴドフリーや『サリー・キャント・ダンス』でコーラスを務めていたマイケル・ウェンドロフの助けを借りながら、はじめてミックスまで手がけた。彼がこのあと自分の作品に責任を持ち、レコーディングやエンジニアリングにも拘りを見せていくという意味では、そのきっかけとなったアルバムである。バックを支えたのは、のちにキッスのレコーディング・ギタリストを務めるボブ・キューリック、先のツアーにも参加し、気心の知れていたブルース・ヨウ（ベース）とマイケル・スコルスキー（ドラム）という少数精鋭のメンバー。ルーがしっかりとコントロールできる人選になっている。それぞれが堅実なテクニックを持つミュージシャンだけにルーがつくったさまざまなタイプの曲にも順応し、一体感を生み出しているのが心地よい。「キックス（刺戦）」ではかなりの緊張感を醸し出しているが、ほかの曲はポップで聴きやすく、スウィート・ソウルのような甘い感覚も感じさせる。「シーズ・マイ・ベスト・フレンド」は、ヴェルヴェッツの幻の4作目用にレコーディングされたこともあるナンバー。編集盤『V.U.』などで聴けるものとはかなり印象の異なるアレンジになっているが、歌詞がルーとレイチェルの関係にぴったりマッチしているのが奇跡的。表題曲の〝コニー・アイランド〟もヴェルヴェッツ時代から拘っていたキーワードだが、ここでのタイトルはドゥーワップ・グループのエクセレンツが62年に発表した同名曲からとられており、リフレインの〝Glory Of Love〟はファイヴ・キーズが51年にリリースしたシングルから引用されている。そうした影響もありながら、ルーの詩には変化が表われており、今までのような〝闇〟の部分が抑えられ、知的でクールな都市生活者の日常が描かれるようになっている。このイメージの転換は彼のアーティストとしての幅を拡げることになった。

ルーはレイチェルとの出会いによって復活し、本作で自身の〝再生〟を果たす。窮状を脱した彼は、自分を苦しめていたマネージャーのデニス・カッツやRCAと決別し、前を見据えて次のステップへと進んでいった。（山田）

Rock And Roll Heart
ロックン・ロール・ハート

Arista／AL 4100
Release: 1976年10月
[**Side A**]
1. I Believe In Love
2. Banging On My Drum
3. Follow The Leader
4. You Wear It So Well
5. Ladies Pay
6. Rock And Roll Heart

[**Side B**]
1. Chooser And The Chosen
2. Senselessly Cruel
3. Claim To Fame
4. Vicious Circle
5. A Sheltered Life
6. Temporary Thing

RCAとの4年間の契約でルーは8枚のアルバムを残したが、マネージャーのデニス・カッツは彼の経済面には無頓着だった。そのためルーはRCAから70万ドルの借金をし、いくら働いても生活が潤わない状態に陥っていた。ほかにいくつもの裁判を抱えていたルーだったが、デニスの問題も法廷に訴え、最終的にはRCAとの契約解消を勝ち取った。不本意な束縛から解放された彼は、クライヴ・デイヴィスが興したアリスタ・レコーズへと移籍。以前からルーの仕事を気に入っていたデイヴィスは、新会社の拠点、ニューヨークを代表するアーティストとして、ルーを採用したのであった。

アリスタからの第1弾は、完全なセルフ・プロデュースを行なった初めての作品になった。それまでは誰かしらプロデューサーの存在があったが、ここは心機一転、自分が好きなことを思う存分やってみようと思ったのだろう。レコーディングには76年のツアーをともにした、ブルース・ヨウ（ベース）、マイケル・スコルスキー（ドラム）、マイケル・フォンファラ（キーボード）、マーティ・フォーゲル（サックス）がそのまま起用され、ギターはルー自らが弾くことになった。過去のレコーディングにはさまざまなミュージシャンが参加していたが、ここでは〝バンド〟として臨んだのである。次作『ストリート・ハッスル』や、ライヴ盤『テイク・ノー・プリズナーズ』も基本はこの布陣であることからも、メンバーを信頼していたのがわかる。なお、ヨウ、スコルスキー、フォーゲルは、ルーと別れてからギタリストを加えてエヴリマン・バンドを結成し、ジャズのフィールドで活動を続けた。このころのルーがジャズやファンクにアプローチしたのは、彼らの影響もあってのことだったようだ。

　レコーディングは76年の夏にニューヨークのレコード・プラントで行なわれ、作業中、タイトルは“Nomad”と名づけられていた。遊牧民や放浪者を意味する言葉である。ジャケットはアンディ・ウォーホルが手がける予定だったというが、計画は変更され、デイヴィスが推した「ロックン・ロール・ハート」がアルバム・タイトルになり、ジャケットもルーを撮り続けていたミック・ロックによるポートレートとなった。ちなみにこの写真は、テレビ画面に映し出したショットを、もう一度撮影するという手法が用いられている。このあとのツアーでは、ニューヨークの病院が買い換えのために処分しようとしていたテレビを譲り受け、ステージ上に並べるというアートな演出を見せているので、すでにその構想があったのかもしれない。

　ルーにしてはストレートな歌詞が多い作品で、「ユー・ウェア・イット・ソー・ウェル」には大学時代からの友人ガーランド・ジェフリーズがコーラスで参加。インストの「チューザー&ザ・チューゼン・ワン」ではギタリストとしてのルーと、バンドのポテンシャルが確認できる。「フォロー・ザ・リーダー」と「ア・シェルタード・ライフ」は69年ごろから試されていた曲で、ヴェルヴェッツのヴァージョンは『クワイン・テープス』と『ピール・スローリー・アンド・シー』に収録されている。今のバンドなら曲を完成させられる、と見込んでの復活だったのだろう。「俺が気に入っているこのバンドの音を聴いてくれ！」と主張しているような作品になったのは、煩わしさからようやく解放されたルーが、素直に喜びを爆発させた結果なんだと思う。

（山田）

Street Hassle
ストリート・ハッスル

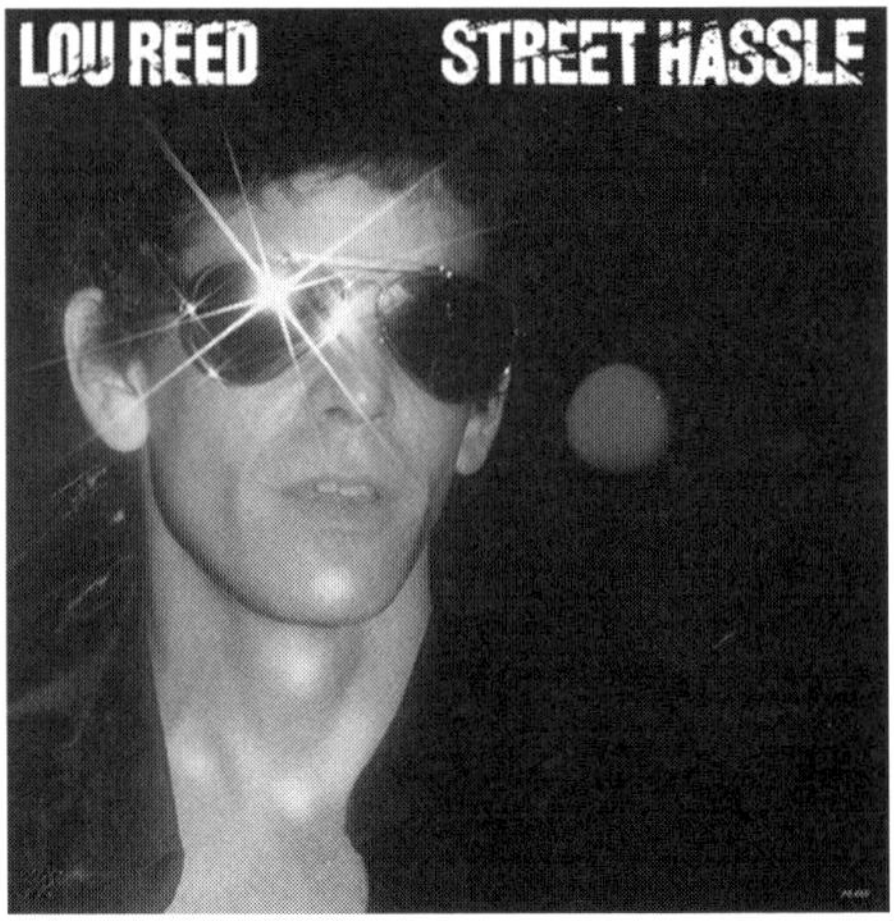

Arista／AB 4169
Release: 1978年2月

[Side A]
1. Gimmie Some Good Times
2. Dirt
3. Street Hassle
   a.Waltzing Matilda
   b.Street Hassle
   c.Slipaway

[Side B]
1. I Wanna Be Black
2. Real Good Time Together
3. Shooting Star
4. Leave Me Alone
5. Wait

西ドイツでライヴ・レコーディングされた音源にニューヨークでオーヴァーダビングを施したものと、完全なスタジオ録音の両方が収録されたアルバム。アリスタ移籍1作目の『ロックン・ロール・ハート』ではバンドを固定し、コンパクトにまとめた曲ばかりだった反動からか、どうやらルーの実験好き／新しもの好きの虫が騒ぎ始めたらしい。また、〝ステレオ・バイノーラル・サウンド・レコーディング〟という、ヘッドホンで臨場感のある音像を体験できる録音技術を導入したのもこのアルバムからだ。

　スタジオ・レコーディングの「ストリート・ハッスル組曲」では、全体を通して同じ旋律が繰り返し使われている。最初はヴィオラ、次にベース、そしてエレクトリック・ギターという具合に楽器は入れ替わっているが、大きな変化をつけるわけでもなく、最後に盛り上げるわけでもなく、かといって無機質なほどにミニマルな反復に終始するわけでもない。11分が過不足ない、ちょうどいいサイズに感じられるのだ。そして曲が終わったあとまでこのリフが余韻となり、B面へのブリッジになるような効果をあげている。

クライヴ・デイヴィスがこの組曲をアルバムの中心にするように進言したのは、まさに慧眼と言えるだろう。なお、3番目のパート「スリップ・アウェイ」では、ブルース・スプリングスティーンが語りを入れている。

他のライヴ・テイクを基にした曲には、さまざまなトライアルが見られる。しかし単体で聴く分には面白いのだが、まとまりに欠ける印象を受けることもまた事実だ。緩い「スウィート・ジェーン」みたいな「ギミ・サム・グッド・タイムス」や「リアル・グッド・タイム・トゥギャザー」が収録されているのは話題づくりの意味もあったはずだが、ルー自身が完全にヴェルヴェッツ時代を消化できたからだろう。「リアル・グッド〜」はドラムレスで、おそらくルーがひとりで楽器とヴォーカルを重ねたトラックに女性コーラスをまぶした前半から、バンドでガツンとカマしたライヴ・ヴァージョンの後半へとつなげられている。

「ダート」で聴かれるねばっこいギターはルーならではのもの。「アイ・ワナ・ビー・ブラック」は『テイク・ノー・プリズナーズ』にも収録されたルー流のソウル・ナンバー。「シューティング・スター」はゴリッとした感触のバンド・サウンドが魅力的だ。「リーヴ・ミー・アローン」のシンプルだけどうるさいドラムと、吐き出すようなヴォーカルにはパンクへの呼応が感じられなくもないが、終始鳴っているマーティ・フォーゲルのサックスが何物にも似ていない曲に仕立て上げている。そして最後はポップな「ウェイト」でサラッと締められてしまう。

このアルバムが発売されたのは78年2月。セックス・ピストルズが解散し、映画『サタデー・ナイト・フィーヴァー』のサントラがバカ売れして、グラミー賞ではフリートウッド・マックの『噂』がアルバム・オブ・ザ・イヤーを、イーグルスの『ホテル・カリフォルニア』がレコード・オブ・ザ・イヤーを受賞した頃だ。こうした世の流れを背中で感じながら、ルーはニューヨークで書き続けてきた詞と曲を、どうすれば過去の自分の作品よりもアップデイトされたサウンドに乗せられるのかということを考えていたのではないか。そしてこの先の10年は新しいテクノロジーを自分の手元に引き寄せながら、試行錯誤を重ねていくことになる。とはいえ、結局はシンプルなバンド・サウンドへの回帰を繰り返すことになるのだが。

（森）

Take No Prisoners
テイク・ノー・プリズナーズ／ルー・リード・ライブ

Arista／AL 8502
Release: 1978年11月

[Side A]
1. Sweet Jane
2. I Wanna Be Black
3. Satellite Of Love

[Side B]
1. Pale Blue Eyes
2. Berlin
3. I'm Waiting For My Man

[Side C]
1. Coney Island Baby
2. Street Hassle

[Side D]
1. Walk On The Wild Side
2. Leave Me Alone

78年5月17日から21日にかけて、ニューヨークのボトムラインで収録されたライヴ・アルバム。バンドは『ストリート・ハッスル』のメンバーを中心に編成されている。サックスやコーラスを含む、ルーを含めて8人という大所帯だ。本作もステレオ・バイノーラル・サウンド・レコーディングが採用されているが、その効果はともかくとして、４００人というキャパシティならではの臨場感は悪くない。

マッチを擦る音で始まり、ルーがギターで軽く「スウィート・ジェーン」のリフを弾く。客の反応を伺うオープニングは、気分を盛り上げるのにピッタリの演出だ。しかし曲が始まると、サックスとコーラスのおかげでゴージャスになり過ぎ、ドラムのフィルも耳につく。これでは「スウィート・ジェーン」がショウのための素材になっていないだろうか？　ルーは曲の途中から（即興だろうか）ほとんど語っている。このアルバムの評には、ルーのことを「元祖ラッパー」と書いたものもあったが、ラップ云々以前に、ルーが〝詩人〟であることを忘れてはいけないだろう。

発売から数か月の『ストリート・ハッスル』から3曲が選ばれたほかは、ヴェルヴェッツ時代やソロ初期のナンバーがほとんどだ。ファン・サービスということもあったはずだが、ルー自身が過去の楽曲に新たな光を当てようとした試みだと解釈したい。しかしその結果は、うまくいったとは言い難いのだ。詞もメロディも解体して中空に放り投げたままで、再構築にまでは至っていないからだ。大編成のバンドによる〝やりすぎ〟なアレンジと、力みも見えるルーのヴォーカルはソウル・レヴューのようだ。「アイ・ウォナ・ビー・ブラック」のように最初からソウルを意識した曲ならばこうしたアプローチもハマるのだが、「ペイル・ブルー・アイズ」や「ベルリン」とはかなり相性が悪い。その上、アナログの片面に2曲か3曲しか入らないほど引き延ばされているので、印象が薄まっているのだ。

やたらと元気な「サテライト・オブ・ラヴ」は歌詞が表現している諦観が薄れてしまっているし、ドラマチックな展開の「コニー・アイランド・ベイビー」にしても、ここまで強引にテンションを上げなくてもいいのに、と思ってしまう。ブルース化した「アイム・ウェイティング・フォー・ザ・マン」は原曲とはまったく別物になり、みんなで手拍子を打つ「ワイルドサイドを歩け」にはゲンナリ。どれもこれも骨抜きにされたように感じてしまうのだ。

逆に、レコーディング・ヴァージョンのキモをライヴできっちり再現した「ストリート・ハッスル」では、楽器を変えながらリフを鳴らし続けるというしつこいほどの反復に、観客が巻き込まれていく様子が余すことなく記録されている。

溜飲が下がる思いがするのは、ラストの「リーヴ・ミー・アローン」。やかましいギターやサックスとルーの吐き出すようなヴォーカルも、ここまで振り切れると気持ちいい。

このときのバンドが『ストリート・ハッスル』の曲と相性がいいのは、ルーがそのキャリアの中では異色の時期にいたということだろう。実験にすぎなかったのを物語るように、このフォーマットにはあっさり区切りをつけることになる。当時流行りのパンクでもAORでもない真性の〝ニューヨーク・ロック〟を模索するルーの旅は、まだまだ続くのであった。

なお、米国アナログ盤の裏ジャケットにはミスがあり、C面とD面の曲目が入れ替わって表記されている。（森）

The Bells

Arista／AB 4229
Release: 1979年4月20日

[Side A]
1. Stupid Man
2. Disco Mystic
3. I Want To Boogie With You
4. With You
5. Looking For Love
6. City Lights

[Side B]
1. All Through The Night
2. Families
3. The Bells

まず目を引くのはルーとニルス・ロフグレンが3曲で共作していることだ。『ベルリン』のプロデューサーだったボブ・エズリンがふたりを引き合わせたそうで、ニルスの同じ79年のアルバム『ニルス』でも3曲を共作している。

他の曲も参加メンバーとの共作が多く、ルー単独で書かれた作品は「ルッキング・フォー・ラヴ」の1曲のみ。また、キーボードのマイケル・フォンファラがエグゼクティヴ・プロデューサーとしてクレジットされている。

こうしたミュージシャン同士の交流から新しいものを生み出そうとする動きは、『ストリート・ハッスル』から続く試行錯誤の表れだと言えるだろう。その結果、アレンジやヴォーカル・スタイルにおいて、さまざまなヴァリエーションを獲得することに成功した。また、総じてポップな範疇で仕上げたことからも一定の成果を挙げたと見ることができる。

中でもドン・チェリーと共作した「オール・スルー・ザ・ナイト」は、ドンのトランペットと、ルーの語るような、どこかボブ・ディランを思わせるヴォーカルが混じり合うことで、緊張感をもって拮抗する以上に、より豊かな表現となって結実していると思えるのだ。

ただし、他の作品についてはトライアルの域を出ていないことも事実。「ディスコ・ミスティック」にしても同じ年にヒットしたキンクスの「スーパーマン」ほどは振り切れてないし、そもそもディスコにはなっていない。

タイトル曲の「警鐘」は印象的なベースラインやトランペットが全体を貫き、「ストリート・ハッスル組曲」に続く大作となる可能性が大いにあったと思わせられる。しかし9分が冗長に感じられるのは、やはりルーが半歩引いたスタンスでレコーディングに臨んでいたからではないだろうか。

（森）

Growing Up In Public
都会《まち》育ち

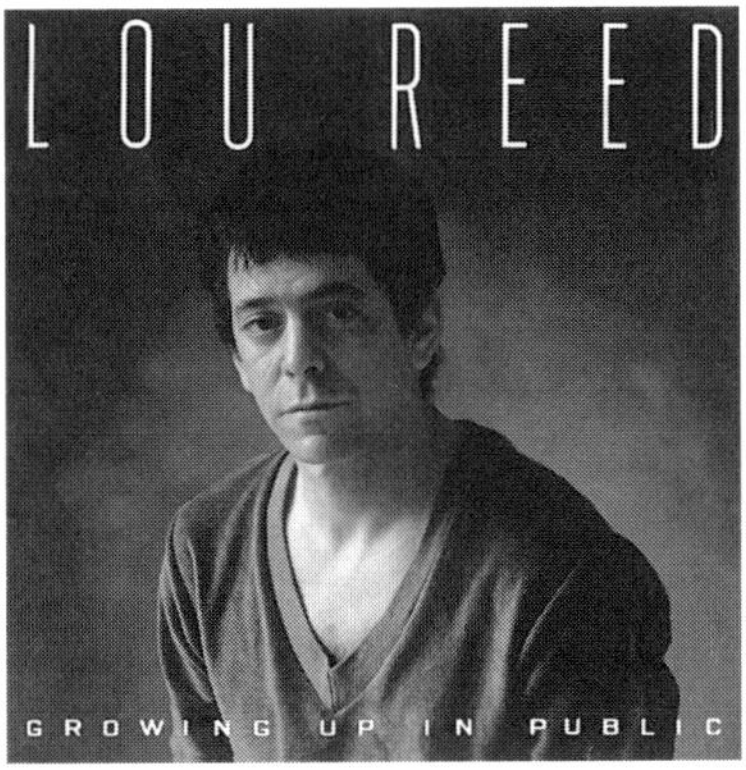

Arista／AL 9522
Release: 1980年4月

[Side A]
1. How Do You Speak To An Angel
2. My Old Man
3. Keep Away
4. Growing Up In Public
5. Standing On Ceremony

[Side B]
1. So Alone
2. Love Is Here To Stay
3. The Power Of Positive Drinking
4. Smiles
5. Think It Over
6. Teach The Gifted Children

ルーとマイケル・フォンファラが全曲を共作し、さらにはふたりが共同プロデュースを行ったアリスタ最終作。参加メンバーは前作『警鐘』とあまり変わらないが、ホーンは加えず、ギターとキーボード主体の細やかなアレンジを施すことによって、重厚すぎない仕上がりになっている。

「天使は何処」が軽やかに転がるピアノで始まることに、まず驚かされる。ポップなメロディを不器用に歌うルーのヴォーカルが、曲の後半にはコーラスを従えて絞り出すように変化することも予想がつかない展開だ。80年代の幕開けにふさわしいＡＯＲ調のアレンジに荒めの歌を乗せることで、新しいルー・リード像を演出しようとしたのだろうか。しかし、その試みは半ば成功し、残りの半分は詰めきれないまま置き去りにされたような印象を受けてしまう。

『ストリート・ハッスル』から続けられた音楽的なトライアルは、マイケル・フォンファラに主導権を譲り渡したことでさらに拡がることになった。また「スマイルズ」では話題づくりも考えたのか、「ワイルドサイドを歩け」を彷彿させるコーラスまで飛び出すのだ。しかし、ビルボード最高１５８位という結果に終わっている。

「シンク・イット・オーヴァー」で見せた抑制の効いた歌い方など、さらに磨きをかければ面白くなりそうな要素は確かにあった。ところがアルバム最後の「天才児」が「テイク・ミー・トゥ・ザ・リヴァー」を歌いこんで終わってしまったのだから、中途半端なあと味を残しても仕方がないだろう。

裏ジャケットに写るルーは、バンドのメンバーのうしろで虚ろな表情を浮かべている。諦観を表現し始めたアルバムであると考えれば、フロント・カヴァーも含めて象徴的なポートレートだ。（森）

The Blue Mask
ブルー・マスク

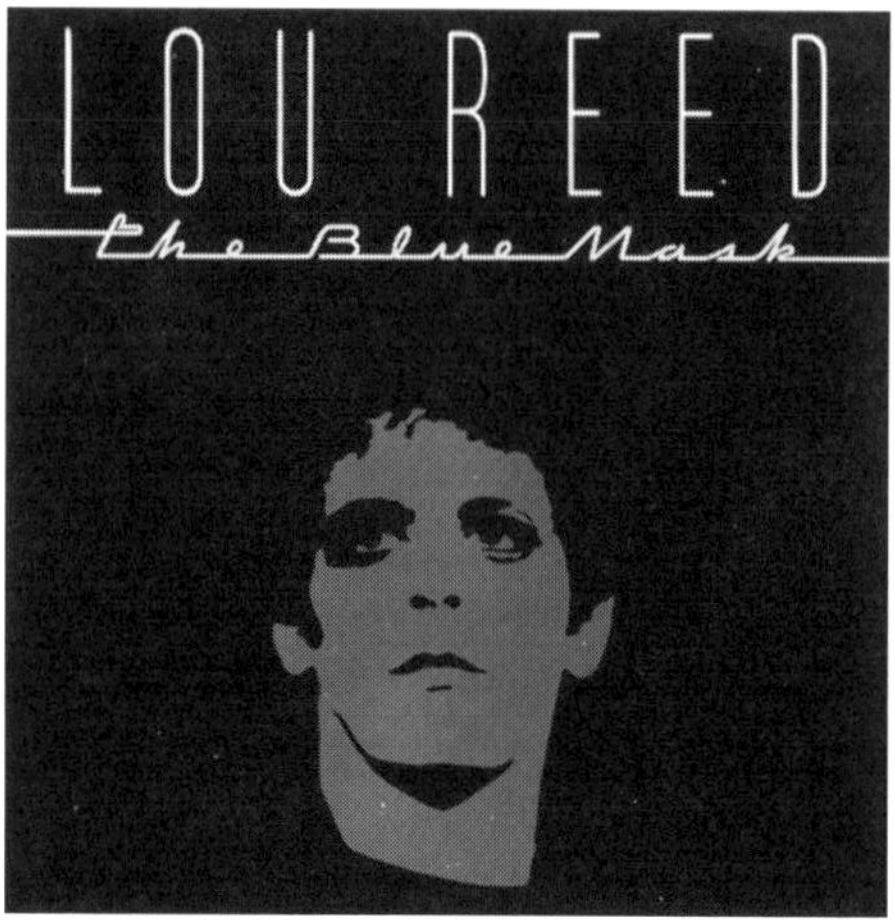

RCA Victor／AFL1-4221
Release: 1982年2月23日

[Side A]
1. My House
2. Women
3. Underneath The Bottle
4. The Gun
5. The Blue Mask

[Side B]
1. Average Guy
2. The Heroine
3. Waves Of Fear
4. The Day John Kennedy Died
5. Heavenly Arms

アリスタを離れたルーはRCAに復帰する。80年にシルヴィアと結婚し、ニュージャージーに転居したことも心境の変化をもたらしたのだろう、それまでの何作かで顕著だった実験モードから一転して、非常にソリッドかつ自信に満ち溢れたアルバム『ブルー・マスク』を完成させたのである。

かつて『トランスフォーマー』で使われた、ミック・ロックが撮影したルーの写真が青く染められたジャケットは、妻のデザイン。禁じ手のような方法ではあるが、これだけでルーが原点回帰を目論んだことを匂わせるに充分だった。

バンドのメンバーは新たに招集され、フェルナンド・ソーンダンスとドーン・ペリーによるリズム隊に、リチャード・ヘル&ザ・ヴォイドイズのロバート・クワインと、ルーのギターが絡むだけのシンプルな編成になっている。わざわざルーが「自分のギターは右のスピーカーの方だ」と書いているように（クワインが左だとは記していない）、レコーディングに手応えを感じていたであろうことはよく伝わってくる。クレジットによると「マイ・ハウス」のリード・ギター以外はオーヴァーダビングされていないということだ（ヴォーカルは基本的に別録り）。

ルーがシラキュース大学で教えを受け、詩作の師とされてきたデルモア・シュウォーツに捧げられた「マイ・ハウス」からアルバムは始まる。空間を大きく取り、緊張感よりも有機的な結びつきのほうが強く感じさせるバンドの音は、新たな幕開けにふさわしい。「ウイメン」で「私は女性が好きだ」と繰り返しているのは、同性愛者のイメージを逆手にとったルーの戦略だろう。つっかかるようなギター・ソロもルーによるもので、決して流麗なプレイではないかたちの新たなスタイルに開眼したことがよくわかる。中音域で印象的なフレーズを繰り返すソーンダンスのベースもルーの好みに違いない。

A面は淡々と進んでいくが、最後のタイトル曲でようやく激しさが顔を見せる。ルーとクワインのフィードバック合戦にペリーのドカドカしたドラムが呼応するイントロが、やがて重戦車のように変貌するあたりは実にスリリング。重心が低く、かつ鋭いルーのヴォーカルも80年代以降の新しいスタイルだ。

「アヴェレイジ・ガイ」はちょっとルーのイメージからはほど遠い、逆説的な歌詞だが、なんのてらいもなくこういった詞を歌えるようになったのは、アリスタでの試行錯誤とバンドの充実のおかげだろう。

「ザ・ヒロイン」はルーのエレキギター弾き語り。B面の2曲目にさらりと挿し込まれていることにも、レコーディング時点で40歳間近だったルーの成熟を感じてしまう。ヴェルヴェッツの「ヘロイン」を想起させるタイトルもまた巧妙な手口だ。

クワインの痙攣するギターは「ウェイヴズ・オブ・フィアー」で炸裂している。ルーの吐き出すようなヴォーカルも魅力的だ。「ジョン・ケネディの死」の詞を噛みしめるように淡々と歌い、演奏する潔さもルーが新たな境地に達していることを示している。

「ヘヴンリー・アームズ」も「ウイメン」に続くルー流の女性賛歌だ。それにしても「シルヴィア、シルヴィア」と妻の名前が繰り返されているのを聴くと、誰も止めなかったんだろうかと思ってしまう。まあ、止められるわけはないのだが。

（森）

Legendary Hearts
レジェンダリー・ハーツ

RCA Victor／AFL1-4568
Release: 1983年3月
［**Side A**］
1. Legendary Hearts
2. Don't Talk To Me About Work
3. Make Up MInd
4. Martial Law
5. The Last Shot
6. Turn Out The Light

［**Side B**］
1. Pow Wow
2. Betrayed
3. Bottoming Out
4. Home Of The Brave
5. Rooftop Garden

ドラマーがフレッド・マーに交代し、フェルナンド・ソーンダースとロバート・クワイン、そしてルーの4人でレコーディングされている。リズム隊はさらにタイトになり、2本のギターも抑え気味なので、ヴォーカルものアルバムのような印象すら受けてしまう。

ロバート・クワインはでき上がった音を聴いて、自分のギターが小さくされたり消されたりしていると言ったそうだ。

とは言え、ルーのギターですら『ブルー・マスク』と比べれば大人しく聴こえるのだから、このミックスは明らかに意図されたものなのだろう。

『ブルー・マスク』の方向性を突き詰めていけば、ヒリヒリした緊張感漂う内容になったのかも知れないが、あえて周囲の期待から焦点をズラしたのかとも思える。

もうひとつ言えば、本作でもジャケットのコンセプトを手がけた妻シルヴィアの存在も大きかったのだろう。幸せな生活の中でパンキッシュになるよりも、自分の表現をより深める方向にシフトしていったことは想像に難くない。

詩作をいかに最適なサウンドとメロディにのせて表現するのか、というトライアルにおいて、アリスタ時代のルーは音を重ねていく方法をとっていた。しかし前作〜本作では明らかに引き算の方向に振れている。タイトル曲や「ザ・ラスト・ショット」に明白なのは、リズムと歌、そしてギターによる少しの装飾だけでかたちづくられた世界の屹立である。

確かにロック的な盛り上がりには欠けるので、『ブルー・マスク』と比べれば分が悪い。しかし、「勇者の家」など渋いバラードを装いつつ、ふわっとしたベースラインとパキパキのギターのうしろでフィードバックが静かに唸っているのだから、実は相当にヘンなのだよ、このアルバム。

（森）

Live In Italy

[GER] RCA／PL 89156 (2)
Release: 1984年1月

[Side A]
1. Sweet Jane
2. I'm Waiting For My Man
3. Martial Law
4. Satellite Of Love

[Side B]
1. Kill Your Sons
2. Betrayed
3. Sally Can't Dance
4. Waves Of Fear
5. Average Guy

[Side C]
1. White Light/White Heat
2. Some Kinda Love/Sister Ray

[Side D]
1. Walk On The Wild Side
2. Heroin
3. Rock And Roll

『レジェンダリー・ハーツ』のレコーディング・メンバーと周ったツアーから、1983年9月7日のヴェローナと同月10日のローマ公演を収録したライヴ・アルバム。ただし、アメリカでは発売されなかった。また、同じ時期の映像作品としては、ニューヨークのボトムラインで撮影された『ア・ナイト・ウィズ・ルー・リード』がある。

オープニングは抑え気味な「スウィート・ジェーン」。本作にヴェルヴェッツ時代の曲がふんだんに織り込まれたのは、ドラム、ベースにギター2本という編成にふさわしいレパートリーを選んだからだろう。この時期のオリジナル・アルバムでも見られたことだが、〝過去の自作からの引用〟を行うことにより、オーディエンスの意識を集中させるという効果も感じられる。奇をてらったアレンジなど施さなくても、いや、大きくアレンジを変えないからこそ、わずかな新しいアプローチが浮かび上がってくるのだ。例えば「僕は待ち人」の、ルーとクワインの丁々発止なギターの応酬が、本作の聴きどころだったりする。派手でもテクニカルでもないが、スタイルの違いがよくわかるし、何より曲に新たな光を与えているのがいい。

　クワインの見せ場は『ブルー・マスク』のヴァージョンでも相当やかましかった「ウェイヴズ・オブ・フィアー」。クワインとルーのギター・バトルはさらに激しくアップデイトされている。アルバムの白眉は16分近くにおよぶ「サム・カインダ・ラヴ／シスター・レイ」のメドレー。タイトなリズム隊とうねうねと絡み合うツイン・ギターが飽くことなく続いていく。

　最後は「ロックンロール」で締め。反復の美学とでも言おうか、どんどんと熱を帯びていくバンドの演奏にヤラれっぱなしのアナログ2枚組である。（森）

New Sensations
ニュー・センセーションズ

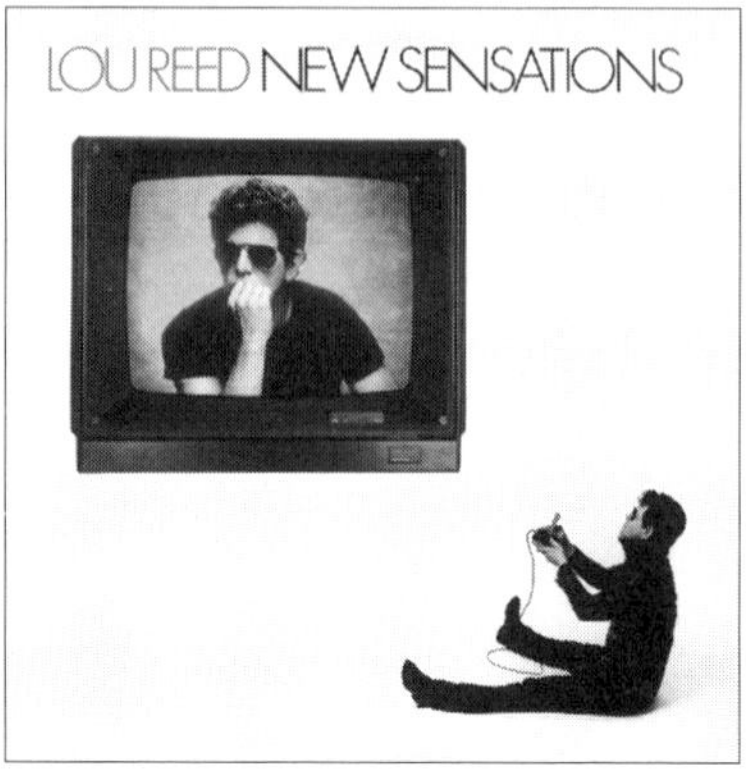

RCA Victor／AFL1-4998
Release: 1984年4月

[Side A]
1. I Love You, Suzanne
2. Endlessly Jealous
3. My Red Joystick
4. Turn To Me
5. New Sensations

[Side B]
1. Doin' The Things That We Want To
2. What Becomes A Legend Most
3. Fly Into The Sun
4. My Friend George
5. High In The City
6. Down At The Arcade

レコーディング中にロバート・クワインが去り、ルー、ソーンダース、マーに加えてキーボードのピーター・ウッド、エレクトリック・ヴァイオリンのL・シャンカールというメンバーで録音された84年のアルバム。ただしクワインは、その後のツアーには参加している。プロデューサーはルーとエンジニアのジョン・ジャンセン。

基本的にルーがひとりでギターを弾いているが（一部の曲のリズム・ギターはソーンダース）、クワインというパンクな触媒がいなくなったせいか、全体的にポップに仕上がっている。ギターと歌だけで始まる「ターン・トゥ・ミー」にしてもどこか軽やかで、ヴェルヴェッツやクワイン在籍時の雰囲気を期待する向きには拍子抜けに感じられてしまうだろう。

それでも全米56位、全英92位を記録したのは時代とリンクした部分があったからだ。シングル・カットされた「アイ・ラヴ・ユー、スザンヌ」も、回数は多くないがMTVでオンエアされていた。なにせ、ワム!やフランキー・ゴーズ・トゥ・ハリウッド、シンディ・ローパーなどが売れた時期である。「ア・レジェンド」のドラムがエコーだらけになっているのも（当然のことだが）きちんと消化されているし、いつもより少し間口を広げた音作りはジョン・ジャンセンによるものだろう。

女性コーラスの多用やホーンの導入などもあり、アリスタ期よりも無理なくポップな要素が散りばめられているが、やはり中心となっているのはタイトなリズム隊と、新たなアプローチを摑んだルーのギター、ヴォーカルだ。こうした〝核〟はゼロ年代までブレなかったのだから、このRCA出戻り期は重要である。

とは言え、この「マイ・レッド・ジョイスティック」そのままのジャケットは、なんとかならなかったのだろうか。（森）

Mistrial
ミストライアル

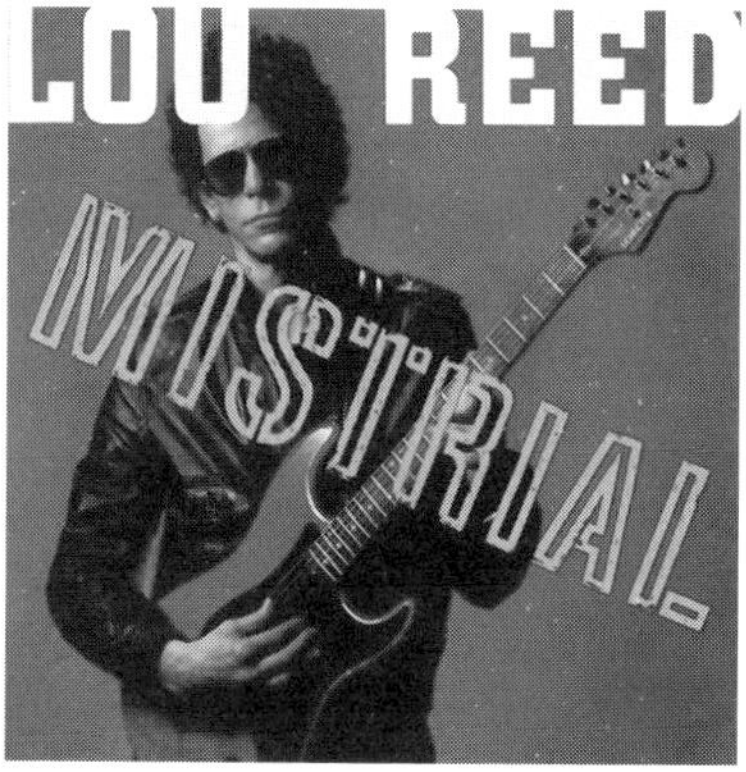

RCA／PL87190
Release: 1986年6月

[Side A]
1. Mistrial
2. No Money Down
3. Outside
4. Don't Hurt A Woman
5. Video Violence

[Side B]
1. Spit It Out
2. The Original Wrapper
3. Mama's Got A Lover
4. I Remember You
5. Tell It To Your Heart

ルーとソーンダースによる共同プロデュース作。先にルーのギターとヴォーカルを録音してからダヴィングを重ねていったらしい。打ち込みのドラムがに導入され、コンパクトにまとめられている。

「ミストライアル」はトリオでキレのある演奏が繰り広げられるが、ヴォーカルの味は薄め。ルーが気持ち良さそうにギターを弾きまくっている。

「ノー・マネー・ダウン」はドラムが打ち込みで、これまでにないアレンジだ。「アウトサイド」のドラムも打ち込みだが、「ノー・マネー・ダウン」ほどデジタル臭を感じないのは、プログラミングしたのがドラマーのサミー・メレンディーノだからだろうか。

「ドント・ハート・ア・ウーマン」は、当時のエリック・クラプトンが取り上げそうな曲。「ヴィデオ・ヴァイオレンス」はデジタル色が濃いソウル・ナンバーで、後半のルーのギターが聴きものだ。ルーとソーンダンスのふたりでつくった「スピット・イット・アウト」は、手のこんだデモのような印象である。

「ジ・オリジナル・ラッパー」は、ここまで振り切ったか、というラップ。自らのパブリック・イメージを逆手にとった曲はこの頃いくつかあるが、86年という時代を考えるとラップのスキルが高すぎるだろう。「ママズ・ガット・ア・ラヴァー」では、シンプルな言葉で情景を描写するルーの作風の一端が伺える。

「アイ・リメンバー・ユー」もシンプルの極みのような歌詞。サルサ歌手のルベン・ブレイズがコーラスで参加している。最後はロマンティックなバラード「テル・イット・トゥ・ユア・ハート」。決して歌い上げるようなことはせず、ぶっきらぼうに聴こえるほどに素っ気ないヴォーカルが実にルーらしい。MTV効果もあってか、全米47位、全英69位という結果が残されている。（森）

New York
NEW YORK

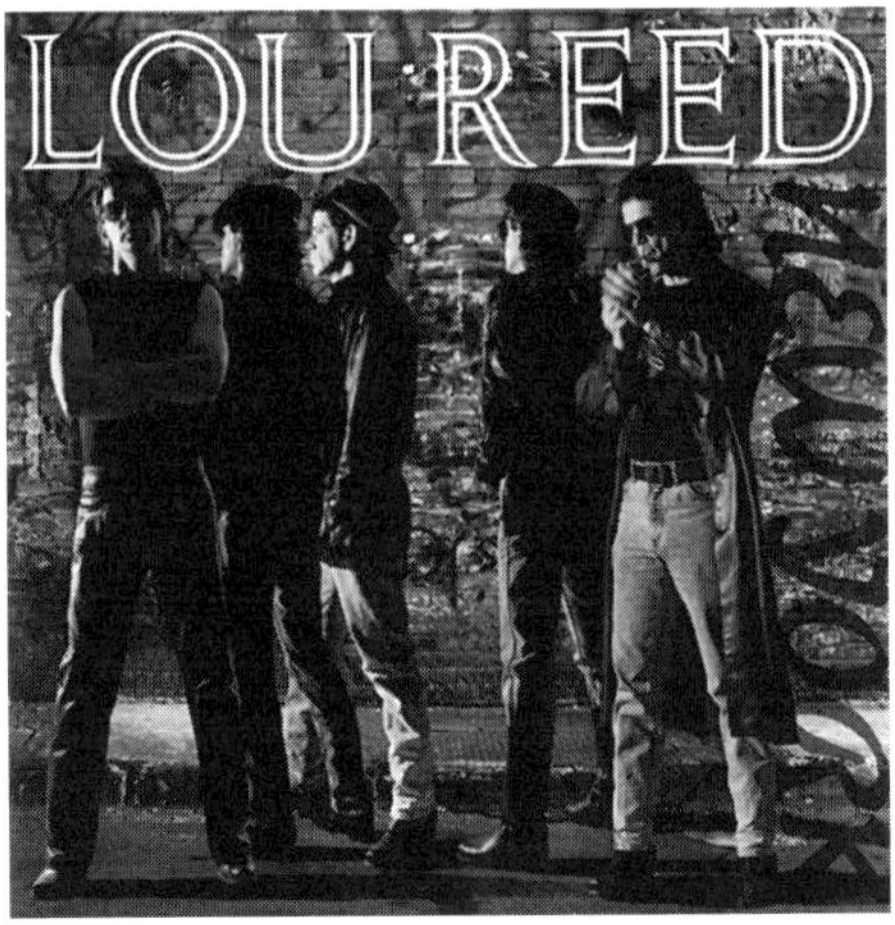

Sire／9 25829-2［CD］
Release: 1989年1月10日
1. Romeo Had Juliette / 2. Halloween Parade / 3. Dirty Blvd. / 4. Endless Cycle / 5. There Is No Time / 6. Last Great American Whale / 7. Beginning Of A Great Adventure / 8. Busload Of Faith / 9. Sick Of You / 10. Hold On / 11. Good Evening Mr. Waldheim / 12. Xmas In February / 13. Strawman / 14. Dime Store Mystery

(Limited Deluxe Edition)

Sire／R2 628762［LP+CD+DVD］
Release: 2020年9月25日
[LP] Original Album Remastered
[Side A] 1. Romeo Had Juliette / 2. Halloween Parade / 3. Dirty Blvd. / 4. Endless Cycle
[Side B] 1. There Is No Time / 2. Last Great American Whale / 3. Beginning Of A Great Adventure
[Side C] 1. Busload Of Faith / 2. Sick Of You / 3. Hold On / 4. Good Evening Mr. Waldheim
[Side D] 1. Xmas In February / 2. Strawman / 3. Dime Store Mystery

[Disc 1] Original Album Remastered
1–14［LP］Original Album Remasteredと同内容
[Disc 2] Live From The Lou Reed Archive
1. Romeo Had Juliette (March 14, 1989, Washington, DC) / 2. Halloween Parade (March 16, 1989, Baltimore, MD) / 3. Dirty Blvd. (July 4, 1989, London, UK) / 4. Endless Cycle (March 14, 1989, Washington, DC) / 5. There Is No Time (August 8, 1989, Richmond, VA) / 6. Last Great American Whale (August 8, 1989, Richmond, VA) / 7. Beginning Of A Great Adventure (July 4, 1989, London, UK) / 8. Busload Of Faith (June 9, 1989, Copenhagen, DK) / 9. Sick Of You (March 17, 1989, Upper Darby, PA) / 10. Hold On (August 8, 1989, Richmond, VA) / 11. Good Evening Mr. Waldheim (March 16, 1989, Baltimore, MD) / 12. Xmas In February (March 16, 1989, Baltimore, MD) / 13. Strawman (July 4, 1989, London, UK) / 14. Dime Store Mystery (August 8, 1989, Richmond, VA)
[Disc 3] Works In Progress / Singles / Encore
1. Romeo Had Juliette (7" Version) / 2. Dirty Blvd. (Work Tape) / 3. Dirty Blvd. (Rough Mix) / 4. Endless Cycle (Work Tape) / 5. Last Great American Whale (Work Tape) / 6. Beginning Of A Great Adventure (Rough Mix) / 7. Busload Of Faith (Acoustic Version) / 8. Sick Of You (Work Tape) / 9. Sick Of You (Rough Mix) / 10. Hold On (Rough Mix) / 11. Strawman (Rough Mix) / 12. The Room (Non-LP Track) / 13. Sweet Jane (Live Encore, August 8, 1989, Richmond, VA) / 14. Walk On The Wild Side (Live Encore, August 8, 1989, Richmond, VA)
[DVD] The New York Album - Live At Théâtre St. denis, Montreal, Canada, August 13, 1989
1. Introduction / 2. Romeo Had Juliette / 3. Halloween Parade / 4. Dirty Blvd. / 5. Endless Cycle / 6. There Is No Time / 7. Last Great American Whale / 8. Beginning Of A Great Adventure / 9. Busload Of Faith / 10. Sick Of You / 11. Hold On / 12. Good Evening Mr. Waldheim / 13. Xmas In February / 14. Strawman / 15. Dime Store Mystery / 16. A Conversation With Lou Reed (Audio Only) / 17–30は1–15と同曲目 (Audio Only 24Bit / 96kHz)

ワーナー系列のサイアーへ移籍し、およそ3年ぶりにリリースされたアルバムが『ニューヨーク』だ。その間の87年にアンディ・ウォーホルが、88年にはニコが亡くなっている。自身が生まれ育ち、先に旅立っていったかつての仲間と出会ったニューヨークという街をテーマにしたアルバムを制作することになったのは、ルーにとっては自然な流れだったのだろう。プロデュースはルーとバンドに復帰したドラムのフレッド・マーが行っている。

前作では世のトレンドに接近しつつあったサウンド・プロダクションは、本作で改められた。ギター2本にドラムとベースという小編成のバンドがタイトに演奏し、そこに簡潔な言葉で紡がれた詞を語るように歌うルーのヴォーカルが乗せられる、というスタイルに回帰しているのだ。

さらには明確にニューヨークというテーマが掲げられた

ことから、歌詞は街に蠢く人々を客観的に描かれたものが大半を占めている。そして裏ジャケットには、本や映画のように14曲58分を〝ひとつの物語として聴いてくれ〟とコンセプト・アルバム宣言が記されている。

オープニングを飾ったのは「ロミオ・ハド・ジュリエット」。ルーのギターは左、マイク・ラスケは右、と裏ジャケットに記したことを確認するかのように短いウォーミングアップを行ったあと、カウントが聴こえてくる。拍がはっきりと感じられるドラムと、ほぼ語りのようなルーの歌が、（このアルバムだけでなくゼロ年代に至るまでの）ひとつの型が完成したことを告げているようだ。

「ダーティ・ブルヴァード」はギターの絡みから始まって、ルーの語りが加わり、印象的なギターのリフが繰り返される。最後のコーラスはなんとあのディオン・ディムーチ。ニューヨークの先輩だ。

「ゼア・イズ・ノー・タイム」でようやく疾走感のある曲が登場。シンプルの極みのような歌詞で、繰り返されるタイトルのフレーズが勢いに弾みをつけていく。暴れるルーのギターはスピンアウトしそうなところをギリギリで踏みとどまって、スリリングだ。「ラスト・グレイト・アメリカン・ホエール」ではモー・タッカーが降臨。重いバス・ドラムが曲に深い陰影を与えている。

ラストの「ダイム・ストア・ミステリー」はウォーホルに捧げられた曲で、再びモーが参加している。ロブ・ワッサーマンのベースとモーのエモーショナルなパーカッションが濃厚な空気を醸し出したまま、アルバムは幕を閉じる。

なお、20年にアルバム全曲のライヴ・ヴァージョン、デモ、ライヴ映像を含む、CD3枚にDVDとLP2枚というデラックス・エディションがリリースされた。リマスタリングが素晴らしく、音の分離と奥行きが両立されているので、ルーとマーが目指していた音像がリアルに体感できる。ぜひ、2枚に分けられたアナログで堪能していただきたい。ライヴはアルバム発売後の欧州と北米ツアーからセレクトされたもの。タイトなマーのプレイに比べると豪快とも言えるボブ・メディチのドラムは、ライヴを盛り上げることに一役買っている。なお「ダイム・ストア・ミステリー」のドラムはモーだ。DVDには90年にVHSとLDで発売された映像作品『ニューヨーク・アルバム』と、ルーのインタビュー（音声のみ）、そして『ニューヨーク』のハイレゾ音源を収録。デモやラフ・ミックスも大半がアルバムから選曲されているので、『ニューヨーク』をさまざまな角度から味わうことができる決定版となった。（森）

Lou Reed / John Cale
Songs For Drella
ルー・リード／ジョン・ケイル：ソングス・フォー・ドレラ

Sire／W2 26140［CD］
Release: 1990年4月11日
1. Smalltown
2. Open House
3. Style It Takes
4. Work
5. Trouble With Classicists
6. Starlight
7. Faces And Names
8. Images
9. Slip Away (A Warning)
10. It Wasn't Me
11. I Believe
12. Nobody But You
13. A Dream
14. Forever Changed
15. Hello It's Me

87年2月22日、58歳という若さでアンディ・ウォーホルが亡くなったのは衝撃だった。彼は前日、ニューヨークのカーネル医療センターで胆嚢の手術を受けたのだが、容態が急変し、心臓発作でこの世を去った。

ウォーホルの半生を知る人たちは、あっけない幕切れを意外に感じただろう。彼は68年6月3日に、ラディカル・フェミニズム団体〝S.C.U.M＝Society for Cutting Up Men（全男性抹殺団）〟のメンバー、ヴァレリー・ソラナスの銃撃を受けて、危うく命を落としかけたからだ。ファクトリーに出入りしていたソラナスは、ウォーホルの映画に出演したこともあったが、精神を患い、凶行に及んだ。放たれた銃弾はウォーホルの左肺、脾臓、胃、肝臓を貫通したが、一命をとりとめ、統合失調症と判断されたソラナスは精神病院に送られた。復活したウォーホルは70年、

『LIFE』誌に〝60年代に最も影響力があった存在〟としてビートルズとともに選ばれ、シルク・スクリーン・プリントの量産でさらに世界的になった。83～84年には日本のＴＤＫのテレビＣＭにも登場し、一般にも知られたのだった。ちなみにソラナスの事件は『アンディ・ウォーホルを撃った女（I Shot Andy Warhol）』として95年に映画化され、劇伴のスコアはジョン・ケイルが書いた。

生涯独身だったウォーホルには後継者となる親族がいなかったから、突然の死のあと組織された財団がビジネスを受け継ぎ、著作を管理するようになった。日本ではヒステリック・グラマーやユニクロなどがウォーホル作品を使った商品を販売してきたが、財団の承認はわりと簡単に得られるらしく、いまも世界中のメイカーからウォーホル・グッズが出ている。

そう。もはや〝グッズ〟だ。ウォーホルがつくった「アートをコピーして大量に売る」というスタイルこそが〝ポップ・アート〟だと考える私には、グッズにまで敷居を下げた財団の姿勢はみごとなものだと思える。

『ソングス・フォー・ドレラ』を構成する曲たちは、もともとは財団仕切りの追悼イヴェントで演奏するために書かれた。その後アルバムにまとめるべく曲が追加され、ニューヨークでのスタジオ・ライヴという形で、映像版も同時に収録したのが本作だった。

ルーがギター、ジョンが鍵盤、ヴォーカルはふたり。極めてシンプルな演奏で、リハーサルを重ねて整合性を求めた形跡もない。それぞれが書いてきた曲を、なるほど、と受け止め、互いにサポートしあっている程度。68年9月にジョンがヴェルヴェッツを脱退したあと、まともな共演は72年1月のパリ、テレビ用ライヴだけだったふたりがゴツゴツとぶつかりあうさまは格別で、なんとも言えない緊張感に満ちている。ＮＨＫホールで行われた一夜かぎりの再演ライヴでもそれは変わらず、宮本武蔵と佐々木小次郎の決闘みたいだった。だから、93年にヴェルヴェッツの再結成ツアーが行われるなんて、誰も予想しなかったのだ。

俺たちはこうしかならない、と言わんばかりのふたりを再び結びつけたのは、スターリングとモーだったと認識するためにも、このアルバムは必聴だ。ふたりではヴェルヴェッツにならない、という自覚が共通したから〝バンド〟が求められたのを物語っているからである。

そしてこれは、ウォーホルをきれいごとで済まさないためにつくられた作品であり、〝伝説のファクトリー〟の最終章にもなった。

（和久井）

Magic And Loss
マジック・アンド・ロス

Sire／9 26662-2［CD］
Release: 1992年1月13日
1. Dorita (The Spirit)
2. What's Good (The Thesis)
3. Power And Glory (The Situation)
4. Magician (Internally)
5. Sword Of Damocles (Externally)
6. Goodby Mass (In A Chapel Bodily Termination)
7. Cremation (Ashes To Ashes)
8. Dreamin' (Escape)
9. No Chance (Regret)
10. Warrior King (Revenge)
11. Harry's Circumcision (Reverie Gone Astray)
12. Gassed And Stoked (Loss)
13. Power And Glory Part II (Magic - Transformation)
14. Magic And Loss (The Summation)

ウォーホルに続いて、長年の親友リタと、先輩ソングライターとしてリスペクトしてきたドク・ポーマスを見送ったルーは、死を深く考えるようになる。親交が復活したモーを『ニューヨーク』のセッションに招き、その後のツアーでも彼女にドラムを任せた期間もあったから（日本はそうだった）、かつての友人たちのその後に、来し方や行く末を考え直した時期だったのだろう。

録音は91年4月にニューヨークのザ・マジック・ショップで行われた。前作からバンドに参加し、『ソングス・フォー・ドレラ』でもアシスタントを務めたマイク・ラスケが共同プロデューサーとしてクレジットされている。ミックスは5月1日から6月3日にかけて、エレクトリック・レディ・スタジオで断続的に行われた。

ここでのメンバーは、ラスケ（ギター）、ロブ・ワッサーマン（ベース）、マイケル・ブレア（ドラムス）。このバンドだけで全曲を演奏している。唯一の例外は、伝説的なジャズ歌手ジミー・スコットが「パワー・アンド・グローリー（ザ・シチュエイション）」にゲスト参加していること。スコットはデイヴィッド・リンチの『ツイン・ピークス』で怪演を見せたのをきっかけに前線に復帰したのだが、中性的かつ年齢不詳な彼のヴォーカルが、ポエトリー・リーディングに近いルーの歌に絡むのは絶品で、このアルバムの大きな聴きどころとなった。ルーも『ツイン・ピークス』を観てスコットに心を奪われたのだろうが、リンチに続いて彼をジャズから解放したのがルーだったというのは面白い。ここでのスコットのハマり具合は、キャラクターやオーラを重んじるルーの姿勢を伝えている。

『ニューヨーク』までと明らかに違うのは、達観をそのまま語るのを厭わなくなったことだろう。49歳となったルーは、ステージでは相変わらずの〝ミスター・ニューヨーク〟ぶりを見せていたが、ドラッグやセックスにまみれたのは遠い昔であり、残ったのは詩人としての矜持だった。

それがよくわかるのが本作と00年の『エクスタシー』だ。ライヴ盤には良いものが多いが、後期のスタジオ盤はこの2枚に尽きると私は思っている。

ある女ともだちの元同級生が、このころルーと同じアパートに住んでいたのだが、ときどきエレベーターで一緒になるルーに、「ご挨拶していいですか?」と訊くと、彼は「もちろん」と応え、「いいお天気ですね」なんて会話はするようになったのだという。ジャージでジョギングに出かける姿を見かけたり、買い物袋を抱えてエレベーターに飛び乗ってきたルーをおっとと受け止めたりした彼女は、「なんだ、普通のオジサンじゃん」と思っていたそうだが、ある日アパートの下にリムジンが停まり、黒ずくめの〝ミスター・ニューヨーク〟が颯爽と車に乗り込むのを目撃したとき、思わず笑ってしまったという。

強面の演出がすぎてホテタマン化してきた男が、「キャラでやってるけど、本当はこうなんだぜ」と実像を匂わせたこのアルバムの価値は、近年私の中でいっそう高まっている。そういう意味でも〝魔法と損失〟というタイトルは内容に合っていたと思う。

通常のCDと限定のメタル・パッケージ版が発売され、ヨーロッパではアナログ盤も出た。しかしこのアルバムの決定版は、20年のレコード・ストア・デイにリリースされた2枚組（D面はエッチング）のアナログ盤だ。ボブ・ラドウィグによるリマスターが絶品だった。

（和久井）

Set The Twilight Reeling
セット・ザ・トワイライト・リーリング

Warner Bros.／9 46159-2［CD］
Release: 1996年2月20日

1. Egg Cream
2. NYC Man
3. Finish Line
4. Trade In
5. Hang On To Your Emotions
6. Sex With Your Parents (Motherfucker) Part II
7. HookyWooky
8. The Proposition
9. Adventurer
10. Riptide
11. Set The Twilight Reeling

　ヴェルヴェッツ再結成を経て4年ぶりに発表されたソロ・アルバム。セルフ・プロデュースで、基本メンバーは、復帰したベースのフェルナンド・ソーンダースと、初参加となったドラムのトニー〝サンダー〟スミスとのトリオだ。ギター中心の潔いアルバムとなっている。ピアノやホーンが加えられた曲もあるが、ちょうどいいスパイスになったぐらいで、全体の印象を左右するものではない。

　このアルバムは当時の恋人（08年に結婚した）ローリー・アンダーソンに捧げられている。そのせいか、どこかトーンは明るめだ。ほとんど語りに近くなっていたルーのヴォーカルも、「トレード・イン」のように美しいメロディを不器用に歌うスタイルが増えてきている。

「フィニッシュ・ライン」は、95年に亡くなったスターリングに捧げられたナンバーだ。アコースティック・ギターがかき鳴らされ、かつてのボブ・ディランのように言葉が詰め込まれている。

　まるでジミヘンなギターを弾きまくる「リップタイド」は徐々にジャム・セッションの様相を呈し、フィードバックで終わる。ラストのタイトル曲もアコギが印象的なナンバー。ドラマチックな展開のまま締めくくられるのかと思いきや、このままでは終わらないよと言わんばかりにアウトロでテンポを上げていく。

　未整理のまま流れに身を任せているようなアルバムだが、アコースティックも含めて〝ギターの可能性〟を試している印象もある。なお、「セックス・ウィズ・ユア・ペアレンツ・パート2」は95年のライヴ録音だ。

　CDのジャケットは、黄色いルーの顔の左目から放射線状に青のラインが伸びているもの。しかも濃いブルーのプラケースが採用されているので、ステッカーが貼られていなければルーのアルバムだとはわからない。

（森）

Perfect Night Live In London
パーフェクト・ナイト（ライヴ・イン・ロンドン）

Reprise Records／9 46917-2［CD］
Release: 1998年4月21日
1. I'll Be Your Mirror
2. Perfect Day
3. The Kids
4. Vicious
5. Busload Of Faith
6. Kicks
7. Talking Book
8. Into The Divine
9. Coney Island Baby
10. New Sensations
11. Why Do You Talk
12. Riptide
13. Original Wrapper
14. Sex With Your Parents
15. Dirty Blvd.

97年7月3日にロンドンのロイヤル・フェスティヴァル・ホールで録音されたライヴ・アルバム。ローリー・アンダーソンもディレクターとして名を連ねたメルトダウン・フェスティヴァルのステージだ。バンドのメンバーは、マイク・ラスケ（ギター）、フェルナンド・ソーンダース（ベース）、トニー〝サンダー〟スミス（ドラムス）。

前作に続きジャケットはルーの顔のアップ。今回はケースに隠されることもなく、無精髭もそのまま。装飾を配したアコースティックな内容に合っている。

このフェスに先立ち、ルーが導入したフィードバッカーというシステムは、アコースティック・ギターから出るフィードバックを排除するというもの。その効果か、どの曲もシャープに引き締まった印象が強くなっている。

例えば「ヴィシャス」は、この曲の代名詞のようなギター・フレーズが排除され、細かくリズムを刻むことで緊張感が持続するアレンジに変貌を遂げているのだ。リハーサルはなく、サウンドチェックのみで始まったステージだったため、序盤はヴォーカルがフラつき気味だが、バンドに煽られて次第に熱を帯びていく。

収録曲はヴェルヴェッツの「アイル・ビー・ユア・ミラー」から当時の最新曲まで、全キャリアから選ばれている。目を引くのはロバート・ウィルソン演出の現代オペラ『タイム・ロッカー』のために書き下ろした曲を、自らのヴォーカルで披露した3曲（「トーキング・ブック」「イントゥ・ザ・ディヴァイン」「ホワイ・ドゥ・ユー・トーク」）だ。なお『タイム・ロッカー』のナンバーは、『エクスタシー』に「フューチャー・ファーマーズ・オブ・アメリカ」が、『ザ・レイヴン』に「ヴァニシング・アクト」が収録されている。

17年のレコード・ストア・デイで2枚組のアナログ盤が限定発売された。（森）

Ecstacy
エクスタシー

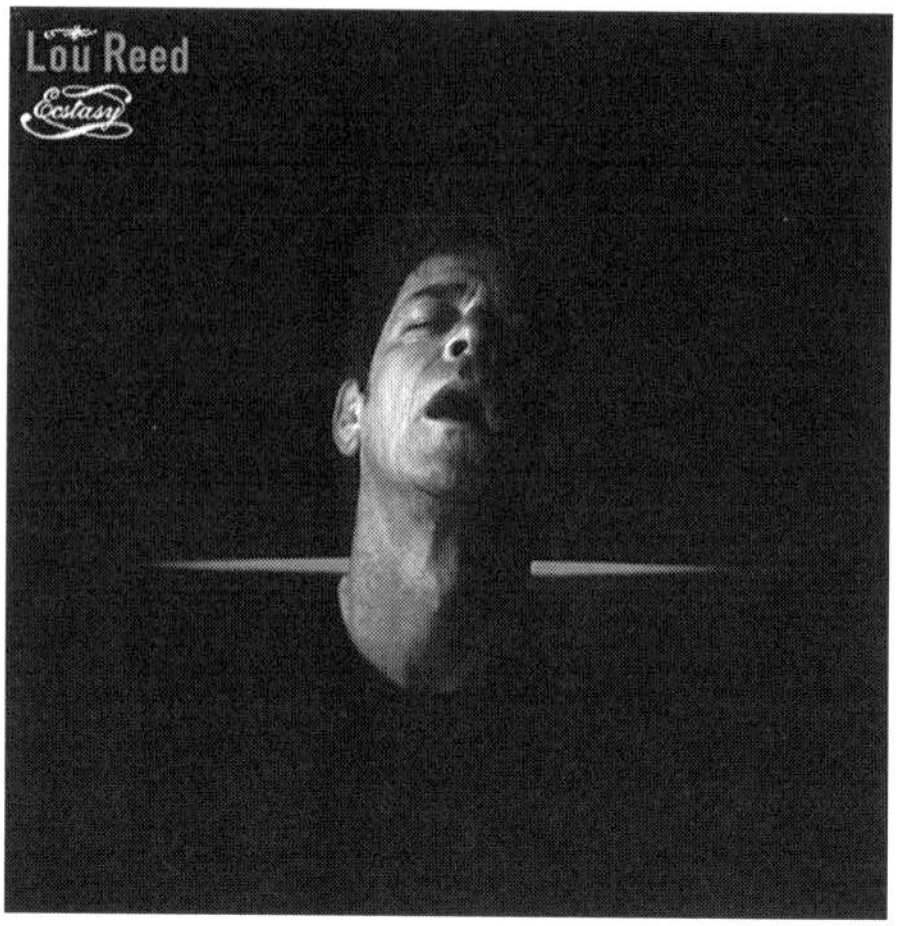

Reprise／9 47425-2［CD］
Release: 2000年4月4日

1. Paranoia Key Of E
2. Mystic Child
3. Mad
4. Ecstasy
5. Modern Dance
6. Tatters
7. Future Farmers Of America
8. Turning Time Around
9. White Prism
10. Rock Minuet
11. Baton Rouge
12. Like A Possum
13. Rouge
14. Big Sky

4年ぶりのオリジナル・アルバムは、ハル・ウィルナーとの共同プロデュース。メンバーはライヴ盤『パーフェクト・ナイト』と同じ、ラスケ、ソーンダンス、トニーだ。曲によってはホーンやチェロが加わり、ローリーもエレクトリック・ヴァイオリンで参加している。

ルーとウィルナーの出会いは85年にまで遡る。ウィルナーがプロデュースしたクルト・ワイル作品集『ロスト・イン・ザ・スターズ』で、ルーは「セプテンバー・ソング」を歌っているのだ。ウィルナーは70年代後半にアシスタント・プロデューサーとしてポップからジャズ、アヴァンギャルドに至るまで、幅広いジャンルの音楽を手がけて知られるようになり、アレン・ギンズバーグによるポエトリー・リーディングのアンソロジー"Holy Soul Jerry Roll"までプロデュースしている人だ。

セルフ・プロデュース、もしくはバンドのメンバーやエンジニアとの共同プロデュースが続いていたこの時期にウィルナーを迎えたのは、クレヴァーな選択だったのではないだろうか。『ブルー・マスク』で確立されたギタリストとしての自負と、『ニューヨーク』で固まったバンド・スタイルは、ある意味では飽和状態になっていたからだ。『セット・ザ・トワイリング・リーリング』ではひとりでギターを弾いてみたり、『パーフェクト・ライヴ』では新しい機材を導入してみたりと、ルーが新たな刺激を求めていたことは確かだろう。ウィルナーはオファーがきたときに、〝これまでのバンド・サウンドをブラッシュアップする〟というシンプルな方向を示したそうだ。ジャム・セッションにOKを出したようなテイクもあった『セット・ザ〜』とは違って、アレンジは練られ、適度に洗練されている。

ナチュラルなトーンのツイン・ギターが左右のスピーカーから流れてくる導入部がいい「パラノイア・キー・オブ・E」は、途中から抑えめなホーンが合流し、主役の座を奪うことなく楽曲に奉仕していく。こういうバランスの調整が、ウィルナーによるものなのだろう。暴発しそうなギター・ソロが続く「ミスティック・チャイルド」では、ソーンダンスのベースラインを低めに据えることでスリリングに進み、最後にバンドに着火することに成功している。「エクスタシー」ではチェロとベース、「タターズ」ではラスケのギターとホーンの絡みが絶妙。唸らされるばかりだ。

一方「ホワイト・プリズム」では、コンサートの幕開けのような派手なイントロから落ち着いた歌い出しへの緩急に耳を奪われてしまう。ルーのヴォーカルも、丁寧な前半と感情がほとばしる後半とのコントラストがみごとだ。「ライク・ア・ポッサム」は18分に及ぶ一大ロック絵巻だが、ここには逆にアディショナル・ミュージシャンを入れないのだから、ウィルナーの采配が絶賛されたのも頷ける。

短いインストの「ルージュ」でローリーに見せ場をつくったあとは、突き抜けた「ビッグ・スカイ」でクライマックス。ルーにしてはポップなアレンジで、ツイン・ギターもポジティヴに鳴り響いている。そんな曲で終わるこのアルバムの、タイトルをそのまま演じたようなルーのポートレイトは自撮りだという。ちなみに彼は、当時58歳だった。天晴というしかない。

ウィルナーはプロデューサーのひとりとして名を連ねた『ニューヨーク』のデラックス版が発売されるのを見届けることなく、20年4月7日に64歳で亡くなった。死因は新型コロナウィルスによる合併症とされている。（森）

The Raven
ザ・レイヴン

Sire／48372-2［CD］
Release: 2003年1月28日

［Disc 1］
1. The Conqueror Worm
2. Overture
3. Old Poe
4. Prologue (Ligiea)
5. Edgar Allan Poe
6. The Valley Of Unrest
7. Call On Me
8. The City In The Sea/Shadow
9. A Thousand Departed Friends
10. Change
11. The Fall Of The House Of Usher
12. The Bed
13. Perfect Day
14. The Raven
15. Balloon

［Disc 2］
1. Broadway Song
2. The Tell-Tale Heart Pt. 1
3. Blind Rage
4. The Tell-Tale Heart Pt. 2
5. Burning Embers
6. Imp Of The Perverse
7. Vanishing Act
8. The Cask
9. Guilty (Spoken)
10. Guilty (Song)
11. A Wild Being From Birth
12. I Wanna Know (The Pit And The Pendulum)
13. Science Of The Mind
14. Annabel Lee/The Bells
15. Hop Frog
16. Every Frog Has His Day
17. Tripitena's Speech
18. Who Am I? (Tripitena's Song)
19. Courtly Orangutans
20. Fire Music
21. Guardian Angel

01年にドイツとニューヨークで上演された“POEtry”を発展させたコンセプト・アルバム。実質的にはルーと前衛舞台演出家のロバート・ウィルソンの共作ということになる。ハル・ウィルナーのハロウィーン企画でエドガー・アラン・ポーの短編小説『ザ・テル・テイル・ハート』を朗読したことから彼の魅力を再認識したルーは、ポーからインスパイアされたことを舞台とアルバム制作につなげたのだ。共同プロデュースがウィルナーに託されたのは、それもあってのことだろう。

　ポーが45年に発表した物語詩『ザ・レイヴン』をタイトルに使った本作は、音楽だけでなく、朗読も入った壮大なアルバムで、マイク・ラスケ、フェルナンド・ソーンダース、トニー・スミスという当時のルー・バンドを核に、妻のローリー・アンダーソン、盟友デイヴィッド・ボウイ、フリー・ジャズのオーネット・コールマンといったミュージシャンのほか、エリザベス・アシュレイ、ウィレム・デフォー、スティーヴ・ブシェームら俳優陣も参加。ルーの総指揮のもと、それぞれが重要な役割を果たしている。

　アントニー・ヘガディを起用した「パーフェクト・デイ」と、自身による「ベッド」の再演もアルバムの内容にマッチしているし、『メタル・マシーン・ミュージック』から地続きのような「フィア・ミュージック」など、キャリアを踏襲しながらアップデイトして見せた部分もあり、尋常ではない創造力とエネルギーに満ち溢れている。抜粋版も出たが、これは2枚組の完全版で聴くべき。（山田）

Animal Serenade
アニマル・セレナーデ

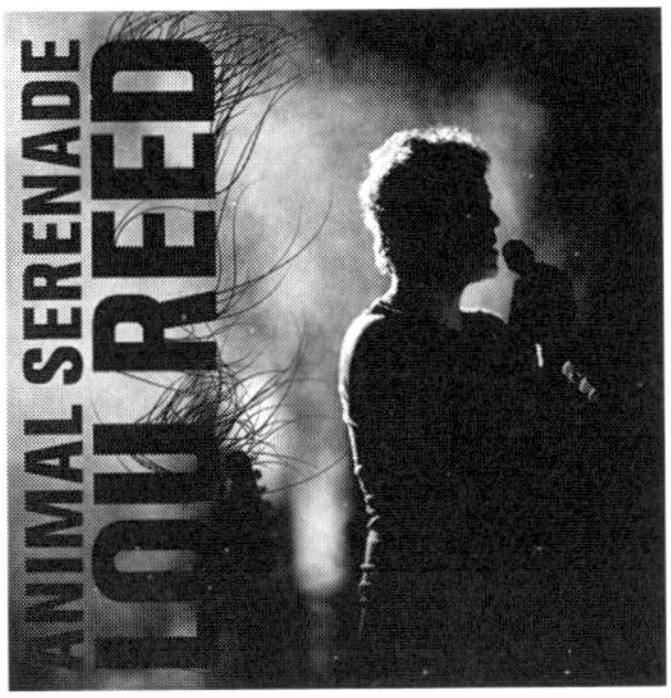

Reprise／48678-2［CD］
Release: 2004年3月22日

［Disc 1］
1. Advice
2. Smalltown
3. Tell It To Your Heart
4. Men Of Good Fortune
5. How Do You Think It Feels
6. Vanishing Act
7. Ecstasy
8. The Day John Kennedy Died
9. Street Hassle
10. The Bed
11. Revien Cherie
12. Venus In Furs

［Disc 2］
1. Dirty Blvd.
2. Sunday Morning
3. All Tomorrow's Parties
4. Call On Me
5. The Raven
6. Set The Twilight Reeling
7. Candy Says
8. Heroin

オールタイム・ベスト『NYCマン』と新作の『ザ・レイヴン』に伴うツアーから、03年7月24日にロサンゼルスのウィルターン・シアターで行なわれたコンサートを収録した2枚組ライヴ・アルバム。ベスト盤のツアーでもあるので、グレイテスト・ヒッツ的な選曲かと思いきや、それをよしとしないのが安易な迎合を拒否するルーらしい。

このツアーは、ギターのマイク・ラスケとベースのフェルナンド・ソーンダースの二人に、チェロのジェーン・スカルパントーニだけという変則的な編成。ソーンダースは3曲ほどエレクトリック・ドラムを叩いているものの、ほぼドラムレスというスタイルだった。ルーの太極拳の師匠であるレン先生も登場するが、大半の観客は、太極拳の演武を入れた演出を理解できなかったという。安定したバンドによるステージの流れを崩してまでも新しいことに挑戦しようというルーの姿勢が、このライヴ盤を面白くしたと言ってもいいだろう。大したものだ。

冒頭で「スウィート・ジェーン」のリフを弾いて観客を沸かせるが、「この曲のコードは3つだと思っているようだが、実際は4つなんだ」と説明するだけで歌わず、「テル・イット・トゥ・ユア・ハート」など渋い曲でステージを進めていく。終盤ではヴェルヴェッツ時代の「ヴィーナス・イン・ファーズ」、「サンデー・モーニング」、「オール・トゥモロウズ・パーティーズ」に新たな息を吹き込み、大作「ザ・レイヴン」へ。最後はヴェルヴェッツの「キャンディ・セッズ」と「ヘロイン」で締めている。（山田）

Berlin: Live At St. Ann's Warehouse
ベルリン：ライヴ・アット・セント・アンズ・ウェアハウス

Matador／OLE 849-2［CD］
Release: 2008年10月7日

［**Disc 1**］
1. Intro
2. Berlin
3. Lady Day
4. Men Of Good Fortune
5. Caroline Says, Pt. I
6. How Do You Think It Feels
7. Oh, Jim
8. Caroline Says, Pt. II

［**Disc 2**］
1. The Kids
2. The Bed
3. Sad Song
4. Candy Says
5. Rock Minuet
6. Sweet Jane

06年初冬、アメリカとオーストラリアで5夜に亘って繰り広げられた『ベルリン』の全曲再現コンサートから、12月15日、16日にブルックリン、セイント・アンズ・ウェアハウスで行なわれたパフォーマンスをまとめたライヴ・アルバム。ジュリアン・シュナーベル監督のドキュメンタリー映画『ルー・リード／ベルリン』のサウンドトラックにもなっている。『ベルリン』はストーリー性が強いアルバムだったため、何曲かはセットリストに登場したものの、全曲通しての再現ライヴは行なわれたことがなかった。それが実現したのは、自身が監督した『夜になるまえに』（00年）に『エクスタシー』収録曲の「バトン・ルージュ」を使うほどルーに心酔していたシュナーベルの切なる願いがあったからだった。

『ザ・レイヴン』のアートワークを任されるまでになって

いたシュナーベルは、何よりも『ベルリン』に強い愛着を持っていた。自分の評価に自信を持っていた彼にしてみれば、『ベルリン』の一般的な認識は不当であり、もう一度光を当てるべき作品だった。ルーに再現ライヴを提案したシュナーベルは、自身が舞台演出を務め、ドキュメンタリー映画として撮影することを申し出た。06年夏、ヨーロッパを廻っていたルーは、ヨーロッパを舞台にし、ロンドンでレコーディングした『ベルリン』を思い出していた。シュナーベルの言葉は、自然とルーの背中を押すことになり、ついに『ベルリン』の復活が決まったのである。

33年前につくられた『ベルリン』を再現するにあたって、ルーはまず、オリジナルのプロデューサーだったボブ・エズリンと、信頼するハル・ウィルナーにサウンド・プロデュースを依頼。そしてレコーディングでギターを弾いたスティーヴ・ハンターを呼び寄せ、彼をバンド・リーダーに指名した。リズム隊はルー・バンドのフェルナンド・ソーンダース（ベース）とトニー〝サンダー〟スミス（ドラム）、キーボードにはルパート・クリスティを起用。さらに、以前からコラボレートする間柄だったロブ・ワッサーマン（アップライト・ベース）とジェーン・スカルパントーニ（チェロ）にも協力を仰ぎ、ダグ・ウィーゼルマン（クラリネット）や弦楽隊、ホーンと、総勢12名のブルックリン・ユース・コーラスも加えられた。

ステージはアルバムの曲順通りに進められ、コンセプトに沿った演出も施されている。ベーシックなアレンジは変えることなく、ハンターが弾くハード・ロック寄りのギターも活かされた。退廃の街ベルリンを舞台に、宿命の男女が繰り広げた背徳の物語は、みごとなまでに蘇ったのである。すでにキャリアを重ねたアーティストはアルバム再現ライヴを求められる時代になっていたが、ルーはそうした安易なブームに乗る男ではなかったし、『ベルリン』には特別な思いがあったはずだ。現役感を見せつけながら、回顧的ではなく演奏できたことによって、彼はようやく『ベルリン』に決着をつけることができたのではないだろうか。そのおかげで多くのファンが、かつての名作で描かれた世界をより深く理解できるようになったのだ。

アルバムの終わりには、本編終了後のアンコールでアントニーが歌った「キャンディ・セッズ」と『エクスタシー』からの「ロック・メヌエット」、映画のエンドロールに流れる「スウィート・ジェーン」も収録されているが、決して本編の流れを損なうものではなく、むしろ美しいコンサートの閉幕に相応しい、素晴しい演奏となっている。（山田）

Lou Reed & METALLICA: Lulu
ルー・リード& メタリカ：LULU

Warner Bros.／529084-2［CD］
Release: 2011年11月1日

［**Disc 1**］
1. Brandenburg Gate
2. The View
3. Pumping Blood
4. Mistress Dread
5. Iced Honey
6. Cheat On Me

［**Disc 2**］
1. Frustration
2. Little Dog
3. Dragon
4. Junior Dad

ルーとメタリカ!? この組み合わせには誰もが驚かされたはずだ。両者が出会ったのは、ニール・ヤング夫妻の主催で開催された97年のブリッジ・スクール・ベネフィット・コンサートでのことだった。しかし、その時は何も起こらず、09年にロックの殿堂25周年コンサートで共演したのをきっかけに交流がはじまり、互いに打ち解けたところでコラボレーション・アルバムの制作が決まったのだ。

レコーディングは11年4月から6月にかけて、サン・ラファエルにあるメタリカ所有のスタジオ、メタリカHQで行なわれた。メタリカ側からグレッグ・フィデルマン、ルー側からハル・ウィルナーが指名され、ルー、メタリカの4者共同でプロデュースにあたっている。曲はメタリカが書き、ルーはほとんどの作詞を担当。その際ルーは、ドイツの劇作家フランク・ヴェーデキントが書いた戯曲『ルル』を再演するために書き溜めていた詩を持ち込んでいる。かくして、メタリカらしい王道のヘヴィ・メタル・サウンドの上に、ルーのスポークン・ワードが縦横無尽に駆け巡る、異色の作品が出来上がった。

しかし、世間の評価は厳しいもので、ルーのファンからは敬遠され、メタリカのファンは酷評。全米36位をマークしたにも関わらず、一般的には失敗作の烙印を押されてしまった。とは言え、実際にはルーとハード&メタリックなサウンドとの相性は言われるほど悪くなく、かえって強い親和性があるようにも思える。確かに唐突な感じもしたが、いつの時代も新しいアプローチを模索してきたルーからすれば、この試みは何ら特別なものではなく、まったくもって当たり前のことだったのではないだろうか。図らずルーの遺作となってしまったが、彼は最後まで〝聴衆の一歩先〟を歩いていたのである。

（山田）

Live At Alice Tully Hall

RCA Victor／19439786871
Release: 2011年11月1日

[Side A]
1. White Light/White Heat
2. Wagon Wheel
3. I'm Waiting For The Man
4. Walk And Talk It
5. Sweet Jane

[Side B]
1. New Age
2. Vicious
3. I Can't Stand It
4. Satellite Of Love

[Side C]
1. Heroin
2. I'm So Free
3. Walk On The Wild Side

[Side D]
1. Rock And Roll
2. Sister Ray

『ロックの幻想』～『トランスフォーマー』期のツアーから、73年1月23日にニューヨークのリンカーン・センター内のアリス・トゥリー・ホールで行なわれたライヴを収めた作品。20年秋のレコード・ストア・デイに５０００枚限定で発売された（ダウンロード・コード付き）。この日は2回のショウが行なわれ、ＲＣＡがライヴ・アルバム用に録音していたが、ルーはバック・バンド、ザ・トッツの演奏に満足せず、長らくお蔵入りとなっていた。そのセカンド・ショウが公式初登場となったのである。

72年7月14日のロンドン公演からスタートしたツアーは、『トランスフォーマー』のレコーディングを挟みながら断続的に続き、12月22日のクリーヴランド・ミュージック・ホールからアメリカン・レグに入った。そして、73年1月27日にニューヨークでのデビュー・コンサートを迎えている。マネージャーを務めていたフレッド・ヘラーが、ツアー用にと連れてきたザ・トッツは、ヴィニー・ラボルタ（ギター）、エディ・レイノルズ（ギター）、ボビー・レッシーニョ（ベース）、スコッティ・フラーク（ドラム）という面々。彼らを従えてフロントに立つルーは、ヴォーカルとギターを担当している。

ルーは納得していなかったというが、いま聴くとかなり良いライヴだ。アンサンブルがラフな部分があるものの、ザ・トッツも健闘しているし、地元ニューヨークの公演だけに観客も熱が入っている。2枚のアルバムからの曲とヴェルヴェッツ・ナンバーのバランスもよく、オリジナル・マルチトラック・テープからミックスされた音も臨場感に溢れている。ソロ初期のライヴ音源と言えば、同じツアーからのセミ・オフィシャル盤『アメリカン・ポエト』とそのデラックス盤ぐらいしかなかったが、これは文句なしの決定版だ。（山田）

Side Project / Compilations

山田順一

Zeitkratzer and Lou Reed - Metal Machine Music

Asphodel／ASP 3002［CD］
Release: 2007年9月4日

ドイツの実験音楽アンサンブル、ツァイトクラッツァーとルーによる『メタル・マシーン・ミュージック』は、2002年3月17日にベルリン・オペラ・ハウスで行なわれた『メタル・マシーン・ミュージック』再現コンサートの模様を収録した作品。ルー自らギターで参加。付属DVDにはその日のライヴのほかにインタヴューも収録。ツァイトクラッツァーは14年に『メタル・マシーン～』のスタジオ・カヴァー作も発表している。

Hudson River Wind Meditations

Sounds True／M1117D［CD］
Release: 2015年

ソロ名義では最後の作品なので、本来ならばオリジナルとして数えるべきだが、ルーが体得していた太極拳の精神を音像化したアンビエント作品が『ハドソン・リヴァー・ウィンド・メディテーションズ』。ハル・ウィルナーが共同プロデューサーとしてクレジットされている。エレクトロニクスだけでつくられた静的なサウンドはヒーリング効果も生み出している。こうしたアヴァンギャルドな創造性を持ち続けたのがルーのルーたる所以である。ハドソン川をとらえたジャケット写真は本人によるもの。

Lou Reed, Laurie Anderson, John Zorn – The Stone: Issue Three

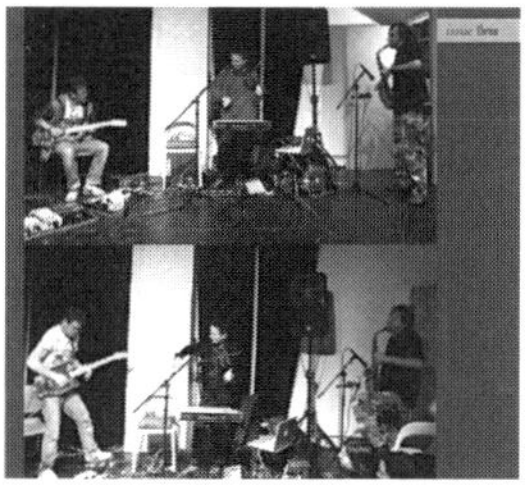

Tzadik／TZ 0004［CD］
Release: 2008年4月

ニューヨークの非営利運営パフォーマンス・スペース、ザ・ストーンを維持する目的で08年1月10日に行なわれたライヴの模様を収録した『ザ・ストーン：イシュー3』は、ルー（ギター）、ローリー・アンダーソン（ヴァイオリン、エレクトロニクス）、ジョン・ゾーン（サックス）によるインプロヴィゼーションの応酬がとにかく刺激的。この3人では11年に東日本大震災の支援ライヴも行なった。

Lou Reed's Metal Machine Trio – The Creation Of The Universe

Sister Ray Recordings／番号なし［CD］
Release: 2008年12月21日

『クリエイション・オブ・ユニヴァース』はウルリッヒ・クリーゲル、サース・カルホーンらと結成したメタル・マシーン・トリオのライヴ・アルバム。08年10月2日、3日にロサンゼルスのレッドキャットで行なわれたコンサートが収録されており、バンド名からもわかるように『メタル・マシーン・ミュージック』の流れを汲んだ音楽を披露している。ルーのレーベル、シスター・レイ・レコーディングスから公式サイト限定で販売。彼らは09年4月23日、24日にニューヨークで『メタル・マシーン〜』再現ライヴも行なっている。

Velvet Underground
B.V. Before Velvet

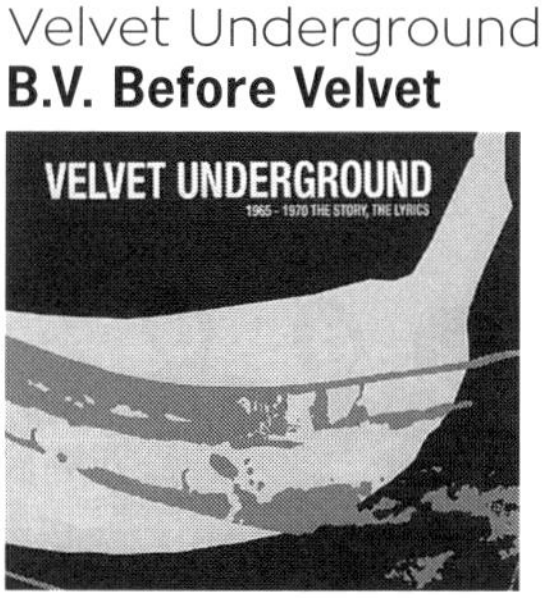

ITA・Sonic Book／SONIC.029［CD］
Release: 2002年8月

貴重なコンピレーションとして挙げておきたいのが、イタリアの出版社が出したヴェルヴェッツ本のおまけCDとして付いていた『B.V.ビフォア・ヴェルヴェット』だ。ヴェルヴェッツ結成以前にルーが組んでいたシェイズやオール・ナイト・ワーカーズ、ジョン・ケイルも所属していたプリミティヴズらのマイナー・シングルがどさくさ紛れにまとめられている。ただし、キャロル・ルー・トリオは作者のミスクレジットを鵜呑みにしただけで実際には無関係なので要注意。

Between Thought and Expression: The Lou Reed Anthology
思考と象徴のはざまで：ルー・リード・アンソロジー

BMG／2356-2-R［CD］
Release: 1992年8月

The Definitive Collection

Arista／07822-14610-2［CD］
Release: 1999年8月24日

NYC Man
NYCマン：ヒストリー・オブ・ルー・リード1967–2003

EU・BMG／74321 98401 2［CD］
Release: 2003年6月3日

ルーの編集盤は多々あれど、レア・トラックを収めたものはほとんどない。そんな中でも全45曲を収録した3枚組ボックス・セット『思考と象徴のはざまで』は、持っておく価値のある作品だ。デビュー作の『ロックの幻想』から86年の『ミストライアル』までのリードの歩みを時系列に沿って編纂。代表曲はもちろん、アルバム未収録のシングルB面やサウンドトラック音源に加えて7曲の未発表音源を聴くことができる。本人が選曲からマスタリングまで関わり、本作用のインタヴューを元にしたライナーノーツを含むブックレットも充実しているので資料としても最適だが、そろそろ90年代から00年代をフォローした続編が欲しい。

『ザ・ベスト・オブ・ルー・リード1972―1998』は、96年の『セット・ザ・トワイライト・リーリング』までのキャリアから16曲がランダムにセレクトされている。選曲はやや偏っているが、ブックレットには写真家のミック・ロックが撮った70年代中盤のルーのショットが使われており、それも売りのひとつになっている。

2枚組全31曲収録の『NYCマン』はルー本人が選曲したオールタイム・ベスト。ヴェルヴェッツ時代の曲から03年の『レイヴン』までの中から選ばれている。「フー・アム・アイ?」が未発表ヴァージョンのほか、あえてライヴ・テイクで収録されている曲もあり、ルーの拘りを強く感じる。抜粋版の1CDには「サテライト・オブ・ラヴ2004」と「ワイルド・サイドを歩け」のリミックスが収められた。

Produce Works, Collaborations & Films

山田順一

Nelson Slater
Wild Angel

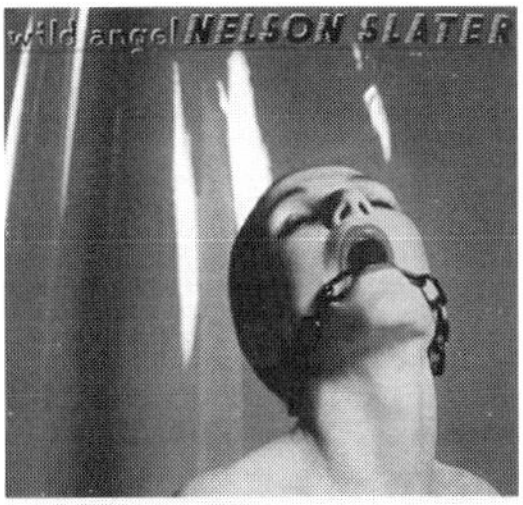

RCA Victor／APL1-1306
Release: 1976年

ルーが自作以外のプロデュースを務めることはほとんどないが、少ない中でも唯一、単独で全面プロデュースしたのがネルソン・スレイターの『ワイルド・エンジェル』である。スレイターは大学時代の友人。バックには『ロックン・ロール・ハート』のメンバーを配し、ルーもギター、ピアノ、コーラスで演奏に加わっている。楽曲自体はシンガー・ソングライター然としたものだが、アレンジがそのまま当時のルー・リード・バンドになっているのがミソ。

Rubén Blades
Nothing But The Truth

Elektra／60754-1
Release: 1988年

サルサのスーパースター、ルベン・ブレイズがスティングやエルヴィス・コステロといったロック・フィールドのミュージシャンとコラボレートした『ナッシング・バット・ザ・トゥルース』も注目の作品。メインでまとめているのはトミー・リピューマだが、ブレイズとは3曲を共同で書き、そのうち2曲のアレンジ及びプロデュースを担当。ギターやコーラスも務めた。ブレイズの新たな魅力を引き出しつつ、ストーリーテラーとしての才能を遺憾なく発揮している。

Laurie Anderson
Homeland

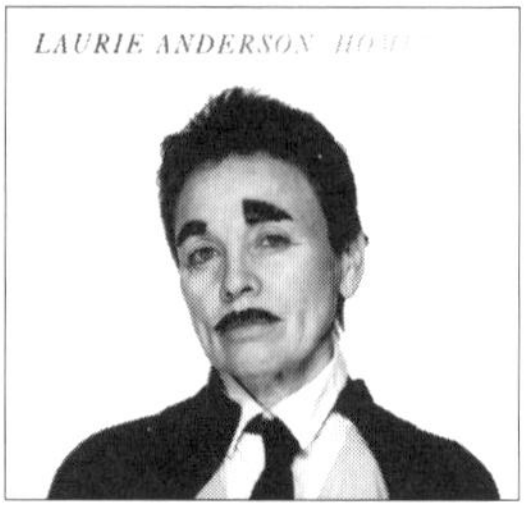

Nonesuch／524055-2［CD+DVD］
Release: 2010年6月22日

ローリー・アンダーソンの作品では、94年の『ブライト・レッド』や01年の『ライフ・オン・ア・ストリング』への参加が見られるが、二人が結婚した直後の『ホームランド』では、アンダーソンと彼女の長年の理解者であるロマ・バランとともにプロデュースを務め、ギターとパーカッションをプレイした。ヴォーカルで参加したアントニー・ヘガディの起用はルーによるものだろう。アルバム制作の舞台裏を明かした付属DVDでは解説もしている。

Genya Ravan
Urban Desire
ジェニア・レイヴァン：アーバン・デザイア

20th Century Fox／T-562
Release: 1978年

ここからはルーの主な参加作を紹介していこう。

『ストリート・ハッスル』に参加していたジェニア・レイヴンの『アーバン・デザイア』では「アイ・コロラド」をデュエットしている。レイヴンはテン・ホイール・ドライヴなどで60年代から活動した女性シンガーで、のちにデッド・ボーイズのプロデュースも務めた。ジャニス・ジョプリンばりの歌声を聴かせるレイヴンとルーのよれたヴォーカルの対比が面白い。

Garland Jeffreys
Escape Artist
ガーランド・ジェフリーズ：エスケイプ・アーティスト

Epic／EPC 84808
Release: 1981年

ガーランド・ジェフリーズの『エスケイプ・アーティスト』では、バック・コーラスを担当。ジェフリーズはプエルトリコ系のシンガー・ソングライターで、ルーとは大学時代からのつき合いだった。彼は『ロックン・ロール・ハート』に参加していたので、そのお礼でもあった。アルバムにはほかにも豪華なゲストが参加。ストリート・ロックというジャンルがあるなら、80年代初頭の知る人ぞ知る傑作と言っていいだろう。ルー関連ということを抜きにしても楽しめる作品だ。

Lost In The Stars (The Music Of Kurt Weill)
〜星空に迷い込んだ男〜 クルト・ワイルの世界

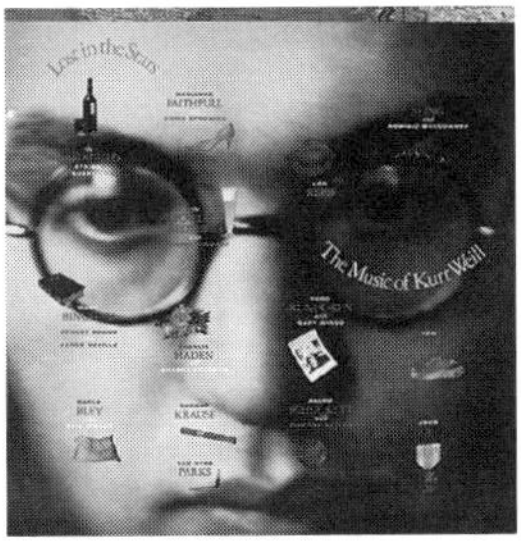

A&M／SP 9-5104
Release: 1985年

Soul Man (Original Motion Picture Soundtrack)
「ソウル・マン」 サウンドトラック・アルバム

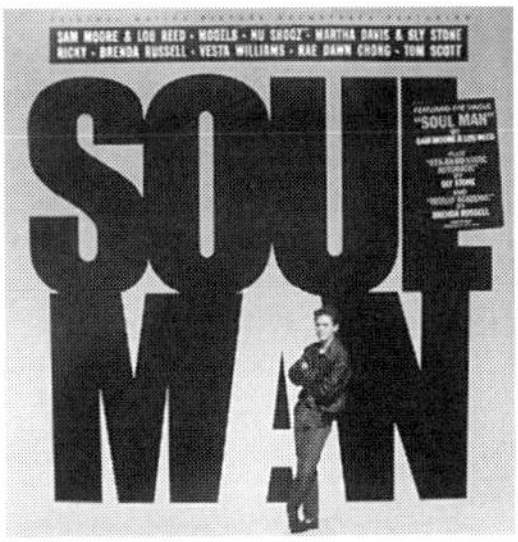

A&M／SP-3903
Release: 1986年

Rob Wasserman Duets
ロブ・ワッサーマン：デュエット

MCA／MCA-42131
Release: 1988年

ハル・ウィルナーが中心になったプロジェクト『クルト・ワイルの世界』は、さまざまなアーティストがワイルの曲をカヴァーした一種のトリビュート・アルバム。ルーは「セプテンバー・ソング」を歌っている。このハマり具合には本人も納得していたようで、97年のオムニバス『セプテンバー・ソング』では同曲に再びトライし、更に長尺のディープなテイクを残している。

ルーの音楽はさまざまな映画にも使われ、サウンドトラックにいくつもの曲を提供しているが、86年の青春コメディ映画『ミスター・ソウル・マン』では、サム&デイヴの名曲「ソウル・マン」を何とサム・ムーア本人とデュエットしている。つまりルーが〝ダブル・ダイナマイト〟の片割れであるデイヴ・プレイター役を務めたのだ。相変わらずパワフルなムーアの歌唱にかなり押され気味だが、ソウル・ミュージックを愛好していたルーだけに、この共演はたまらなく嬉しかったに違いない。

アップライト・ベースの鬼才、ロブ・ワッサーマンのソロ『デュエット』では、フランク・シナトラの名唱でも知られるスタンダード・ナンバー「ワン・フォー・マイ・ベイビー」でヴォーカルとギターを披露している。原曲のイメージを一変させ、ルー節に染め上げているのがみごとだ。ちなみにこのアルバムに収録された「ブラザーズ」は、第31回グラミー賞の最優秀ジャズ・ヴォーカル・パフォーマンスを受賞している。ワッサーマンとはこれを機に関係を深め、自身のバンドに誘うまでとなった。

Dion
Yo Frankie
ディオン：Yo! フランキー

Arista／AL-8549
Release: 1989年

Simple Minds
Street Fighting Years
シンプル・マインズ：
ストリート・ファイティング・イヤーズ

UK・Virgin／MINDS1
Release: 1989年5月13日

Tom Tom Club
Boom Boom Chi
Boom Boom
トム・トム・クラブ：ブーム・ブーム

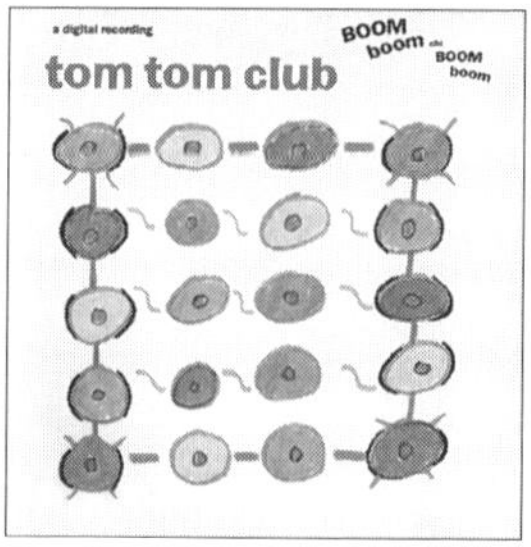

Sire／1-25888
Release: 1989年

ルーはディオンの大ファン。好きが高じて「ブギ・ウィズ・ユー」という曲を捧げるほどだったが、自分の『ニューヨーク』に参加してくれたお返しに、彼の『Yo! フランキー』に客演。「キング・オブ・ザ・ニューヨーク・ストリーツ」でコーラスを務めている。ルーとディオンが親しくなったのは、87年12月にポール・サイモンの主催で開かれたホームレス・チルドレン・ベネフィット・コンサートで共演してからだった。言われなければルーとはわからないくらいの歌声だが、憧れのディオンと〝ニューヨーク〟に関する曲を歌うということが、ルーにとっては何より感慨深かっただろう。

シンプル・マインズの『ストリート・ファイティング・イヤーズ』では「ディス・イズ・ユア・ランド」にフィーチャーされている。ヴォーカルと言うほどではなく、出番も少ないが、バンドで「ストリート・ハッスル」をカヴァーするなどルーをリスペクトしていたジム・カーからのラヴ・コールに応えてのことだった。

トーキング・ヘッズのバンド内サイド・プロジェクト、トム・トム・クラブの『ブーム・ブーム』では、ヴェルヴェッツのカヴァー「宿命の女」に参加。ギターを弾き、ヘッズのデイヴィッド・バーンやジェリー・ハリスンらと一緒にコーラスをつけている。このころはアンディ・ウォーホルとニコが立て続けに亡くなり、モー・タッカーとの再会や、ジョン・ケイルとの『ソング・フォー・ドレラ』という流れがあったわけだが、再びこの曲に携わったのもまた〝宿命〟だったのか。

ボブ・ディランのレコード・デビュー30周年を記念して、92年10月16日にニューヨーク、マディソン・スクエア・ガーデンで行なわれたトリビュート・コンサートに出演。ルーは「フット・オブ・プライド」を披露している。数あるディランのナンバーから、『インフィディル』のアウトテイクだったこの曲を選んだセンスはさすがである。

　モート・シューマンとのコンビで数々のヒット曲を送り出したソングライター、ドグ・ポーマスのトリビュート・アルバム『ナイト・イズ・ゴーン』では、フェルナンド・ソーンダース、ジョージ・リセリを従えて、ドリフターズが60年にヒットさせた「ディス・マジック・モーメント」をカヴァーしている。ポーマスは、ルーが60年代前半にブリル・ビルディングでポップ・ソングの作曲をしているころ、仕事を世話してくれた恩人だった。病に倒れたポーマスをルーが支えるなど、その関係は彼が息を引き取るまで続いた。このヴァージョンはデイヴィッド・リンチ監督の映画『ロスト・ハイウェイ』（97年）で使用され、サントラ盤にも収められている。

　00年代に入ると、ポスト・パンク・バンド、ヴァイオレント・フェムズのゴードン・ガノのソロ『ヒッティング・ザ・グラウンド』に参加。ガノとは「キャッチ・エム・イン・ザ・アクト」を一緒に書き、ヴォーカルとギターを担当した。もともと映画音楽用につくられた作品で、ルー以外にも多彩なアーティストが協力。「ドント・プリテンド」ではジョン・ケイルがフィーチャーされている。

Bob Dylan
The 30th Anniversary Concert Celebration
ボブ・ディラン 30

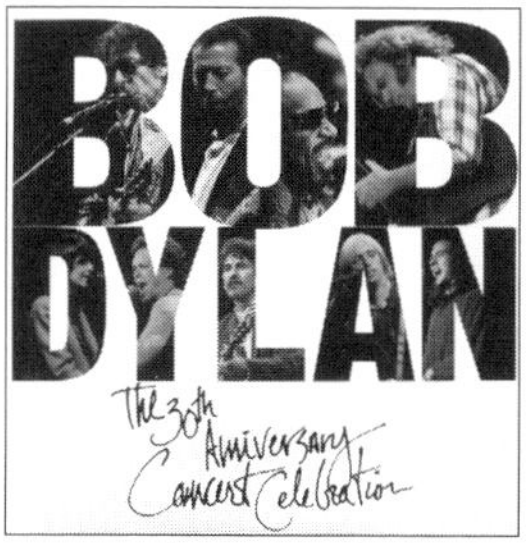

Columbia／C2K 53230［CD］
Release: 1993年8月24日

Till The Night Is Gone:
A Tribute To Doc Pomus

Forward／R2 71878［CD］
Release: 1995年3月28日

Gordon Gano
Hitting The Ground
ゴードン・ガノ：
ヒッティング・ザ・グラウンド

UK・Cooking Vinyl／COOKCD 226［CD］
Release: 2002年8月13日

マーティン・スコセッシ総指揮によるドキュメント『ザ・ブルース』の第1弾としてヴィム・ヴェンダースが監督した『ソウル・オブ・ア・マン』で、ルーは『エクスタシー』のメンバーとともにスキップ・ジェイムズの「ルック・ダウン・ザ・ロード」とブラインド・レモン・ジェファーソンの「シー・ザット・マイ・グレイヴ・イズ・ケプト・クリーン」を演奏。ヴェンダースも絶賛した後者は、映画のエンド・ロールでも使われた。映画はほかに、J.B.ルノアにもスポットを当てている。

07年にはザ・キラーズと共演して「トランキライズ」を発表したルーだったが、今度はブラーのデーモン・アルバーン率いるヴァーチャル・バンド、ゴリラズの『プラスティック・ビーチ』に参加。「サム・カインド・オブ・ネイチャー」の歌詞を書き、ヴォーカルを務めた。ルーはアルバムだけでなく、ゴリラズがトリを務めたグラストンベリー・フェスティヴァルや、彼らがニューヨークとロサンゼルスで行なったライヴにも出演した。

後輩たちの作品に協力したあとには、スタックス・サウンドを支えたブッカー・T＆ザ・MG'sのブッカー・T.ジョーンズから誘いを受けている。その『ザ・ロード・フロム・メンフィス』では、アルバムのキー・ポイントとも言える「ザ・ブロンクス」で渋く艶やかな歌声を聴かせた。やや控えめとは言え、実にルーらしいヴォーカルで存在感を示しており、ヒップホップ・グループのザ・ルーツがバックアップしたこのモダンなファンク・アルバムに華を添えている。

Martin Scorsese Presents The Blues: The Soul Of A Man
ソウル・オブ・マン

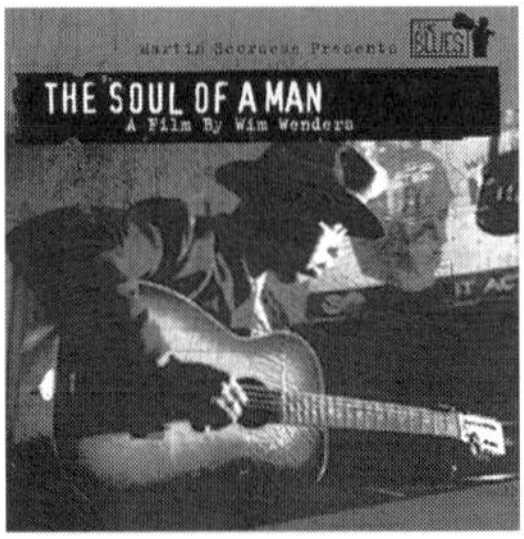

Columbia／CK 90491［CD］
Release: 2003年11月18日

Gorillaz Plastic Beach
ゴリラズ：プラスティック・ビーチ

UK・Parlophone／5099962616720［CD+DVD］
Release: 2010年3月8日

Booker T. Jones The Road From Memphis
ブッカー・T・ジョーンズ：ザ・ロード・フロム・メンフィス

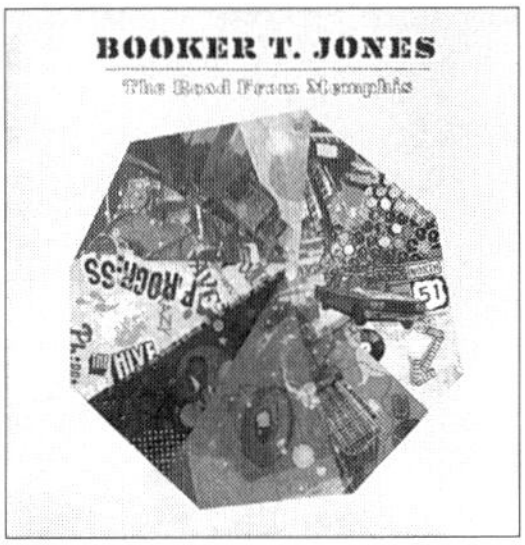

Anti-／87101-2［CD］
Release: 2011年5月10日

A Night With Lou Reed
ア・ナイト・ウィズ・ルー・リード

JAP・Ward／VQBD-10096［DVD］
Release: 2012年6月20日

Live At Montreux 2000
ライヴ・アット・モントルー2000

JAP・YAMAHA／YMBZ-10486［DVD］
Release: 2013年12月18日

Lou Reed's Berlin
ベルリン

JAP・VAP／VPBU-13263［DVD］
Release: 2009年1月21日

ルーの映像作品はなかなか見応えのあるものが多い。公式映像ソフトとして最初にリリースされた『ア・ナイト・ウィズ・ルー・リード』は、『レジェンダリー・ハート』を仕上げたルーがひさびさにライヴ活動を再開させた際のもので、83年2月25日から3月1日にかけてニューヨークのボトム・ラインで8回行なわれたコンサートの模様がまとめられている。ステージを完全収録とはいかなかったものの、当時のショウの流れを掴むことができる。なお、DVDは曲間のMCがカットされている。

『ライヴ・アット・モントルー2000』は、00年7月13日に当地のコンヴェンション・センターで開かれたモントルー・ジャズ・フェスティヴァル出演時の映像。『エクスタシー』発表直後のステージということもあり、約半分が同アルバムからの選曲で、「パーフェクト・デイ」以外は『ニューヨーク』以降の作品で固められている。かつてルーは「2本のギターにベースとドラムス、これを超えられる組み合わせはない」と語ったことがあったが、それを証明するかのような充実したライヴが楽しめる。

『ルー・リード／ベルリン』は、06年12月にブルックリンのセント・アンズ・ウェアハウスで行なわれた『ベルリン』再現ライヴの様子を捉えたドキュメンタリー。監督は舞台演出も担当したジュリアン・シュナーベルが務めている。管弦楽団やコーラス隊も加わり、スクリーンに映し出されるショート・フィルムも使いながら『ベルリン』の独特の世界観を再現したショウだった。

Semi-Official Live & Selected Unofficial Release

山田順一

　ここからの4枚は、もともとブートレグで出回っていた音源だが、その後ルーの出版管理会社であるシスター・レイ・エンタープライズの承認を得て〝準公式盤〟として出し直された作品である。
『アメリカン・ポエト』は、ザ・トッツをバックにした『トランスフォーマー』のツアーから72年12月26日にニューヨークのハムステッド・シアターで開かれたライヴとインタヴューを収録。この日は地元のFMラジオ局WLIRによって生放送された。ソロ・ツアーをはじめたばかりのころなので、粗々しい部分はあるが、インタヴューともども貴重な記録だ。16年に出た2枚組デラックス・エディションには73年11月27日のアリス・タリー・ホール公演を追加。

　2枚組の『ロックン・ロール・ハート・ツアー・ライヴ』は76年11月23日のアクロン・シヴィック・シアター公演から。クールと言うよりは穏やかなルーの歌声とキーボードのマイケル・フォンファラがリードするバンドのファンキーなサウンドが楽しめる。

American Poet
ライヴ・イン・ニューヨーク'72

UK・Easy Action／EARS012［CD］
Release: 2005年

Thinking Of Another Place
ロックン・ロール・ハート・ツアー・ライヴ

UK・Easy Action／EARS021［CD］
Release: 2014年3月

『ワルチング・マチルダ』は『ストリート・ハッスル』のツアーの模様を収めたライヴの2枚組。ディスク1は78年4月28日のクリーヴランド・ミュージック・ホール、ディスク2は同年3月22日のサンフランシスコ、オールド・ウォルドルフ公演より。バイノーラル・レコーディングされた公式ライヴ・アルバム『テイク・ノー・プリズナーズ』とはまたひと味違う生々しさがある。

『ユア・ハート・イズ・メイド・アウト・オブ・アイス』は、『サリー・キャント・ダンス』のツアーから74年10月のニューヨークはフェルト・フォーラムと、オハイオのデイトン公演を2枚のディスクに収録している。デイヴィッド・ボウイのツアー・ミキサーだったロビン・メイヒューがエンジニアを務めていて、ニューヨーク公演の冒頭が何故モノラル録音だったかなど、メイヒューによる当時の回想がライナーノーツに記されている。

『ワイルド・ゴーイン・ワイルド』はアンオフィシャル盤。『エクスタシー』のツアーから00年4月24日のデュッセルドルフ、フィリップスホール公演を収録した2枚組だ。この日はドイツのテレビ番組『ロックパラスト』とFMラジオで放送されたのでソースはそこからだろう。映像作品の『ライヴ・アット・モントルー2000』と同時期の記録である。この年の10月には赤坂ブリッツ、渋谷公会堂、大阪サンケイホールなどを回るジャパン・ツアーも行なわれたわけだが、のちに『レイヴン』に収録される「フー・アム・アイ?」をいち早く披露しているのがレア。

Waltzing Matilda (Love Has Gone Away)

ワルチング・マチルダ〜ストリート・ハッスル・ツアー1978

UK・Easy Action／EARS099［CD］
Release: 2005年

When Your Heart Is Made Out Of Ice

ユア・ハート・イズ・メイド・アウト・オブ・アイス

UK・Easy Action／EARS110［CD］
Release: 2020年5月29日

Wild Goin' Wild

Shout To The Top／STTP 097/098［CD］
Release: 2000年

The Broadcast Collection 1976–1992

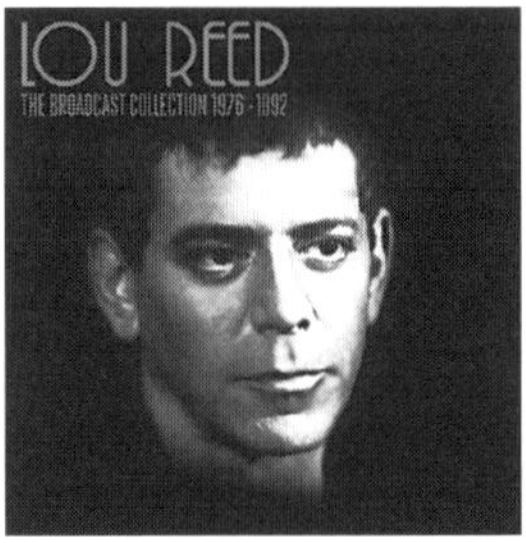

Sound Stage／SS9CDBOX40［CD］
Release: 2017年12月15日

　ＦＭラジオで放送された76年から92年までのライヴ音源6公演分を9枚のディスクにまとめたボックス・セット。ディスク1、2は48台のテレビをステージに設置した『ロックン・ロール・ハート』のツアーから76年10月29日のボストン、オルフェルム・シアターでのライヴを収録。ディスク3、4は同じツアーからの12月1日、ロサンゼルスのロキシー・シアター公演である。この日はジャズ・トランペッターのドン・チェリーが「ヘロイン」で客演したが、それは公式アンソロジー『思考と象徴のはざまで』で聴くことができる。

　ディスク5は78年4月28日のクリーヴランド・ミュージック・ホール公演。つまり、ＷＭＭＳ－ＦＭの放送をソースにしたセミ・オフィシャル盤の『ワルチング・マチルダ』と同じ音源だ。ディスク6は『ニュー・センセーションズ』のツアーから84年10月3日のクリーヴランド、アゴラ・ボールルームでのライヴで、未ＤＶＤ化の映像作品『コニー・アイランド・ベイビー ライヴ・イン・ジャージー』と比較もできる。ディスク7は『ニューヨーク』のツアーから89年4月13日のデンヴァー、パラマウント・シアター公演。

　最後のディスク8、9は『マジック・アンド・ロス』のツアーから92年9月12日のシカゴ、ワールド・ミュージック・シアターでのライヴ。こちらは同年3月18日にロンドンのブレイ・スタジオで収録されたライヴをヴィデオ化した『マジック・アンド・ロス　ライヴ・イン・コンサート』に近い時期の音源ということになる。

Chapter 5

JOHN CALE

森 次郎
山田順一
和久井光司

ロック界で最も重要な〝謎の男〟――ジョン・ケイル

和久井光司

1942年3月9日に英国はウェールズのガーナントで生まれたジョン・デイヴィス・ケイルは、英語しか話さない父と、ウォールズ語の保存にこだわっていた公立校教師の母のもと、幼いころから正統な音楽教育を受けて育った。ヴィオラでゴールドスミス音楽大学に進学したジョンは、63年7月6日にロンドンで行われたフルクサスのコンサートに感銘を受けてアヴァンギャルドの作曲家／演奏家として身を立てることを決心したらしく、すぐにニューヨークに渡り、同年9月9日にはジョン・ケイジが主催したエリック・サティの〝Vexations〟を複数のピアニストが18時間演奏し続けるイヴェントに参加。やがてラ・モンテ・ヤングを中心とする「ザ・シアター・オブ・エターナル・ミュージック」が推進していた「ドリーム・シンジケイト」に加わったジョンは、ヤングやトニー・コンラッドと録音を残すようになるのだ。

ルー・リードと知り合い、ヴェルヴェッツの一員として活動したおよそ3年間のことはここでは繰り返さないが、ヴィオラ、ピアノ、オルガン、ベースを操り、アヴァンギャルドとポップのあいだを行き来するソングライター／アレンジャーとしての才は、暴力的なバンドだと思われていた初期ヴェルヴェッツよりも、ニコの『チェルシー・ガール』で注目されることになり、69年にはイギー・ポップ率いるザ・ストゥージズのファースト・アルバムでプロデューサー・デビューを果たしている。

エレクトラが第二のドアーズと目論んでいたストゥージズは売れなかったが、ジョンはコロンビアとソロ契約を結び、オーソドックスなロックを試みた70年4月の『ヴィンテージ・ヴァイオレンス』と、テリー・ライリ

1975年、ニューヨークで。パティ・スミス、ルー・リードと。

ーと共演した71年2月の『チャーチ・オブ・アンスラックス』で〝両刀〟ぶりを見せつけ、72年にはスタッフ・プロデューサーとしても働く約束でリプリーズと好条件で契約した。この時期、ソロ作は『ジ・アカデミー・イン・ペリル』と『パリス1919』の2枚にとどまったが、ジェニファー・ウォーンズ、チャンキー・ノヴァ&アーニーや、76年になってリリースされるザ・モダン・ラヴァーズのプロデュースで存在感を示したのだった。

68年から3年間、ファッション・デザイナーのベッツィ・ジョンソンと結婚していたジョンは、71年に彼女と別れ、フランク・ザッパの取り巻きだったザ・GTOズ(ストレイトからのアルバムで知られる)のシンシア〝シンディ〟ウェルズと再婚。74年にはロンドンに拠点を移してアイランド・レコーズと契約し、6月1日にレインボウ・シアターで行ったケヴィン・エアーズ、イーノ、ニコとのジョイント・コンサートと、3年ぶりのソロ・アルバム『フィア』を話題にしたが、シンシアとは75年に破局し、その後6年独身生活を続けている。

『スロウ・ダズル』『ヘレン・オブ・トロイ』、初のベスト盤『ガッツ』と続いたアイランド時代のアルバムは、ファンのあいだでも人気が高い秀作ばかりだが、再契約はなかった。75年にプロデュースしたパティ・スミスと、ロンドンのパンク・ロック勢に刺激を受けたジョンは、77年にマイルズ・コープランド（ルネッサンスのアニー・ハズラムの夫で、のちのIRSレコーズ社長）が弟ステュアートのいるポリスを売り出すために設立したインディー・レーベル、イリーガルで12インチEPを制作し、その後はスパイ、ZE、ベガーズ・バンケットといったインディー・レーベルを渡り歩くことになる。

81年12月にリサ・イルシャルミと3度目の結婚をしたジョンは、娘エデンが生まれたのを機に長年のドラッグ癖から抜け出そうとしたらしいが、簡単にはいかず、結局リサとも97年に離婚することになった。

しかし、ニュー・ウェイヴ勢やポスト・パンク勢のプロデュースと、縦横無尽なソロ活動で80年代に一時代を築いたジョンは、「ピアノの弾き語りでもオルタナ」という唯一無二のライヴ・パフォーマンスと、映画のサントラ仕事で90年代以降も危なげない活動を続けた。

私は88年の初来日公演（パルコ劇場）と、ルーとの『ソングス・フォー・ドレラ』のコンサート（NHKホール）が忘れられない。ドラムで8ビートを叩くかのようにキレッキレでリズムを刻むジョンのピアノは、どんなパンク・バンドのリズム・セクションよりパンクだし、そこから狂ったような即興に突入するところに一瞬の切れ目もない迷いのなさに、アヴァン・ポップと呼ぶしかない彼の表現の核心を見た気がしたからである。

けれども、そういうリズム解釈が、ドゥーワップや黒人音楽も大好きなルーとは、どうしても反りが合わないポイントなのだ。パンクっぽく聴こえてもルーのリズムにはアメリカ人特有の〝弾み〟があるのだが、ジョンからすれば、それがルーの〝曖昧さ〟に感じられるのだろう。詩に還っていこうとするルーは、自分が書いたメロディを壊していくことで新鮮さを維持しようとするが（ボブ・ディランに近い感じだ）、〝音楽表現〟を重んじるジョンにはそこが許せないのではないかと思う。

もちろんお互いに認め合っているから友情が壊れるような仲違いはしなかったが、還暦を過ぎたふたりの共演がなかったのは残念でならない。

ジョンの究極の一曲に、レナード・コーエンのカヴァー「ハレルヤ」を選ぶファンが多いが、これはもともとフランスの音楽誌〝Les Inrokutibles〟が企画したコーエンのトリビュート・アルバム『アイム・ユア・ファン』(91年)に収録されていたもので、翌年のジョンのライヴ盤『フラグメンツ・オブ・レイニー・シーズン』と、97年公開の映画『バスキア』でさらに広まったのだ。

曲単位で語れる人ではない(本人もそれを望んでいないはずだ)から、傑作が多くても摑みどころがないのがジョンを非常にカルトな存在にしてきたのだが、一曲選ぶならこれだろう。多くのカヴァーを生んだ名曲「ハレルヤ」の中でも、ジョンのヴァージョンがいちばん好き、という音楽ファンが少なくないだけのことはある極上の名演だからである。

もし貴方がジョン・ケイルという巨大な謎の前で尻込みしているなら、詩と音楽が絶妙のバランスで混ざり合い、時間を止めて天空に昇る一瞬を捉えたようなピアノの弾き語りで、ジョンの心の汚れのなさを感じてほしい。実は抜群に歌が上手いんだ、この人は。

ちなみにプロデューサーとしては、イギー・ポップ、ジョナサン・リッチマン、パティ・スミスの終生の方向性を一枚で決めてしまったのが凄いと思う。

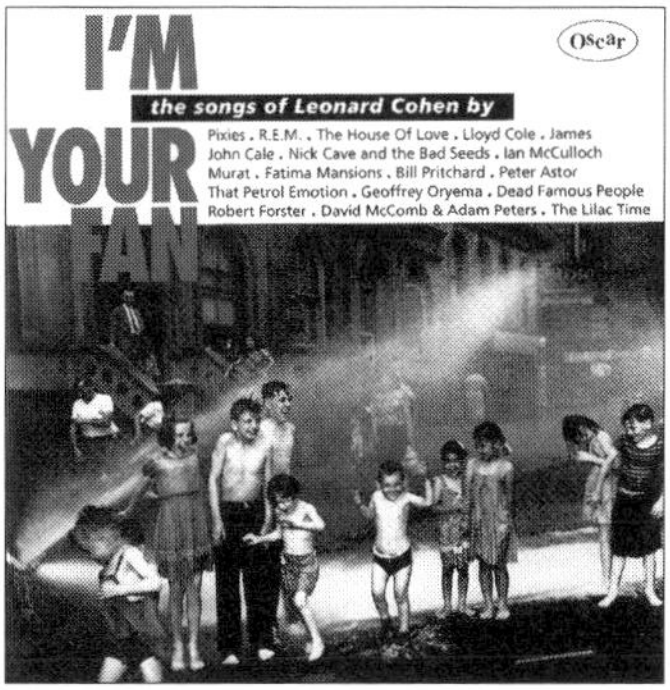

レナード・コーエンのトリビュート・アルバム“I'm Your Fan”のオリジナル盤。

27歳の若さで他界したジャン＝ミシェル・バスキアの半生をジュリアン・シュナーベルが映画化した『バスキア』のサントラで、ジョンはスコアを書き、エンドロール用に「ハレルヤ」を提供した。

Vintage Violence
ヴィンテージ・ヴァイオレンス

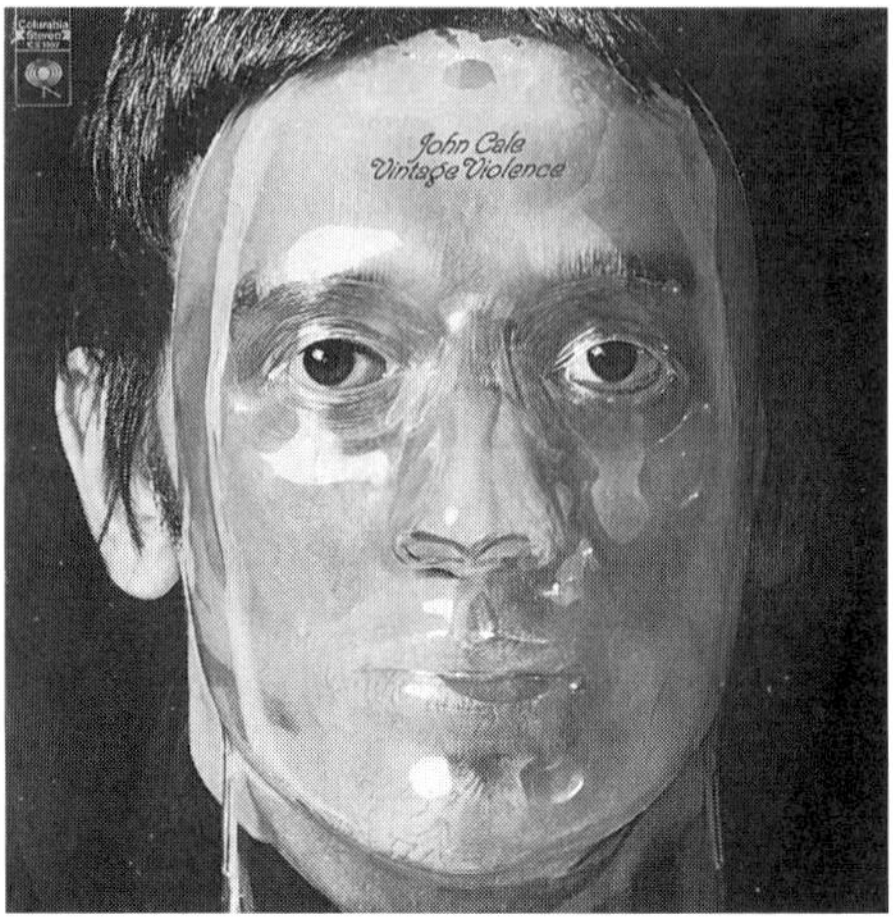

Columbia／CS 1037
Release: 1970年4月1日

[Side A]
1. Hello, There
2. Gideon's Bible
3. Adelaide
4. Big White Cloud
5. Cleo
6. Please

[Side B]
1. Charlemagne
2. Bring It On Up
3. Amsterdam
4. Ghost Story
5. Fairweather Friend

〝年代ものの暴力〟とは言い得て妙な、オーソドックスなロック・アルバムである。

初ソロがこれ、というのが意表をついているが、ひっくり返して考えればこっちの方がヘンなわけで、私はアイランド時代のアルバムから遡ることになった世代で本当によかったと思っている。リアルタイムでこれを聴いて、ジョン・ケイルもソロだとポップなんだな〜なんて感心していたら、『チャーチ・オブ・アンスラックス』と『ジ・アカデミー・イン・ペリル』に混乱させられていたと思う。

いや、いずれにしても一枚二枚でジョン・ケイルを捉えることなんてできない。私は高校時代に、たしか『悪魔の申し子たち』『ジ・アカデミー・イン・ペリル』『パリス1919』『チャーチ・オブ・アンスラックス』の順で入手して、高校を出た年に『アニマル・ジャスティス』で追いついた。ニコの『ジ・エンド』とパティ・スミスの『ホーシズ』を聴いて、ルー・リードのソロ作で満足していた自分を薄っぺらだと思っているところでパンクが爆発、テレヴィジョンとトーキング・ヘッズに感化され始めたところでの『アニマル・ジャスティス』だったから、慌ててアイランド時代のアルバムを集めたのだった。

ポップとアヴァンギャルドを行き来するジョンの面白さがわかったころ、『サボタージュ／ライヴ』を新譜で買ったのはラッキーだったと思う。〝ポスト・パンク〟という地点でジョン・ケイルのやり方を掴んだら、ヴェルヴェッツにおける彼の役割と、ソロで見せる幅、プロデュース・ワークの確かさが繋がり、その時点までのジョンの音楽を全面的に楽しめるようになっていた。

このアルバムを安い再発盤で初めて聴いたのは、80年の後半か81年の前半だったか。〝Honi Soit〟（このタイトルの読み方をいまだに掴みかねているから英語表記とする）が出るか出ないかのころだったはずだ。

ジョンは最初からポスト・パンク的だった、という説を完成させるつもりで本作を買ったものだから、カントリー・ロックみたいな曲も入っているのには力が抜けたが、何年もかけて、ソングライターとしての実力とシンガーとしての魅力が詰まったソロ第1作だと思うようになった。何年？　いや、20年ぐらいかかったかもしれない。ガーランド・ジェフリーズと彼のバンドがバックを務めているのを面白いと思うようになるのだって随分あとになってからだし、ブルース・プロジェクトみたいなノリのハーヴィ・ブルックス／サンディ・コニコフのリズム・セクションと、ジョンの曲の相性の良さに納得できたのなんて実はこの10年ぐらいのことである（かなりレアな、コロンビアの二つ目／赤ラベルのオリジナル盤がようやく手に入ったから、一生懸命聴くようになったのだ）。

ガーランドの曲「フェアウェザー・フレンド」を最後に入れたのは、協力してくれたお礼に印税を分配する目的だったのだろうが、ジョンのストレートな曲とはちょっと異質のロックンロールなので、これだけはハマらない印象だが、聴けば聴くほど良くなっていくアルバムだ。

裏ジャケに写っているのは最初の奥さんだったファッション・デザイナーのベッツィ・ジョンソン。裸に蝶ネクタイとサスペンダー姿のジョンが珍妙だが、それはそれで突き抜けている。これでいいのだ、と言わんばかりの彼はこのとき28歳か。いろいろなことを考えさせる傑作である、と言っておきますか。

（和久井）

John Cale & Terry Riley:
Church Pf Anthrax
ジョン・ケイル&テリー・ライリー:
チャーチ・オブ・アンスラックス

Columbia／C 30131
Release: 1971年2月10日
[**Side A**]
1. Church Of Anthrax
2. The Hall Of Mirrors In The Palace At Versailles
[**Side B**]
1. The Soul Of Patrick Lee
2. Ides Of March
3. The Protege

68年にヴェルヴェッツを脱退したジョンは、ニコやストゥージズのプロデュースを行ったあとコロンビアとソロ契約を結ぶ。この『チャーチ・オブ・アンスラックス』は『ヴィンテージ・ヴァイオレンス』よりも早い時期に制作された、テリー・ライリーとの共演盤だ。

現代音楽家であるテリーは、60年代中期にジョンと同じくラ・モンテ・ヤングのシアター・オブ・エターナル・ミュージックに参加していた。また本作のレコーディング時点では、『インC』(64年)や『レインボー・イン・カーヴド・エア』(69年)の発表により、ミニマル・ミュージックの作曲家としてその存在が知られるようになっていたのである。

コロンビアは何かとんでもないものを期待してふたりを組ませたのかもしれないが、蓋を開けてみればフランク・ザッパの『ホット・ラッツ』に通ずるよくできたジャズ・ロック・アルバムになっていたのだ。これは売り方に困っただろう。テリーの看板であるミニマルの要素はさほど目立たないし、ジョンがヴェルヴェッツで担っていたアヴァンギャルドの要素も薄い。1曲だけの歌ものは、ヴォーカルをアダム・ミラーに譲っているし。

クレジットされていないふたりのドラマーがいい仕事をしているので、じゅうぶんにノレるし、長尺の曲でも飽きることがない。ジョンもテリーも意外と協調性があったのね、というところがコロンビアの最大の〝誤算〟だったのではないだろうか。

しかし、そのおかげで現在でも通用するファンキーなインスト・アルバムが残されたわけだ。最後は突然ノイズで終わるところがまたザッパ的ではあるけれど。なおテリーはピアノ、オルガン、ソプラノ・サックスを、ジョンはベース、ハープシコード、ピアノ、ギター、ヴィオラ、オルガンを演奏している。

（森）

The Academy In Peril
危険のアカデミー

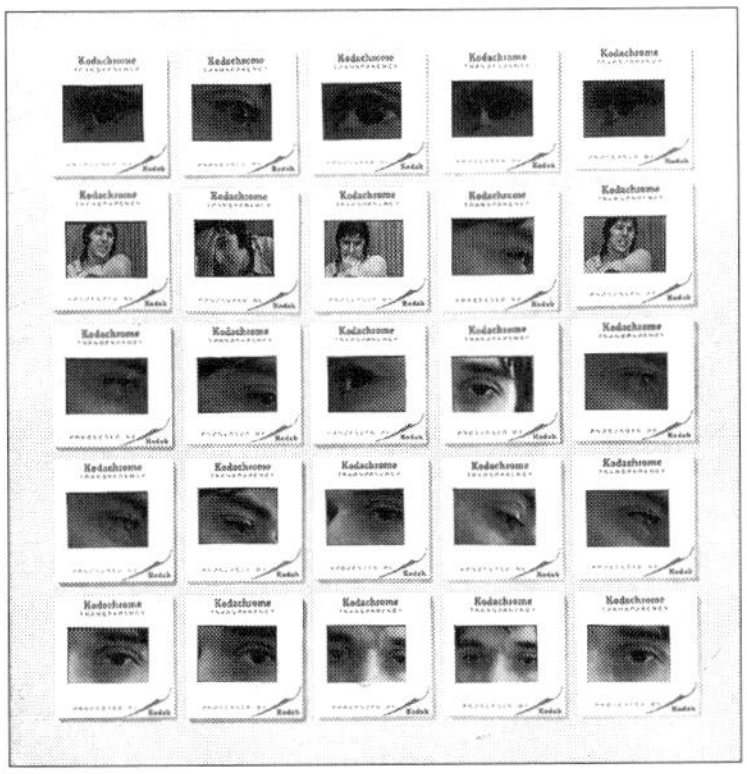

Reprise／MS 2079
Release: 1972年7月
［Side A］
1. The Philosopher
2. Brahms
3. Legs Larry At Television Centre
4. The Academy In Peril

［Side B］
1. Intro
2. Days Of Steam
3. Orchestral Pieces
   a.Faust
   b.The Balance
   c.Capt. Morgan's Lament
4. King Harry
5. John Milton

72年にリプリーズと契約したジョンは、再びインストゥルメンタル中心の『アカデミー・イン・ペリル』を発表する。自身が学んだクラシック音楽の要素を多く取り込んだ作品だ。

「ザ・フィロソファー」は、ロン・ウッドによるアコースティックのスライド・ギターをフィーチャーしたナンバー。フット・スタンプや弦など、さまざまな音をコラージュした、サンプリング感覚溢れる仕上がりだ。この曲をアルバムの冒頭に置くことによって、ジョンが音楽のジャンルを軽々と横断していることが伝わってくる。

「ブラームス」やタイトル曲はピアノのみで、ジョン特有の一音一音を置いていくようなメロディづくりがよくわかる。少したどたどしく聴こえるところも含めて、聴き入ってしまう2曲だ。その間に挟まれた「レッグス・ラリー・アット・テレヴィジョン・センター」は、美しい弦の調べに乗せた語りがアンチ相乗効果的な違和感を醸し出している。これもアヴァンギャルドのひとつの表現だろう。

B面に入ると、オーケストラを巧みに操りながらスケールの大きな世界を描いていく。3つの曲を組み合わせた「スリー・オーケストラル・ピーシズ」はもちろんのこと、「デイズ・オブ・ストリーム」での弦や管によるリフの使い方など、みごとな仕事と言うしかない。

最後の「ジョン・ミルトン」はピアノに徐々に弦が加わり、しばし盛り上がったあとにまた静謐な世界に戻るということを繰り返してアルバムが締め括られていく。このような余韻を残した帰結もまた、巧妙な手口である。

初回盤はジャケットがくり抜かれ、コダック社製のスライドを模したデザインがインナー・ジャケットに印刷された手のこんだもの。アートワークはアンディ・ウォーホル。

（森）

Paris 1919
パリス 1919

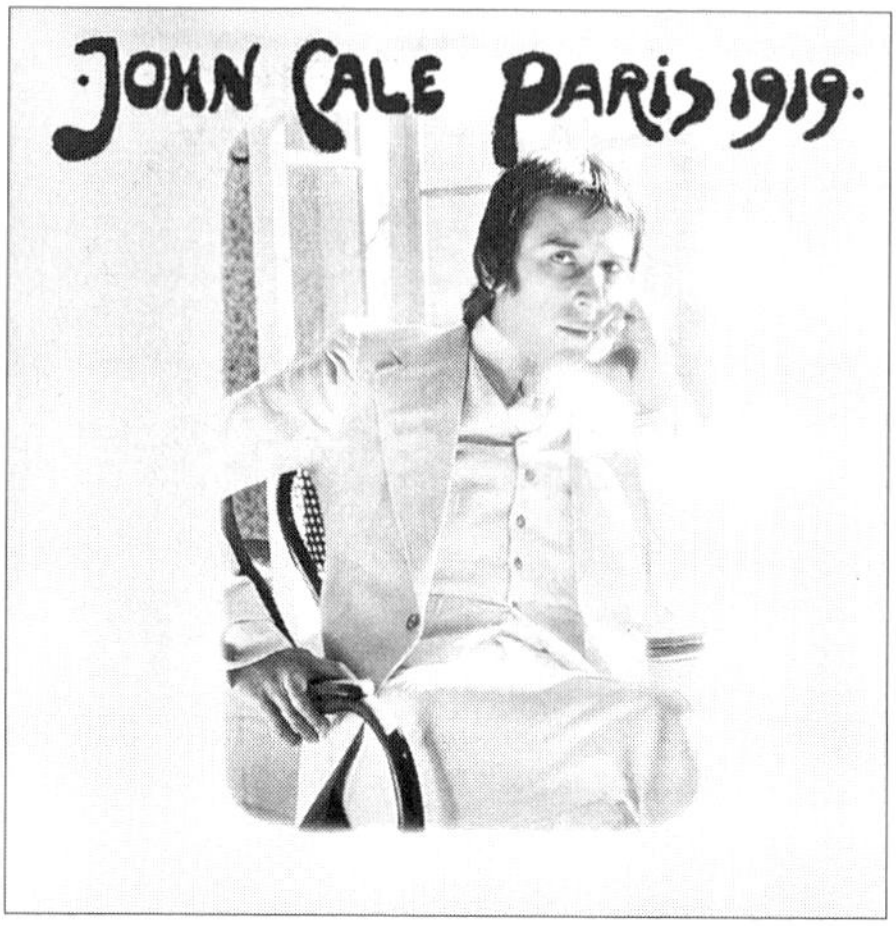

Reprise／MS 2131
Release: 1971年2月10日

[Side A]
1. Child's Christmas In Wales
2. Hanky Panky Nohow
3. The Endless Plain Of Fortune
4. Andalucia
5. Macbeth

[Side B]
1. Paris 1919
2. Graham Greene
3. Half Past France
4. Antarctica Starts Here

Reissue CD
UK・Rhino／8122 74060 2
Release: 2006年6月19日
Bonus Tracks "Sketches & Roughs For Paris 1919"
10. Berned Out After
11. Child' s Christmas In Wales (Alternate Version)
12. Hanky Punky Nowhow (Drone Mix)
13. The Endless Plain Of Fortune (Alternate Version)
14. Anbalucia (Alternate Version)
15. Macbeth (Rehearsal)
16. Paris 1919 (String Mix)
17. Graham Greene (Rehearsal)
18. Half Past France (Alternate Version)
19. Antarctica Starts Here (Rehearsal)
20.1. Paris 1919 (Piano Mix)
20.2. (Silence)
21.1. Macbeth
21.2. (Silence)
21.3. Untitled

　2年半ぶりにつくった〝普通のロック・アルバム〟は、クリス・トーマスにプロデュースを任せたロサンゼルス録音。リトル・フィートからロウェル・ジョージ（ギター）とリッチー・ヘイワード（ドラムス）、ザ・クルセイダーズからウィルトン・フェルダー（ベース）が参加していることから、ヴェルヴェッツなんてまったくスルーだったウエスト・コースト・ロックのファンからも注目されたアルバムだった。

　1910年代、エコール・ド・パリと呼ばれた非フランス人芸術家たちによるネットワークは、モンマルトルからモンパルナスへと移り活況を極めたが、20年代に入るとエコール・ド・パリは、ユダヤ人芸術家たちを指す侮蔑的な意味を持つようになった。美術評論家たちがフランス芸術の純粋性を汚す存在として、ユダヤ人芸術家を毛嫌いし始めたからである。そしてそれをパブロ・ピカソが恋人のフェルナンド・オリビエと住んだモンマルトルの〝洗濯船〟が溜まり場だった時代と差別化するために、やがてジューイッシュ・エコール・ド・パリとか、スクール・オブ・モンパルナスと呼ばれるようになっていくのだが、『1919』が示す通り、ジョンは芸術が最も自由に混ざり合った時代のパリをテーマにしたトータル・アルバムをつくろうとしたのだろう。エコール・ド・パリには、藤田嗣治、アメデオ・モディリアーニ、ギューム・アポリネール、ジャン・コクトー、アンリ・マティスらも含まれるから、ロウェル・ジョージらとの越境的な共演は〝エコール・ド・パリの再現〟にふさわしかったわけだ。

　とにかく曲がいい。トータル・アルバムと言ってもストーリー性があるわけではないから、ジョンが意図したことはわかりにくい。無理にテーマを伝えようとすれば陳腐にもなりかねないと踏んだのか、メロディが抜群の美しい曲を並べることで、リスナーをまずは音世界に浸らせ、それからテーマを考えてもらおうと思ったのかもしれない。

　クリス・トーマスはそれには適任だった。ジョンはトーマスがプロデュースしたプロコル・ハルムの名作『ア・ソルティ・ドッグ』（69年）を良いサンプルと考えたのだろうし、トーマスはここでの成果を73年の『グランド・ホテル』に持ち込んだと言ってもいいだろう。

　しかし下敷きになったパリの芸術運動も、そういうミュージシャン間の〝イメージの連環〟も、これまではろくに語られたことがなかった。だから、異常に曲のいい英米折衷アルバムという〝謎の多い名作〟として知的なロック通のあいだで聴かれてきたに過ぎないのである。

　私は高校3年のときに初めて友人に聴かされて驚き、それまでは〝ヴェルヴェッツのアヴァンギャルド担当〟として眺めていたジョンを見直すことになったのだが、リトル・フィート絡みで聴いていた先輩たちはいたものの、ジョンの狙いにまで言及した人は皆無だった。

　確かに〝謎〟と感じられるほどポップな曲が並び、それにふさわしいアレンジ／演奏がされている。ジョンのヴォーカルも極めて素直で、急に顔がひっくり返って怪物に変身してしまうようなこともない。つまり、パブリック・イメージや〝芸風〟からは想像できないアルバムなのだ。

　06年に英ライノから出たCDは未発表だった大量のオルタネイト・ヴァージョンやデモを追加したものなので、アルバムに秘めたジョンの意図を探るにはいいだろう。すでに入手しにくいのが難点ではあるが。

（和久井）

Kevin Ayers - John Cale - Eno - Nico

June 1. 1974

ケヴィン・エアーズ、ニコ、イーノ、ジョン・ケール：悪魔の申し子たち（その歴史的集会より）

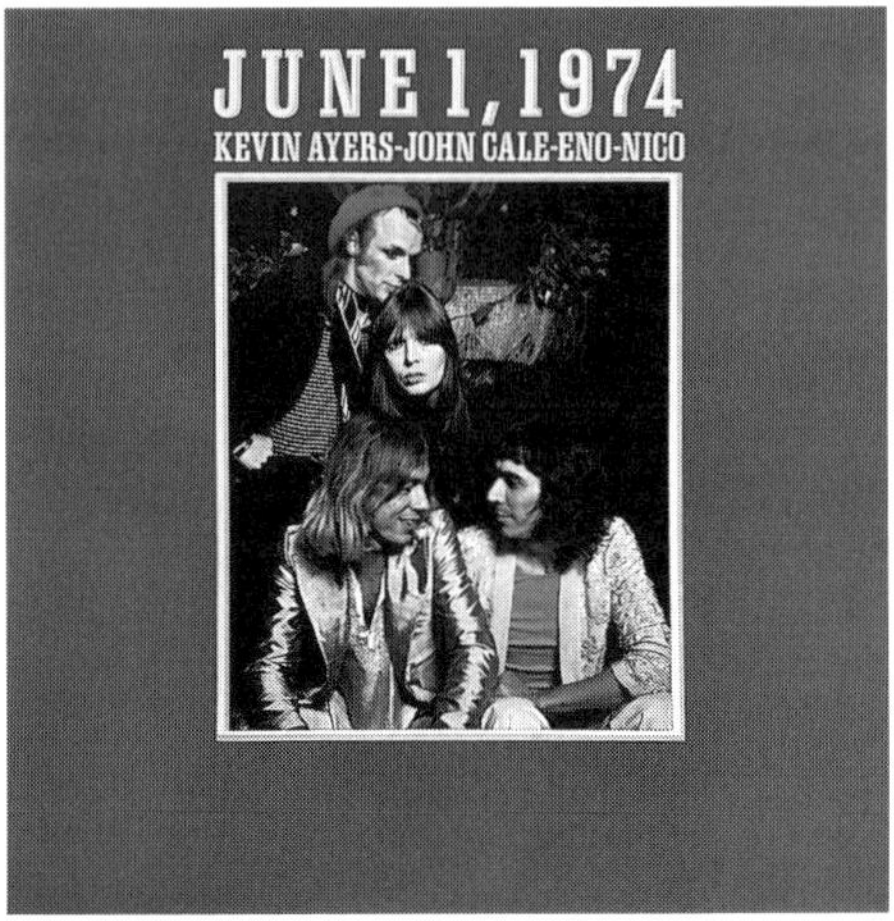

UK・Island／ILPS 9291
Release: 1974年6月28日

[Side A]
1. Eno: Driving Me Backwards
2. Eno: Baby's On Fire
3. John Cale: Heartbreak Hotel
4. Nico: The End

[Side B]
1. Kevin Ayers: May I ?
2. Kevin Ayers: Shouting In A Bucket Blues
3. Kevin Ayers: Stranger In Blue Suede Shoes
4. Kevin Ayers: Everybody's Sometime And Some People's All The Time Blues
5. Kevin Ayers: Two Goes Into Four

ケヴィン・エアーズ、ジョン・ケイル、ニコをアイランド・レコーズと契約させたのは誰だったんだろう？　キング・クリムゾンとロキシー・ミュージック（もちろんイーノも）が在籍していたEGプロダクションの関係者か？

ジョンとニコのアルバムにイーノとフィル・マンザネラが参加していることから考えても、偶然この顔ぶれが同じレコード会社に揃ったわけではなく、意図的に集められたのではないかと思うのだ。それができたのは、クリムゾンに続いてロキシーも売ったことでアイランドに力を行使できるようになったEGの人間だろう。共通する音楽性から言っても、ほかには考えにくい。

74年6月1日、ロンドンのレインボウ・シアターで行われたコンサートは、ソフト・マシーンのオリジナル・メンバーとしてデビューし、すでに4枚のソロ・アルバムを出していたケヴィン・エアーズの新作発表が売りだった。

　ロル・コックスヒル、マイク・オールドフィールドらとのザ・ホール・ワールドで人気を摑みかけたケヴィンは、ジャズ・ロック路線に飽きて、ストレートなロックに戻ろうとしていた。アイランド移籍第1弾『夢博士の告白（The Confessions Of Dr.Dream and Other Stories)』の発売記念コンサートにジョンとニコをくっつけて、イーノに全体の音楽監督を任せれば、アイランドの新路線のプロモーションにもなる。その模様を報じる『NME』や『メロディ・メイカー』にライヴ盤の告知が出ていれば、コンサートが満員にならなくてもレコードは売れるだろう——という戦略である。実際27日後にはアルバムが店頭に並び、異例の高速リリースに大きな反響があった。

　英国のMGMがヴェルヴェッツのアルバムやニコの『チェルシー・ガール』を再発したのは73年だから、ジョンとニコのアイランド移籍もタイムリーだった。しかもケヴィンの前作は『いとしのバナナ（Bananamour)』（73年）である。ハナシはうまく繋がるではないか。

　イーノの「ドライヴィング・ミー・バックワード」と「ベイビーズ・オン・ファイア」でヴィオラとピアノをプレイしたジョンは、過激にリメイクしたエルヴィス・プレスリーの「ハートブレイク・ホテル」で喝采を浴びた。ここまでのバンドは、オリー・ハルソール（ギター）、ラビット（キーボード）、アーチー・リジェット（ベース）、エディ・スパロウ（ドラムス）に、ロバート・ワイアット（パーカッション）という強力なメンバーだ。

　続くニコの「ジ・エンド」は本人のハーモニウムとイーノのシンセだけの演奏だが、鬼気迫るヴォーカルは70年代のロック・ファンにニコを認識させるのに充分だった。

　B面の5曲はケヴィンの持ち歌で、「エヴリボディーズ・サムタイム・アンド・サム・ピープルズ・オール・ザ・タイム・ブルース」ではマイク・オールドフィールドがギター・ソロを弾いている。

　日本でもこのアルバムは話題になり、ジョン・ケイルとニコは一気に有名になった。グラム・ロックのブームが去り、中堅以下のバンドに新鮮味が感じられなくなった時代だったから、プログレに入れるには憚られるここでの演奏はそれなりにインパクトがあった。しかし当時これを面白がった連中の多くがミュージシャンやデザイナーになっていることを考えれば、一般的なロック・ファンには先鋭的すぎたのかもしれない。いまで言えばオルタナな本作は、いろいろな意味で分岐点だった。

（和久井）

Fear
恐れ

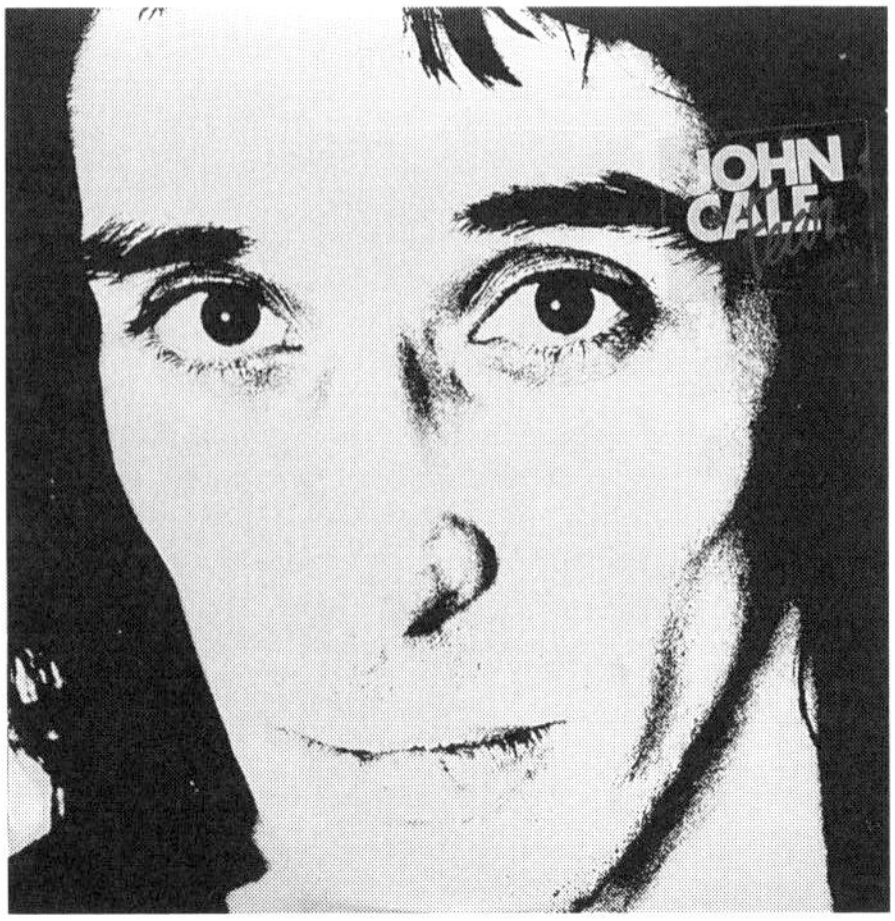

UK・Island／ILPS 9301
Release: 1974年10月1日

[Side A]
1. Fear Is A Man's Best Friend
2. Buffalo Ballet
3. Barracuda
4. Emily
5. Ship Of Fools

[Side B]
1. Gun
2. The Man Who Couldn't Afford To Orgy
3. You Know More Than I Know
4. Momamma Scuba

タイトルは冒頭の〝恐れは人の最良の友〟から。

露出を上げたジャケットの顔、裏では膝を抱えているのは、当時の心情の表れか。二番目の妻とうまくいかなくなったことが作品に影を落としたのかもしれない。

ルー・リードの歌詞は、ウィリアム・バロウズのカット・アップに似たブツ切りによってストーリーを壊し、〝シーンを想像させる〟のが魅力だが、ジョンの歌詞の方が〝詩〟としてはオーソドックス。同郷の偉大な詩人、ディラン・トマスからの影響を自覚し、ウェールズ人が持っている〝詩の伝統〟を考えるようになったのはこの辺りからだが、音数を減らしたことで〝詩が屹立している〟のが最高にカッコいい。おかげでメロディも潔く聴こえる。「確信に満ちたアルバム」という印象である。

恐怖におののく人が常軌を逸していくさまをシアトリカ

ルに表現して1曲目が終わると、ピアノと弦が美しい「バッファロー・バレエ」へ。女性シンガーを絡めたSleeping in the middy sun（真昼の太陽の下で眠っている）というコーラスも印象的だが、アタマの3行“When Abilene was young and gay / And thunder storm filled up the day / The castle roamed outside the town”が未開拓の田舎町を想像させるのが効いて、サビのコーラスは表面的な歌詞以上に奥深く聴こえるのだ。2番の“Then tracks were lain across the plain / By broken old men in torrid rains / The towns grew up and the people were still”でさらに意味を深めた歌詞は、3番の「我々は手に手を取ってこの国が走るのに参加している」や、4番の「ゴールドは来ては去り」「人々は決裂し」に繋がり、「富と古い（町）アビリーンの痛み」という最後のラインに至る。なんだこりゃ、逆説的に「真昼の太陽の下で眠っている」人たちに、「歴史に学べ、現実を見過ごすな」と呼びかけているのと同じではないか。ディラン・トマスみたいだ。

良い和訳がついた国内盤がほしい。

音楽的にはイーノとフィル・マンザネラが全面的にサポート。ドラムのフレッド・スミは元MC5にしてパティ・スミスと結婚した〝ソニック〟とは別人の英国のセッション・ミュージシャンで、イーノやケヴィン・エアーズのアルバムでも叩いている人だ。

演奏面でアクセント以上の働きをしているのがフィル・マンザネラのギターである。ロキシー・ミュージックでの端正なプレイからは想像できないアグレッシヴさ。次の音に指をスライドさせるときの〝ため〟や、ちょっとした〝ひっかけ〟に何とも言えない味がある人だが、「ガン」の後半のパンキッシュなソロはどうだ。リンク・レイが痙攣しているみたいなここでのギターは、ロバート・クワインやトム・ヴァーレインを大いに刺激したことだろう。コーダでアウトしたギターに合わせるイーノもみごとだが。

ギターと言えば、ラストの「モーマンマ・スキューバ」で、マンザネラ、リチャード・トンプソン、ブリン・ハワースによる〝スライド祭り〟が実現したのもポイントだ。「ザ・マン・フー・クドゥント・アフォード・オージィ」のナレーションはニューヨークのパンク・バンド、スナッチ出身のジュディ・ナイロン。イーノの『テイキング・タイガー・マウンテン』にも参加していた彼女は、82年にエイドリアン・シャーウッドとの共同プロデュースでソロ作『パル・ジュディ』を残している。

私はこれ、完璧なアルバムだと思う。

（和久井）

Slow Dazzle
スロウ・ダズル

UK・Island／ILPS 9317
Release: 1975年3月25日

[Side A]
1. Mr. Wilson
2. Taking It All Away
3. Dirty-Ass Rock 'N' Roll
4. Darling I Need You
5. Rollaroll

[Side B]
1. Heartbreak Hotelv
2. Ski Patrol
3. I'm Not The Loving Kind
4. Guts
5. The Jeweller

『フィア』からわずか5か月後のリリース。前作でポップの引き出しを片っ端から開けていったジョンは、この『スロウ・ダズル』で、改めてロックにフォーカスしていった感がある。フィル・マンザネラとイーノのロキシー・ミュージック組が引き続きレコーディングに参加しているが（アンディ・マッケイは1曲、ノー・クレジットでサックスを吹いているらしい）、そこにクリス・スペディングが加わったことに注目だ。

彼のギターがアルバム全体にグラム・ロック色を加味したとも取れるが、それだけには終わらない。スペディングはロックだけでなくジャズも手がけ、スタジオ仕事もバンドもこなせる人だから、ポップとアヴァンギャルドを行き来してきたジョンとは通じるところも多かったのだろう。ふたりの〝共闘〟がバンド感を醸し出した感があるのだ。

よほど相性がよかったのか、ジョンとスペディングはこのあともたびたびライヴで共演している。

ブライアン・ウィルソンを歌った「ミスター・ウィルソン」で幕を開けるなんて、ジョンのイメージからは遠いが、これが面白い。当時ブライアンは表舞台から姿を消していて、ビーチ・ボーイズの人気も低迷。ただ〝かつてのビーチ・ボーイズ〟の人気は再燃していて、74年に発売されたベスト盤『エンドレス・サマー』は大ヒットとなっていた。ジョンが書いた曲が単なるビーチ・ボーイズ讃歌になるはずもなく、ブライアンが純粋に音楽と向き合えるようにと祈るのだが、パーカッションのように鍵盤を叩きながら、〝カリフォルニア・ワインは美味しいよ〟とオチをつけるのだからシニカルだ。もちろんジョンならではの愛情表現だろう。ブライアンは同い年だし。

「ダーティ・アス・ロックンロール」はディランとザ・バンドの共演に、アラン・トゥーサンがホーン・アレンジで加わったような曲。当然キーボードはガース・ハドソンみたいになっている。スペディングとマンザネラがトリッキーなギターを交互に繰り出す「ローラロール」は、このレコーディング・メンバーが確実にバンド化していることを証明するナンバーだ。

エルヴィス・プレスリー「ハートブレイク・ホテル」のカヴァーは『悪魔の申し子たち』でも聴けたが、スタジオ録音では〝解体〟が進み、怪しげなシンセ、おどろおどろしいギターに、重いリズムという仕上がり。エルヴィスが歴史を塗り変えた革新的な曲を、さらにリモデルしたところがミソなのだ。先達への冒涜ともとられかねない所業がオーディエンスに受け入れられたからこそ、ジョンはこの曲をライヴで歌い続けたのである。

収録曲の大半がアメリカ発のロックンロール／ロックへの愛情に溢れているが、アウトプットはストレートだったりひねくれたりしているところが（だいたいはひねくれているのだが）ジョンらしい。しかし例外もあって、「アイム・ナット・ザ・ラヴィング・カインド」などはグラム風のイントロから、もろにロンドンぽい。メンバーの顔ぶれにふさわしいこっちは少しだけ、というのも人を食ってるじゃないか。

ラストの「ザ・ジュエラー」は自身の原点に返ったようなノイズと朗読の組み合わせだ。ドリーム・シンジケートの延長線上にあるこの曲を含めて、自身に影響を及ぼしたロック的な音楽を総括したジョンは、独自の表現をさらに高めていくのである。

（森）

Helen Of Troy
ヘレン・オブ・トロイ

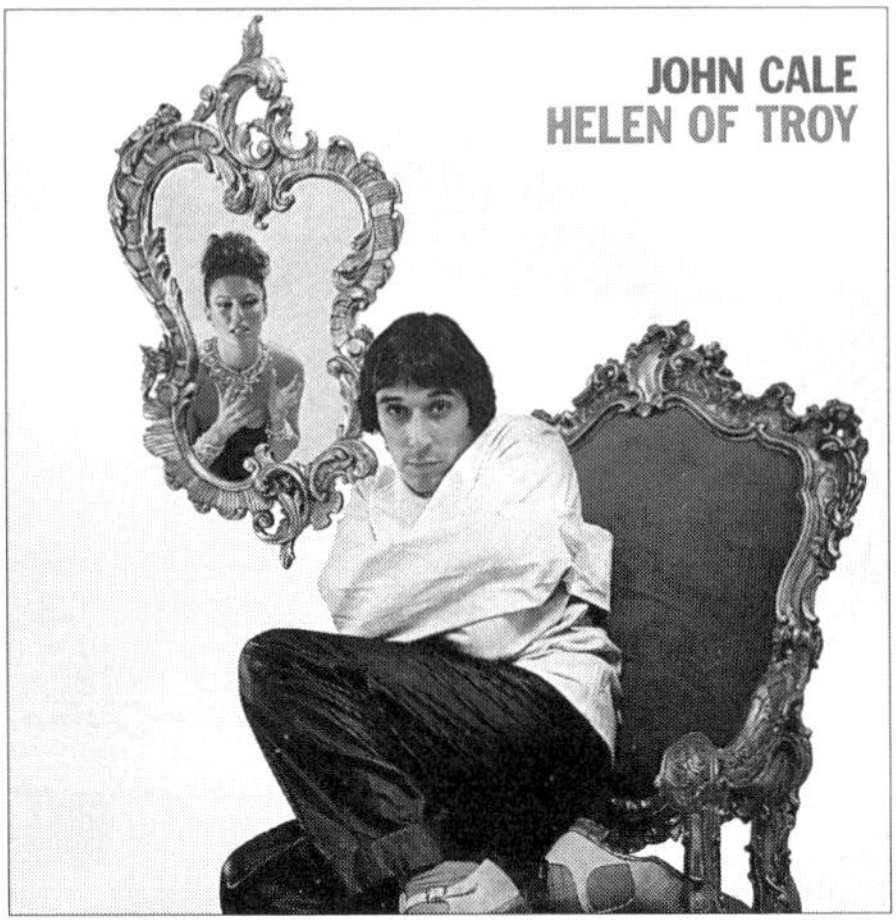

UK・Island／ILPS 9350
Release: 1975年11月

[Side A]
1. My Maria
2. Helen Of Troy
3. China Sea
4. Engine
5. Save Us
6. Cable Hogue

[Side B]
1. I Keep A Close Watch
2. Pablo Picasso
3. Leaving It Up To You
4. Baby, What You Want Me To Do?
5. Sudden Death

またもや8ヶ月という短いスパンで発売された、アイランドでのソロ3作目にして最終作が『ヘレン・オブ・トロイ』だ。裏ジャケットにクリス・スペディング（ギター）、パット・ドナルドソン（ベース）、ティミー・ドナルド（ドラム）の写真があしらわれ、ジョンも含めた〝バンド〟のアルバムだということを匂わせている。もちろんイーノは全面的にジョンをバックアップしているし、一部の曲のドラムはフィル・コリンズだったりもするのだが、『フィア』『スロウ・ダズル』を通じてジョンが求めてきた〝バンド〟がいっそう明確になったように思える。

冒頭の「マイ・マリア」を聴けばわかるとおり、どっしりと全体を支えるリズム隊に、細かく刻む鍵盤と、クセの強いギターというのがバンドの基本姿勢。シンセサイザーを隠し味にしたり、必要に応じて弦や管も導入したりして、ポップに仕上げようとしているけれど、もともとの記名性が高すぎるから、どうしてもはみ出しちゃうわけだ。

ホーンもパーカッションも導入して徐々に盛り上がっていく「ヘレン・オブ・トロイ」にしても、キーボードがアヴァンギャルドに近づいていってしまう。また、前作でブライアン・ウィルソンのことを歌っていたのに、「チャイナ・ティー」で気の抜けたビーチ・ボーイズみたいなコーラスを聴かせるというねじれ具合だ。

ピアノの弾き語りでシンガー・ソングライター風に始まる「エンジン」も、いつの間にかヴォーカルは叫びに変わり、鍵盤は乱れ打ちということになってしまうのだから、ラチがあかないというか何というか。

そんな中、B面の1曲目に早すぎたAORとでも言うべき佳曲、「アイ・キープ・ア・クロース・ウォッチ」がしれっと置かれている。この曲だけは、はみだし方が最小限に抑えられているので、じゅうぶんに〝ポップ〟。けれどその余韻に浸る暇もなく、ジョンがプロデュースしたザ・モダン・ラヴァーズの（当時オリジナル・ヴァージョンは未発売だった）「パブロ・ピカソ」がガチャガチャと始められてしまうのだ。

パティ・スミスの『ホーシズ』のプロデュースを終えてニューヨークから戻ってきたジョンは、『ヘレン・オブ・トロイ』の仕上げにとりかかった。しかし彼がツアーに出かけている間にアイランドは（ジョンいわく）デモみたいな状態の本作を発売し、結果アメリカでのリリースは見送られてしまったのである。

さらに、「リーヴィング・イット・アップ・トゥ・ユー」の歌詞に、マンソン・ファミリーに殺害された女優、シャロン・テートの名前が出てくることから、アイランドはセカンド・プレス以降、この曲を「コーラル・ムーン」と差し替えてしまう。次第に狂気を帯びてくるヴォーカルと、淡々とした演奏のコントラストが恐怖心を煽る「リーヴィング～」の代わりに、浮遊感が漂う「コーラル・ムーン」が置かれたら、B面の流れが変わるのは当然だ。おかげで次のジミー・リード「ベイビー・ホワット・ユー・ウォント・ミー・トゥ・ドゥ？」のインチキなブルース感も薄れ、おどろおどろしい「サドン・デス」でアイランド・イヤーズは幕。チャン、チャン、チャン、である。

ちなみにジョンがジャケットで身につけたパンツは、ヴィヴィアン・ウエストウッドのデザインによるもの。パンクに呼応したジョンは、活動の軸足をインディーに移していくのだ。

（森）

Animal Justice
アニマル・ジャスティス

UK・Illegal／IL003［12 inch］
Release: 1977年8月
［**Side A**］1. Chicken Shit / 2. Memphis
［**Side B**］1. Hedda Gabbler

Sabotage/Live
サボタージュ〜ライヴ 1979

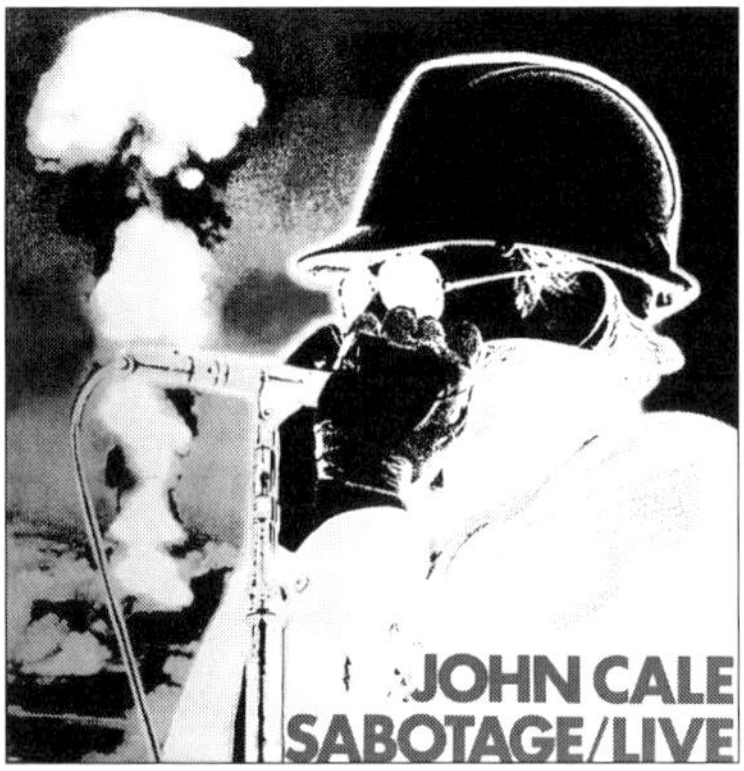

Spy Records Ltd.／SP 004
Release: 1979年12月20日
［**Side A**］
1. Mercenaries (Ready For War)
2. Baby You Know
3. Evidence
4. Dr. Mudd
5. Walkin' The Dog
［**Side B**］
1. Captain Hook
2. Only Time Will Tell
3. Sabotage
4. Chorale

ポリスを売るマイルズ・コープランドは、マルコム・マクラレンと同じビルにオフィスを構えていたという。ジョンはおそらく、マイルズともマルコムとも仲がよかったクリス・スペディングに連れられて、英国のレコード業界にパンクを仕掛けようとしていたふたりと知り合い、マイルズがポリスのデビュー・シングルを出したイリーガルから、パンクにいち早く反応したEPを出した。

これがカッコいい。とくにチャック・ベリーの「メンフィス」を、パンキッシュかつファンキーに料理したのはさすが。

マイルズからはスクイーズのプロデュースを依頼されたものの、自身の契約は取れなかったからか、マイルズが成功させるIRSレコーズの母体となったスパイから、79年6月にニューヨークのCBGBで収録したライヴ盤『サボタージュ／ライヴ』を出すことになるのだ。

バンドの硬質な演奏も良く、このころはピリッとしなかったルーより、よっぽど〝ニューヨーク・パンクの元祖〟らしかった。もちろんそれだけには終わらず、マテリアル一派に近い方向性も打ち出しているのがジョンらしい。「ベイビー・ユー・ノウ」がパティ・スミスの「ビコーズ・ザ・ナイト」みたいなのは、それをパティと共作したブルース・スプリングスティーンへの嫉妬からか？（和久井）

Honi Soit

A&M／SP-484
Release: 1981年3月
[Side A]
1. Dead Or Alive
2. Strange Times In Casablanca
3. Fighter Pilot
4. Wilson Joliet
5. Streets Of Laredo

[Side B]
1. Honi Soit (La Première Leçon De Française)
2. Riverbank
3. Russian Roulette
4. Magic & Lies

6年ぶりのオリジナル・アルバムはA&Mレコードから発売された。プロデュースはマイク・ソーン、カヴァー・コンセプトはアンディ・ウォーホル。バンドのメンバーにはニックネームがつけられ、ジョンは「フライト・サージャン」=航空医官ということになっている。

「デッド・オア・アライヴ」は、トランペットが高らかに鳴り響くイントロが印象的なオープニング・ナンバー。タイトなリズム隊とリフ中心のギターが小気味いい。ジョンのヴォーカルはこの曲ではストレートだ。

「ストレンジ・タイムス・イン・カサブランカ」では、ジョンが字余りの歌詞をルーズに歌うので、ときに語りのように聴こえてくる。バンドがタイトなだけに、コントラストが強く感じられるのが面白い。途中でエンジン音のようにうねるシンセサイザーが登場するところの違和感も実に印象的だ。

「ファイター・パイロット」は、女性コーラスの歌い方にパンクの影響が感じられる。バンドの演奏はパンク以後らしいソリッドさなので、これもまたうまくハマっている。

「ウィルソン・ジュリエット」でようやくデジタルな音色が登場。ジョンの粘りつくような歌い方が、やがて叫びに変わって狂気を帯びていくようだ。

「ストリート・オブ・ラレード」は伝統歌をアレンジしたもの。この曲以外はジョンが書いている。

タイトル曲の「オニ・スワー」では、「オニ・スワー・キー・マル・イ・ポース（悪意を抱く者に災いあれ）」というフレーズが繰り返されている。これは英国の最高勲章を授けられた、ガーター騎士団のモットーだという。

ジョンにしては珍しく全米チャートに入ったが、最高154位。この1枚でA&Mを離れることになった。（森）

Music For New Society

UK・ZE／ILPS 7019
Release: 1982年9月

[Side A]
1. Taking Your Life In Your Hands
2. Thoughtless Kind
3. Sanities
4. If You Were Still Around
5. Close Watch
6. Mama's Song

[Side B]
1. Broken Bird
2. Chinese Envoy
3. Changes Made
4. Damn Life
5. Risé, Sam And Rimsky Korsakov

スパイ・レコードがインディのZEに吸収されたため、ジョンもこのレーベルでソロ・アルバムを制作することになった。その1作目が『ミュージック・フォー・ア・ニュー・ソサエティ』である。

前作までのロック・バンド編成とはうって変わって、ジョンがギターかキーボードを使った弾き語りを行い、ごくわずかの楽器をダビングしたナンバーがほとんど。この頃のジョンのステージはソロでのパフォーマンスが中心になっていたので、それを踏まえてZEのマイケル・ジルカが低予算でも価値のあるアルバム制作を勧めたらしい。なお、「イフ・ユー・ワー・スティル・アラウンド」のみ歌詞をサム・シェパードと共作している。

またジョンは当時の心境について、インタヴューで次のように語っている。《なぜ自分がアヴァンギャルドをやめて、『パリス1919』を制作してしまったのか、自分がロックンロールに何を期待していたのか、当時はそんなことを理解しようとしていた》《自分の音楽の方向性を見失っていた。だから私は、原点に戻ってやり直すことにした。故郷のウェールズに戻り、ウェールズの詩人ディラン・トマスに戻り、ディラン・トマスについての曲を書いたりした。私は自分のバックグラウンドの一体どこで迷子になったのかを突き止めようとしていたんだ》

その結果が《殺風景で希望のない》歌詞である。また、リアルタイムで何が起こっているのかを音に定着させようと考えたジョンは、インプロヴィゼーションにこだわった。ニコのプロデュースで試した手法を、自分のアルバムにも導入したのである。

本作は16年にリミックス／リマスターが施され、ボーナス・トラックを追加したCDが発売された。また、リ・ワーク・アルバム『エム・ファンズ』も制作されている。

（森）

Caribbean Sunset

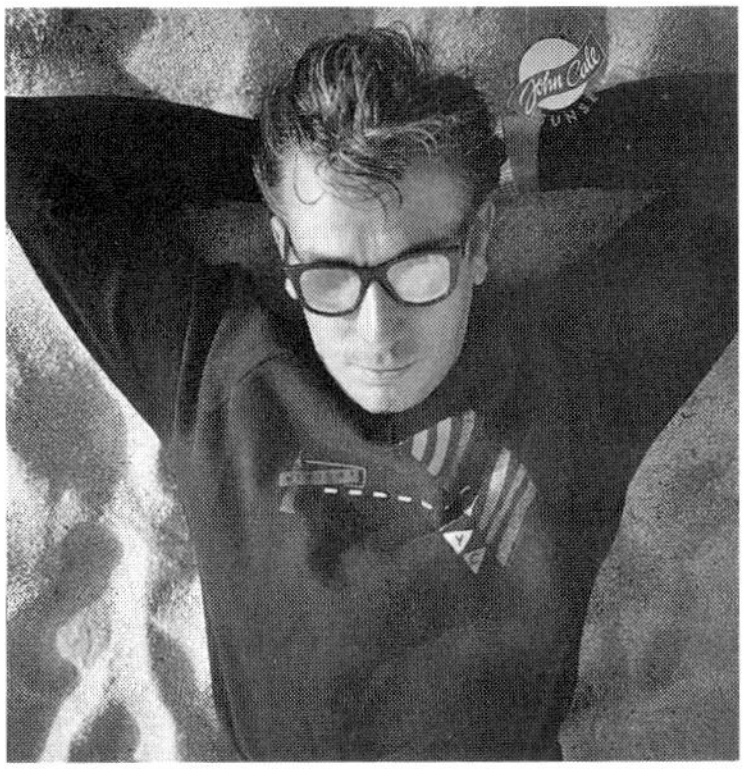

UK・ZE／ILPS 7024
Release: 1984年

[Side A]
1. Hungry For Love
2. Experiment Number 1
3. Model Beirut Recital
4. Caribbean Sunset

[Side B]
1. Praetorian Underground
2. Magazines
3. Where There's A Will
4. The Hunt
5. Villa Albani

アイランドの社主クリス・ブラックウエルは苦笑したに違いない。話題のレーベルZEと契約したら、捨てたはずのジョン・ケイルがくっついてきたのだから。

AORのシンガーかと見紛うジャケットでも人気のアルバムだが、迷いが見えた前作とは違って突き抜けている。『サボタージュ／ライヴ』のころのバンド・サウンドに戻したのが功を奏して、ポップな曲をタイトに聴かせる佳作になった。

中でも「エクスペリメント・ナンバー1」は聴きもの。バンドのメンバーにコードを教えながら進行することからテイク1であることは明らかだが、緊張感がハンパじゃないし、何よりジョンのヴォーカルが素晴らしい。この一発録りをアルバムに入れてしまうところが、プロデューサーとしての客観性ということか。

メンバーはデイヴ・ヤング（ギター）、アンディ・ヒアーマンズ（ベース）、デイヴ・リキテンスタイン（ドラムス）と、ブライアン・イーノだけ。シンプルな編成だが、ジョンのキーボードを加工する役をイーノが担ったらしく、音の処理が随所でニュー・ウェイヴっぽい。

その際たるものが「カリビアン・サンセット」なのだが、時計のようにシンプルに反復するビートにエスニックな弦を絡めたアレンジは、いま聴いても新鮮だし、ケイル／イーノのアカデミックな思考が音に現れた名品となっている。

けれどもB面の「プレイトリアン・アンダーグラウンド」や「マガジンズ」、「ザ・ハント」は80年代半ばらしいBPMがせわしなくて、いくらなんでも速すぎるだろ〜と思ってしまう。自分の録音を振り返っても、当時なぜ曲のテンポをやたらと速くしていたのか、その理由が思い出せないのだが、このアルバムはB面の3曲が残念。「ホェア・ゼアーズ・ア・ウィル」と「ヴィラ・アルバーニ」が面白いだけに……。

（和久井）

Comes Alive
カムズ・アライヴ

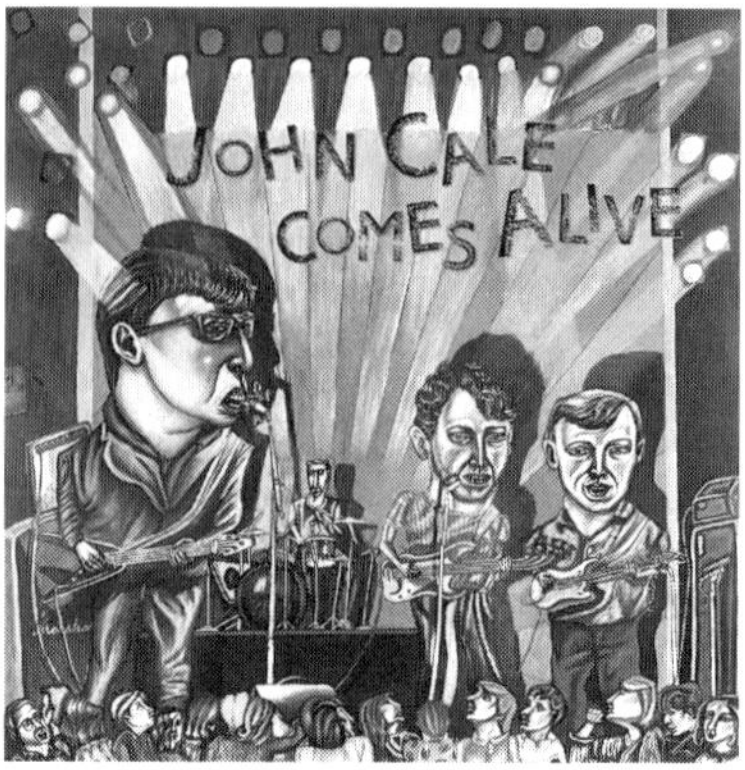

UK・ZE／ILPS 7026
Release: 1984年9月

[Side A]
1. Ooh La La
2. Evidence
3. Dead Or Alive
4. Chinese Envoy
5. Leaving It Up To You

[Side B]
1. Dr. Mudd
2. Waiting For The Man
3. Heartbreak Hotel
4. Fear
5. Never Give Up On You

　ZE／アイランドからの最終作は、84年2月26日にロンドンのザ・レイシアムで収録されたライヴ・アルバム。とは言っても「ウー・ラ・ラ」と「ネヴァー・キヴ・アップ」はライヴらしい音がまったく残っていないリミックスで、スタジオ・レコーディングと変わらない質感だ。エンジニアはのちにプロデューサーとして一流になるスティヴン・ストリート。バンドのメンバーはデイヴ・ヤング（ギター）、アンディ・ヒアーマンズ（ベース）、デイヴ・リキテンスタイン（ドラムス）だけだが、まったく不足はない。

　ピアノがヤマハのCP-80だったり、ドラムが〝シモンズ〟だったり〝リン〟だったりなので、スタジオでつくりかえた2曲はとくに80年代っぽい音像だが、過剰なトーキング・ヘッズみたいでカッコいいので、これから初めて聴く人も充分に納得させられるだろう。

　ポップな曲を並べたのが評判がよかった要因だが、普通に終わればクールなニューヨーク・ロックになったはずの「リーヴィング・イット・アップ・トゥ・ユー」のヴォーカルが途中からニナ・ハーゲンみたいになっていっちゃうのだから、やっぱり一筋縄ではいかないのだ。

　ダンサブルな「ドクター・マッド」から、ヴェルヴェッツの「ウェイティング・フォー・ザ・マン」（なぜ表記に〝アイム〟がないんだろう?）、エルヴィスの「ハートブレイク・ホテル」という流れに、ジョンなりの〝エンタテインメント〟が垣間見えるのもいいし、予想を超えた展開を見せる前者のピアノは一聴の価値あり。『ジューン1．1974』で知られた後者もライヴならではの奔放な表現が加味されて非常に聴き応えがある。

　いつもエンディングが凄い「フィア」から、ヒットしそうなポップ・チューン「ネヴァー・キヴ・アップ〜」へ、という流れもあっぱれだ。

（和久井）

Artificial Inteligence
アーティフィシャル・インテリジェンス

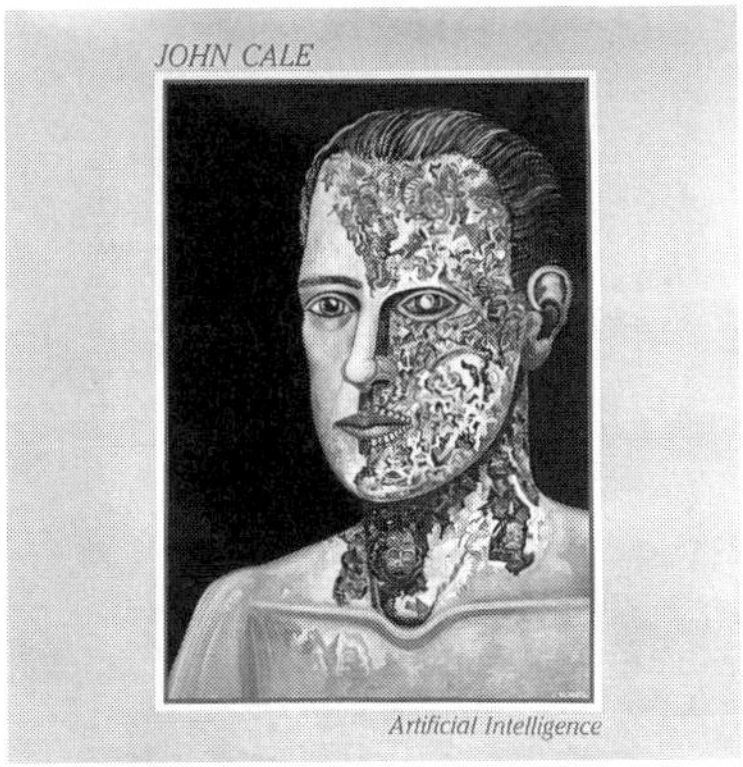

UK・Beggars Banquet／BEGA 68
Release: 1985年9月6日

[Side A]
1. Every Time The Dogs Bark
2. Dying On The Vine
3. The Sleeper
4. Vigilante Lover
5. Chinese Takeaway (Hong Kong 1997) (Medley)

[Side B]
1. Song Of The Valley
2. Fadeaway Tomorrow
3. Black Rose
4. Satellite Walk

バウハウスやゲイリー・ニューマンを世に送り出した英国のインディ・レーベル、ベガーズ・バンケットと契約したジョンは、まずニコ＋ザ・ファクションの『カメラ・オブスキュア』をプロデュースする。アレンジはファクションのジェイムズ・ヤングとグレアム・ダウデルが行ったため、ジョンは一歩引いた地点から、彼らが新しい機材をどのように使っているのか観察していたのかも知れない。

ニコの仕事を終えると、ジョンはファクションのふたりを引き入れて『アーティフィシャル・インテリジェンス』のレコーディングに突入する。そして『カメラ〜』とは異なる、インダストリアルなサウンドを抑えた、ヴォーカル中心のアルバムをつくり上げたのである。

シンセサイザー中心の演奏に聴こえない理由のひとつは、パーカッションの多用にあるだろう。ブライアン・フェリーのようなジョンの歌い方が、詞の内容を伝える方向にシフトしたことも重要だ。

その歌詞については、ラリー・スローマンと共作している。のちに作家となるスローマンと組むことで、詞に大衆性が加わった面が見受けられる。

とはいえ、時代の音も聴こえるのだ。インストの「チャイニーズ・テイクアウェイ」ではジョンが新しいテクノロジーを使いこなしている様子もうかがえる。

ほかにも、AORを進化させたようなアレンジの「ザ・スリーパー」、ストーリーテラーとしての才が見える「ソング・フォー・ザ・ヴァレー」、コミカルな「フェイドアウェイ・トゥモロウ」、アコギが効いている「ブラック・ローズ」と、内容はヴァラエティに富んでいる。

改めて聴いてみると、ジョンにしては極めてポップな路線のアルバムをベガーズ・バンケットでつくったこと自体が、実はアヴァンギャルドな〝表現〟だったのではないかと思えてしまうのだ。（森）

Even Cowgirls Get The Blues
イーヴン・カウガールズ・ゲット・ザ・ブルース

UK・Special Stock／R-1267
Release: 1988年6月20日

[Side A]
1. Dance Of The Seven Veils
2. Helen Of Troy
3. Casey At The Bat
4. Even Cowgirls Get The Blues
5. Jack The Ripper At The Moulin Rouge

[Side B]
1. Dead Or Alive
2. Somebody Should Have Told Her
3. Instrumental For New Years 1980 ("Decade")
4. Magic And Lies
5. Memphis (From Jan. 1977)

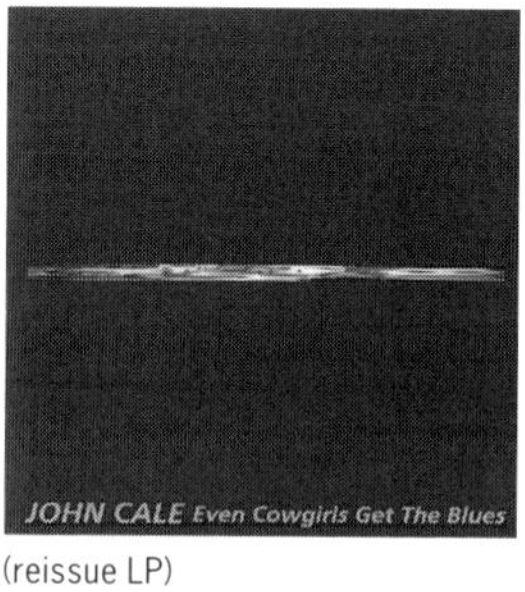

(reissue LP)

ブルックリンで81年にスタートしたニール・クーパーが主宰するカセット・レーベルRIOR（リーチ・アウト・インターナショナル・レコーズ）が原盤を持つ78年暮れのCBGBライヴだが、ジョンはクーパーに出されることに反発したらしく、自身とジョン・フリン・カーティンのレーベルでLPにして、先にツアーで売ったらしい。それが当初の10曲版、3年後にクーパーは通常通りカセットでリリースし、フランスのダンステリアや、日本のメルダックからLPやCDが出ることになった。ところがRIORのカセット以降はB面のアタマ2曲をカットした8曲入りとなったため、プライヴェート・ストック盤が〝オリジナル〟と見做されるようになった。

リッチー・フィーグラー（ギター）、アイヴァン・クラール（ベース）、ブルース・ブロディ（キーボード）、ジュディ・ナイロン（ナレーション）、ジェイ・ディー・ドーハティ（ドラムス）という布陣での78年12月28日と、ドラムがロバート・メディチに交代した31日のライヴを収録した盤だが、あとからこのときのニューヨーク・バンドに光をあてたのも頷ける力の入った演奏である。とくに後半、31日はニュー・イヤーズ・イヴということもあってか、熱気にあふれているし、ウェルチのタイトなドラムの方がこのバンドには合っている。ジョンは相変わらず、知性と狂気を行き来するパフォーマンスを繰り広げているが、ヴォーカルに漲る若さや張りがポスト・パンク的な演奏を支配しているのがいい。〝時代の空気〟が封印されている。（和久井）

Words For The Dying
ワーズ・フォー・ザ・ダイング

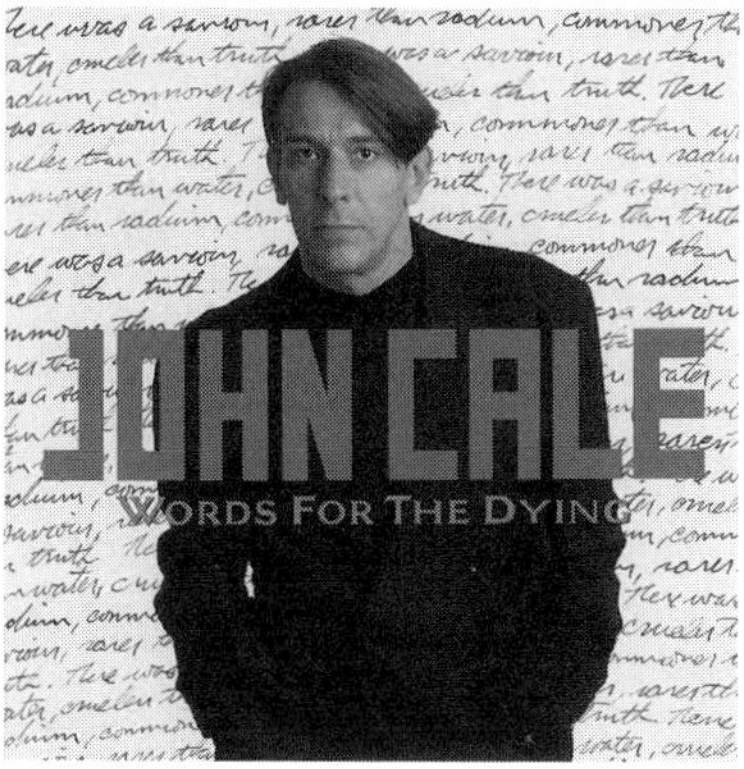

EU・Opal／926 024-2［CD］
Release: 1989年
The Falklands Suite
1. Introduction
2. There Was A Saviour / Interlude I
3. On A Wedding Anniversary
4. Interlude II
5. Lie Still, Sleep Becalmed
6. Do Not Go Gentle Into That Good Night

Songs Without Words
7. Songs Without Words. I
8. Songs Without Words. II

9. The Soul Of Carmen Miranda

ブライアン・イーノのレーベル、オーパルから89年にリリースされたアルバム。プロデュースもイーノが行っている。

アルバムの中心となっているのは、フォークランド紛争においてイングランドとアルゼンチンの両国で亡くなった人々に捧げられた「フォークランド組曲」だ。ジョンと同じウェールズ出身の詩人、ディラン・トマスの作品から「救世主」など4篇の詩が選ばれ、ジョンが曲を書き、ソ連のオーケストラを起用してモスクワでレコーディングされている。

『アーティフィシャル・インテリジェンス』を制作する前に、ジョンはディラン・トマスについての曲を書いていたらしい。まさにフォークランド紛争が起こっていた82年頃の話なので、本作のコンセプトは長く構想されていたのかもしれない。また、レコーディングに先立つ87年11月14日にアムステルダムで初演されたという記録も残っている。

トマスの戦争詩は、戦争を国家間や民族間の争いとしてではなく、市民に降りかかる災厄として描いている。また崩壊前のソ連に乗りこんでいったのも、物語をより普遍的に表現することを目指していたからだろう。

「ソングス・ウィズアウト・ワーズ」は、アルバム・タイトルの裏返しのようなピアノ・ソロ。組曲のあとで聴き手をクール・ダウンさせるだけでなく、物語をより拡張させるような効果を感じる。

最後はジョンとイーノの共作による「ザ・ソウル・オブ・カルメン・ミランダ」。早逝したブラジルの歌姫を題材にしているが、彼女もまた母国とアメリカとの間で翻弄された運命の持ち主なので、アルバムのテーマにぴったりだ。

オーケストラ、ピアノ、アンビエントと振り幅の大きなアルバムだが、一貫したテーマがイーノの手腕によってうまくまとめられている。（森）

Eno／Cale
Wrong Way Up
ブライアン・イーノ＆ジョン・ケイル：ロング・ウェイ・アップ

UK・Land／LAND CD12［CD］
Release: 1990年10月5日
1. Lay My Love
2. One Word
3. In The Backroom
4. Empty Frame
5. Cordoba
6. Spinning Away
7. Footsteps
8. Been There Done That
9. Crime In The Desert
10. The River

ジョンとイーノが初めて本格的にコラボレートしたアルバムが、オーパルからリリースされた。イーノ／ケイル名義の『ロング・ウェイ・アップ』である。

前作『ワーズ・フォー・ザ・ダイイング』収録の「ザ・ソウル・オブ・カルメン・ミランダ」と同様に、エレクトロニクスを使ったトラックに生音を加えたプロダクトで、全曲がヴォーカル入りである。イーノの歌は13年ぶりのことで、しかもメイン・ヴォーカルが4曲。〝間違ったやり方〟というアルバム・タイトルもさもありなん、である。ジョンも4曲を歌い、残る2曲がデュエット。詞曲もイーノ／ケイルだ。ただし、最後の「リヴァー」のみイーノの詞曲で、ケイルは録音に参加していない。

「レイ・マイ・ラヴ」の電子音によるパーカッシヴなイントロを聴けば、このアルバムが先鋭的なものになったと勘違いしそうになるが、イーノの歌が始まるとその印象は改められる。デジタルと生音の融合、ヴォーカルの重ね方など、U2の『ヨシュア・トゥリー』で一緒に仕事をしたダニエル・ラノワの影響を受けたような曲になっている。

「ワン・ワード」はイーノとジョンのダブル・ヴォーカル。続く「イン・ザ・バックルーム」でようやくケイルのソロ・ヴォーカルが聴ける。つぶやくような、語るような歌い方が、ほぼリズムを反復するだけのトラックに合っている。

「コルドバ」は音数が少なく、抑え気味のジョンのヴォーカルが聴き手に集中力を要求してくるようだ。小さく入ったヴィオラはわずかな狂気を感じる。また、「フットステップス」、「クライム・イン・ザ・デザート」などは実にポップだ。

05年のCD再発ではジャケットが変更され、ボーナス・トラックが追加された。20年の30周年記念盤ではオリジナルのジャケットに戻されている。

（森）

Fragments Of Rainy Season
追憶の雨の日々

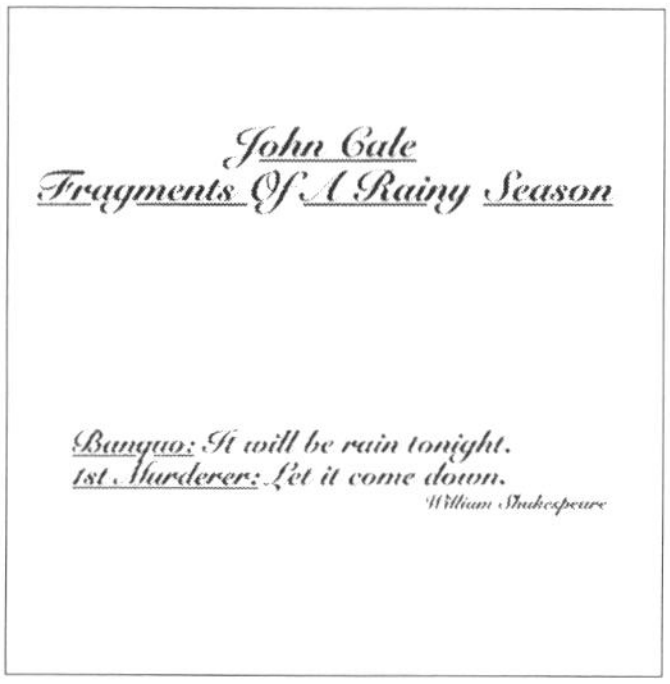
John Cale
Fragments Of A Rainy Season
Banquo: It will be rain tonight.
1st Murderer: Let it come down.
William Shakespeare

Hannibal／HNCD 1372［CD］
Release: 1992年9月18日
1. A Child's Christmas In Wales / 2. Dying On The Vine / 3. Cordoba / 4. Darling I Need You / 5. Paris 1919 / 6. Guts / 7. Fear (Is A Man's Best Friend) / 8. Ship Of Fools / 9. Leaving It Up To You / 10. The Ballad Of Cable Hogue / 11. Thoughtless Kind / 12. On A Wedding Anniversary / 13. Lie Still, Sleep Becalmed / 14. Do Not Go Gentle Into That Good Night / 15. Buffalo Ballet / 16. Chinese Envoy / 17. Style It Takes / 18. Heartbreak Hotel / 19. (I Keep A) Close Watch / 20. Hallelujah

John Cale
"Fragments of a Rainy Season"
(DVD)

92年4月にスタートしたヨーロッパ・ツアー（10ヵ国22都市）を記録したライヴ・アルバム。録音が行われたのは、フランスのパリ、ベルギーのブリュッセル、ドイツのシュットガルトで、一部の会場では弦の人たちや、ペダル・スティールのB.J.コールらとの共演もあった。しかし〝ソロ〟を銘打ったツアーだったこともあって〝弾き語りの集大成〟としてまとめられたのである。

私は88年に渋谷のパルコ劇場でジョンのソロ・パフォーマンスを観ているが、このアルバムを聴いたとき、ずいぶん進化したなぁ、と感心したものだった。

90年6月にパリで開催されたウォーホルの回顧展で、69年以来のオリジナル・ヴェルヴェッツ再結成が行われ、イーノとの『ワーズ・フォー・ザ・ダイング』ではディラン・トマスの詩を借用して、ウェールズ人の〝魂のルーツ〟を求めようとした。それを構想しているときにフォークランド紛争が起こり、作品に大きく影を落とすことなったから、ジョンの中で〝フォークランド組曲〟という括りができたのだが、そういった諸々が彼の音楽をいっそう深くしたのを伝えたのがこの名作なのである。

ハンニバルからの初版は、20曲入り／白ジャケのヴァージョンだった。

DVDはブリュッセルで収録されたひとつのコンサートのライヴなので、セット・リスト通りの曲順から16曲を選んだものとなったわけだ。このツアーが映像に残されていたのはありがたいし、「ハレルヤ」を唄うジョンの顔には〝真摯〟という言葉以外は重ならない。（和久井）

Fragments Of A Rainy Season
(Limited Edition Double CD)

John Cale
Fragments Of A Rainy Season
Banquo: It will be rain tonight.
1st Murderers: Let it come down.
William Shakespeare

Domino／REWIGCD107X［CD］
Release: 2016年12月9日
［**Disc 1**］1. On A Wedding Anniversary / 2. Lie Still, Sleep Becalmed / 3. Do Not Go Gentle Into That Good Night / 4. Cordoba / 5. Buffalo Ballet / 6. A Child's Christmas In Wales / 7. Darling I Need You / 8. Guts / 9. Ship Of Fools / 10. Leaving It Up To You / 11. The Ballad Of Cable Hogue / 12. Chinese Envoy / 13. Dying On The Vine / 14. Fear (Is A Man's Best Friend) / 15. Heartbreak Hotel / 16. Style It Takes / 17. Paris 1919 / 18. (I Keep A) Close Watch / 19. Thoughtless Kind / 20. Hallelujah
［**Disc 2**］1. Fear (Is A Man's Best Friend) - Outtake / 2. Amsterdam - Outtake / 3. Broken Hearts - Outtake / 4. I'm Waiting For The Man - Outtake / 5. Heartbreak Hotel - Outtake (Strings) / 6. Fear (Is A Man's Best Friend) - Outtake (Strings) / 7. Paris 1919 - Outtake (Strings) / 8. Antarctica Starts Here - Outtake (Strings)

20曲入り／白ジャケの初版でも圧倒的だったのに、アウトテイク8曲を入れたディスク2がついた拡大版が、ナン周年とかのアニヴァーサリーではなく、突然リリースされたのだから驚いた。

ここで蔵出しされたのは、オーストラリア、ベルギー、ドイツ、フランス、ロンドン、ニューヨークで録音されたもので、観客が手拍子で盛り上がる「アイム・ウェイティング・フォー・ザ・マン」（ヴォーカルは意識的にルーを真似たりしている）や、ストリングス入りの「ハートブレイク・ホテル」「フィア」「パリス1919」「アンタークティカ・スターツ・ヒア」という必殺テイクばかり。

それらは〝弾き語り〟というテーマとは少し異質だからオリジナル版からは外されたのだろうが、弦楽四重奏との相性は抜群だ。90年代後半からのデイヴィッド・バーンはジョンの真似？と思えてしまうぐらい、曲と弦の親和性に〝新しさ〟が見える。ふたりに共通するのは弦が決して〝クラシカル〟には聴こえないこと。「エリナー・リグビー」を〝大昔〟に感じさせるモダンな質感には脱帽だ。

英ドミノからとなったリイシューは、この2枚組CDに加え、20曲入りの2枚組LPと、28曲入りの3枚組LP（どちらも180g盤）を限定発売するという大がかりなプロジェクトになったが、日本にはほとんど入ってこなかったのかアナログ盤は私も見たことがない。ひっくり返すのは面倒だが、LPなら3枚組じゃないと中途半端だろう。この本の作業が全部終わったらeBayなどで探してみようと思っている。

（和久井）

John Cale／Bob Neuwirth
Last Days In Earth
ジョン・ケイル＆ボブ・ニュースワース：ラスト・デイ・オン・アース

MCA／MCAD-11037［CD］
Release: 1994年4月26日
1. Overture　a. A Tourist / b. A Contact / c. A Prisoner / 2. Café Shabu / 3. Pastoral Angst / 4. Who's In Charge? / 5. Short Of Time / 6. Angel Of Death / 7. Paradise Nevada / 8. Old China / 9. Ocean Life / 10. Instrumental / 11. Modern World / 12. Streets Come Alive / 13. Secrets / 14. Maps Of The World / 15. Broken Hearts / 16. The High And Mighty Road

ボブ・ディランの友人としてファクトリーに出入りしていたのが縁で仲良くなったボブ・ニューワースは、オハイオ州アクロン出身、ニューヨーク在住のシンガー・ソングライター／プロデューサーとして知られているが、64年ごろからグリニッチ・ヴィレッジで活動しながら、これ以前に出したソロ・アルバムは3枚――アサイラムでの『ボブ・ニューワース』（74年）、ゴールド・キャッスルでの『バック・トゥ・フロント』（88年）と『99モンキーズ』（90年）という寡作の人だった。60年代半ばにはディランやジョーン・バエズ、ドノヴァンのロード・マネージャーを務めたり、画家として活動したこともあったが、いまで言えばパーリーピーポーで、アフター・ショウには欠かせない存在だった。ゆえに大物ミュージシャンに可愛がられたという〝伝説の不良〟である。

およそ30年の間にどういう交流があったのかはわからないが、ニューワースは実力のある人なので、ふたりの初共演盤は面白いものになった。なんと、〝『ブレードランナー』的なテーマのコンセプト・アルバム〟だ。やるじゃないか。

共同で書いた脚本に音楽やSEをつけて〝聴く物語〟に仕上げているのだが、ニューワースのフォーク／カントリー趣味も上手く転がしながら、ジョンはサントラの大家らしいアプローチでみごとに〝絵〟を観せてくれる。一般的なジョン・ケイルのイメージにはなかったアメリカーナ路線だが、そこは英国型の変異株、悪く言えば〝妙ちきりん〟なのだけれど、明るさに毒があるのだ。オルタナ・カントリーな近未来SFって、変態だよね。

けれども物語性を重んじるあまり、説明的なアタマ3曲が長いのが難点。ここを3分ぐらいにまとめて4曲目からの感じだったら、もっと高く評価されたに違いない。再編集版を希望。（和久井）

Waiting On Locusts
ウォーキング・オン・ローカスツ

Hannibal Records／HNCD 1395［CD］
Release: 1996年9月24日

1. Dancing Undercover
2. Set Me Free
3. So What
4. Crazy Egypt
5. So Much For Love
6. Tell Me Why
7. Indistinct Notion Of Cool
8. Secret Corrida
9. Circus
10. Gatorville & Points East
11. Some Friends
12. Entre Nous

「んがっ！」と大きな口を開けたジョンの顔がボカされたジャケットと、白地に品番だけが抜き文字になったCDのレーベルがなぜか強烈なセンスを感じさせる、7年ぶりのソロ・アルバムだ。レーベルはハンニバル。

89年に『ワーズ・フォー・ザ・ダイング』を制作したあと、ジョンはルー・リードやブライアン・イーノ、ボブ・ニューワースとの共演盤やライヴ・アルバム、映画のサウンドトラックなどをリリースしていた。こうした活動の成果は本作に表れているのだろうか。「テル・ミー・ホワイ」や「シークレット・コリーダ」でのパーカッションには影響を感じるが、それよりもジョンは次のステージに向かっていたようだ。この『ウォーキング・オン・ローカスツ』は、90年代ならではのバンド・サウンドを詰め込みつつ、非常にポジティヴな空気に包まれている。ヴェルヴェッツ再結成を経て、ソロのツアーでも組んだモーや、デイヴィッド・バーンが参加していることも重要だ。バーンがギターを弾いた「クレイジー・エジプト」は本当にクレイジー。

「ダンシング・アンダーカヴァー」はタイトな演奏の中、スライド・ギターやヴィオラが金属的な音を出して違和感を演出している。「セット・ミー・フリー」はアコースティック・ギターとストリングスが美しい小品。「ソー・マッチ・フォー・ラヴ」はゆったりとしたリズムで終わった愛を歌っているが、主人公の姿勢はあくまで前向きだ。

ひとつだけ陰影の深い曲がある。「サム・フレンズ」だ。ジョンが匂わせているように、スターリングの喪失がテーマになっているのだろう。ただしこの曲でアルバムを終わらせることなく、淡々と希望を歌う「アントレ・ヌ」をエンディングにもってきたところに、当時のジョンの晴れやかな気分が感じられる。（森）

Hobo Sapiens
ホーボー・サピエンス

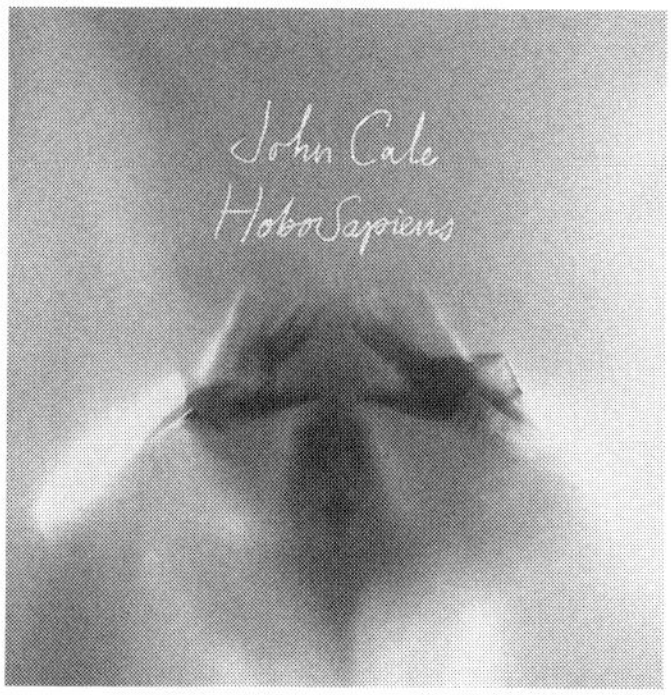

UK・EMI／5939092［CD］
Release: 2003年8月24日
0. Set Me Free
1. Zen
2. Reading My Mind
3. Things
4. Look Horizon
5. Magritte
6. Archimedes
7. Caravan
8. Bicycle
9. Twilight Zone
10. Letter From Abroad
11. Things X
12. Over Her Head

5 Tracks

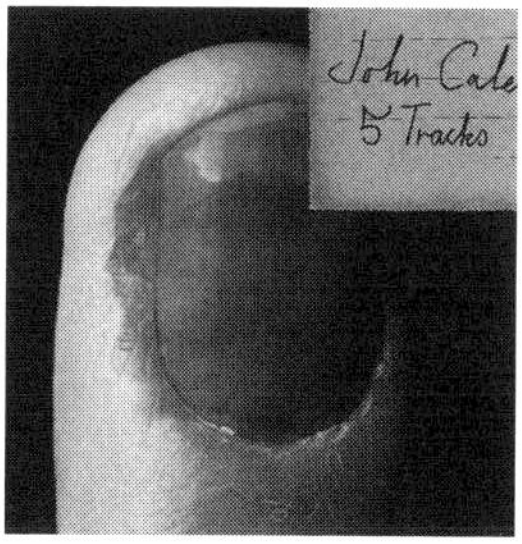

UK・EMI／CDEM621［CD］
Release: 2003年5月26日
1. Verses
2. Waiting For Blonde
3. Chums Of Dumpty (We All Are)
4. E Is Missing
5. Wilderness Approaching
(From The Film 'Paris')

『ウォーキング・オン・ローカスツ』以降、またもや映画やバレエの音楽などの仕事が続いていたジョンは、03年にEMIと契約する。

EMIでの最初のリリースは5曲入りのEP『5 Tracks』だ。自らプロトゥールスを操り、娘のエデン・ケイルもコーラスで参加したこの作品で、ジョンは久しぶりにヴォーカルを中心に据えながら、濃密な世界をつくりあげたのである。

そして、7年ぶりに制作した歌もののフル・アルバムが『ホーボー・サピエンス』である。プロデュースはジョンと、レモン・ジェリーのニック・フラングレン。ビョークやプライマル・スクリームの作品でのプログラミングの腕を買っての起用だろう。このあともジョンはライヴやニコのトリビュート・ショーでフラングレンと仕事をしている。

1曲目の「禅」は打ち込みでつくり上げたトラックで、低音が効きまくっている。アコースティック・ギターと生のドラムが印象的な「シングス」は、リミックス版「シングスX」も収録された。

ブライアン・イーノがドラムのループを手がけた「バイシクル」はこなれていないスキャットを押し通している。「オーヴァー・ハー・ヘッド」はピアノやチェロとエレクトロとの混ざり具合が不穏な空気を醸し続けた挙句、最後はドラムが力まかせに入ってきて終わってしまう。つまりはどれも普通ではないのだ。

新しいツールに振り回されることはなく、ただただ自分のちょっとヘンなセンスを具現化する道具にしてしまう、ジョンの真骨頂が表れた1枚である。（森）

Black Acetate

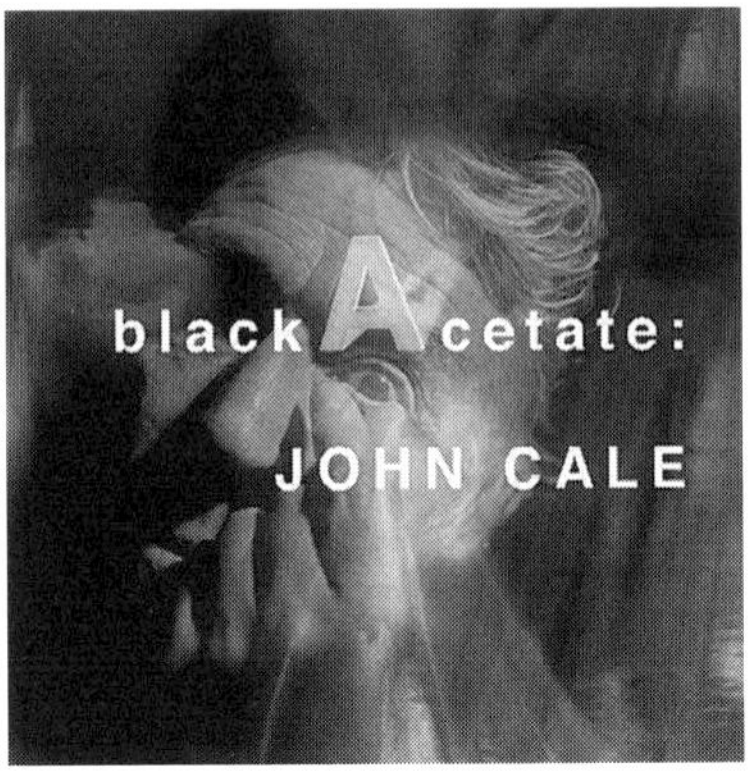

UK・EMI／0946 334 378 2 1［CD］
Release: 2005年10月3日
1. Outta The Bag
2. For A Ride
3. Brotherman
4. Satisfied
5. In A Flood
6. Hush
7. Gravel Drive
8. Perfect
9. Sold-Motel
10. Woman
11. Wasteland
12. Turn The Lights On
13. Mailman (The Lying Song)

前作に続いてＥＭＩから発売されたソロ・アルバム。さらに生演奏とエレクトロの融合が進んでいる。しかし生音が目立って聴こえるのは、ドラマーのハーブ・グラハム・ジュニアがプログラミングを多く手がけたからだろうか。

すべての作詞作曲とアレンジ、プロデュースはジョン。共同プロデュースにハーブとエンジニアのミッキー・ペトラリアが名を連ねている。

「アウタ・ザ・バッグ」は、奇妙なファルセットで始まるミディアム・ナンバー。ギターのフィードバックや打ち込みのベース、さらにコーラスなどさまざまな音が行き交っているが、シンプルなドラムがうまくまとめている。「フォー・ア・ライド」の基本はギター・ロック。ただし、途中から鳴り続けるタンバリンに引っ張られてエスニック風味が加わっていく。「サティスファイド」はドラムのパターンとヴィオラの組み合わせで曲のトーンは決まり。ドラム・プログラミングはジョンとハーブが担当している。

「イン・ア・フラッド」はリムショットとスライド・ギター、それにバンジョーがジョンの枯れた声にぴったりだ。「ハッシュ」はトボけたエレクトロという感じ。チープな音に短くチェロを乗せたところだけが一瞬ゴージャスになって、またチープな雰囲気に戻る。「パーフェクト」はこのアルバム唯一のロックンロール。やっぱりキーボードの音はヘンだけど。

最後の「メイルマン」だけはジョンのアヴァンギャルドさを隠そうともせず、やりたい放題。インダストリアルな出だしから「オー、イエー」と雑に繰り返すコーラス、寝ぼけたエルヴィスみたいなヴォーカルに現代音楽丸出しのピアノ、エトセトラ、エトセトラ。

ちなみにコピー・コントロールＣＤで発売されているのでご注意を。（森）

Circus Live
サーカス・ライヴ

UK・EMI／377 660 2［CD+DVD］
Release: 2007年2月19日

［**Disc 1**］
1. Venus In Furs
2. Save Us
3. Helen Of Troy
4. Woman
5. Buffalo Ballet
6. Femme Fatale / Rosegarden Funeral Of Sores
7. Hush
8. OuttaTheBag
9. Set Me Free
10. The Ballad Of Cable Hogue
11. Look Horizon
12. Magritte
13. Dirty Ass Rock And Roll

［**Disc 2**］
1. Walking The Dog
2. Gun
3. Hanky Panky Nohow
4. Pablo Picasso / Mary Lou
5. Drone - Into Amsterdam Suite
6. Zen
7. Style It Takes
8. Heartbreak Hotel
9. Mercenaries (Ready For War)
1. Outro Drone

［**DVD**］
1. Rehearsal Electric Works-In-Progress
2. Rehearsal Acoustic Set: Rehearsal Studio Los Angeles
3. Jumbo In Tha Modernworld - Video
4. Graveldrive: "Blathamix" - Audio
5. Big White Cloud (2007 Version) - Audio

主に06年にオランダのフローニンゲンとナイメーヘンで収録されたライヴ・アルバム。バンドのメンバーは、ダスティン・ボイヤー（ギター）、ジョセフ・カーンズ（ベース）、マイケル・ジェローム（ドラム）。

EMIからリリースした『ホーボー・サピエンス』と『ブラック・アセテイト』からの選曲が多くなっているが、エレクトロな雰囲気は影を潜め、バンド・サウンドにリ・アレンジされている。

またアイランド期から8曲がとり上げられ、60歳を超えたジョンがロッカーとしても健在であることを示すのに成功している。しかし「ガン」だけは（EMI期の曲とは逆に）完全に解体され、エレクトロになっているのもジョンらしい。

ヴェルヴェッツのナンバーからは、「毛皮のヴィーナス」が原曲に近いアレンジで披露された。一方「ファム・ファタール」の演奏はパーカッションとシンセサイザーに置き換えられ、そのまま「ローズガーデン・フューネラル・オブ・ソーズ」につなげられている。

6曲が収録された04年アムステルダムでのライヴのメンバーは、マーク・デッフェンボー（ギター）とディアントニ・パークス（ドラム）、そしてジョンだ。エレクトロとアコースティックが融合したサウンドで、ジョンの歌をじっくり聴かせる内容になっている。セットの最初と最後はジョン式のドローンだ。

3枚組LPも制作され、ボーナス・トラックが7インチ・シングルに収録された。ジャケットには、CDのブックレットと同じイラストが使われている。（森）

John Cale & Band
Live At Rockpalast
ライヴ・アット・ロックパラスト

GER・MIG／MIG 90302 2CD［CD］
Release: 2010年10月25日

［**Disc 1**］
Grugahalle Essen, Germany - October 13th 1984
1. Autobiography
2. Oh La La
3. Evidence
4. Magazines
5. Model Beirut Recital
6. Streets Of Laredo
7. Dr. Mudd
8. Leaving It Up To You
9. Caribbean Sunset
10. The Hunt
11. Fear Is The Man's Best Friend
12. Heartbreak Hotel
13. Paris 1919
14. Waiting For The Man
15. Mercenaries (Ready For War)
16. Pablo Picasso / Love Me Two Times
17. Close Watch

［**Disc 2**］
Zeche Bochum, Germany - 6th March 1983
1. Ghost Story
2. Ship Of Fools
3. Leaving It Up To You
4. Amsterdam
5. A Child's Christmas In Wales
6. Buffalo Ballet
7. Antarctica Starts Here
8. Taking It All Away
9. Riverbank
10. Paris 1919
11. Guts
12. Chinese Envoy
13. Thoughtless Kind
14. Only Time Will Tell
15. Cable Hogue
16. Dead Or Alive
17. Waiting For The Man
18. Heartbreak Hotel
19. Chorale
20. Fear Is The Man's Best Friend
21. Close Watch
22. Streets Of Laredo

Extra Playful［EP］
UK・Double Six／DS046T［12 inch］
Release: 2011年9月19日

［**Side A**］
1. Catastrofuk
2. Whaddya Mean By That?

［**Side B**］
1. Hey Ray
2. Pile A L'Heure
3. Perfection

ドイツのテレビ番組『ロックパラスト』の模様が、CD2枚組とDVD2枚組でリリースされた。どちらもディスク1には84年10月13日の17曲、ディスク2には83年3月6日の22曲が収録されている。また、84年の全曲に83年の4曲を加えたLP2枚組も発売された。17年にはCD2枚とDVD2枚のセットがリイシューされている。

ディスク1は『カムズ・アライヴ』発売直後の録音。バンドはレゲエをやらないポリスみたいなタイトな演奏を繰り広げている。とくに、ジョンがエレキギターを弾いた序盤のスピード感はこの時代ならではのもの。

一方エレクトリック・ピアノの前に座ったジョンは、アヴァンギャルドに向かって徐々にヒート・アップしていく。酔っ払ったようなパフォーマンスの「フィア・イズ・ア・マンズ・ベスト・フレンド」が終わると、ステージに座り込んだままピアノを弾き、床を引っ剝がしてから「ハートブレイク・ホテル」をアカペラで歌う。そして何事もなかったかのようにピアノの前に座り直して「パリス1919」を始めるという、シアトリカルなステージだ。

アンコールはザ・モダン・ラヴァーズの（ジョンがプロデュースした）「パブロ・ピカソ」からザ・ドアーズの「ラヴ・ミー・トゥー・タイムス」につないだメドレー。そして再度のアンコールに応えたピアノ弾き語りの「クローズ・ウォッチ」でしみじみと締められる。常に時代という背景を気にしながら、アヴァンギャルドとエンタテインメントを行き来するジョンの姿をとらえたステージだ。

ディスク2は、83年のギターとピアノの弾き語りによるライヴ。ステージは淡々と進んでいくが、中盤の「ガッツ」でジョンのテンションが上がり、叩きつけるようなピアノとシャウトで曲を終える。「ウェイティング・フォー・ザ・マン」でも、ジョンの叫びは会場に響きわたっている。

アンコールはジャジーな「ハートブレイク・ホテル」から。最後の「ストリーツ・オブ・ラ・レイド」まで、やはりポップとアヴァンギャルドが交錯している。

『エクストラ・プレイフル』は11年に発売された5曲入りEP。ダブル・シックスからの初リリースだ。

「カタストロフィ」はアコースティック・ギターで始まるが、すぐにデジタル・ファンクな様相に。「ワダヤ・ミーン・バイ・ザット」では浮遊感漂うシンセが印象的だ。「ヘイ・レイ」は緩いヒップホップと言えるかも。

このEPはアナログ盤も発売され、「ブルートゥース・スウィングス」と「ザ・ハンギング」を加えた〝ブラック・エディション〟と呼ばれるCDも存在する。

（森）

Shorty Adventures In Nookie Wood

UK・Double Six／DS047［CD］
Release: 2012年10月1日

1. I Wanna Talk 2 U
2. Scotland Yard
3. Hemmingway
4. Face To The Sky
5. Nookie Wood
6. December Rains
7. Mary
8. Vampire Cafe
9. Mothra
10. Living With You
11. Midnight Feast
12. Sandman (Flying Dutchman)

スタジオ・アルバムとしては05年の『ブラック・アセテイト』以来7年ぶりのリリースとなったのが、この『シフティ・アドヴェンチャーズ・イン・ノーキー・ウッド』だ。69歳のジョンは、相変わらず大真面目にひねくれている。

　プロデュースはジョン自身が行い、ツアーのメンバーであるダスティン・ボイヤー（ギター）やマイケル・ジェローム（ドラム）が全面的に参加した。また「アイ・ワナ・トーク・2・U」は、ベックやレッド・ホット・チリ・ペッパーズなどのアルバムを手がけたデンジャー・マウスが共同プロデューサーである。

　その「アイ・ワナ〜」はアコギのストロークで始まるので、オーガニックな雰囲気で行くのかと思いきや、やがてヴォーカルにまでエフェクトがかけられていく。デンジャーがクラブ系の音響感やループ処理を持ち込んだことで、ジョンの現役感が拡張されたようだ。

　こうなれば、あとはいつものようにジョンのアイデアを最新のテクノロジーを交えて具体化していくだけ。「ヘミングウェイ」はジョンとダスティンのふたりでつくったトラックに、ジョンと娘のエデンが歌を入れたもの。音色は新しいものではないし、ジョンのアヴァンギャルドなピアノも昔と大きな変化はないが、隠し味に使ったアナログなノイズが古さを感じさせない要因になっている。

　そのあとはＥＤＭを導入した「ディッセンバー・レインズ」、メロウな「メアリー」、パーカッシヴな「モスラ」とヴァリエーション豊かな曲が続く。「リヴィング・ウィズ・ユー」では身も蓋もない歌詞を爽やかに歌い、こちらが戸惑ってしまうほど。ただ、次第に歌がかき消されるほどノイジーになる。

　本作は2枚組ＬＰも制作され、ボーナス・トラック1曲を収録した7インチ・シングル付の限定盤も発売された。（森）

M: Fans

EU・Double Six／DS108CD［CD］
Release: 2016年1月22日
1. Prelude
2. If You Were Still Around
3. Taking Your Life In Your Hands
4. Thoughtless Kind
5. Sanctus (Sanities Mix)
6. Broken Bird
7. Chinese Envoy
8. Changes Made
9. Library Of Force (Featuring Man In The Book Excerpt)
10. Close Watch
11. If You Were Still Around (Choir Reprise)
12. Back To The End

82年にリリースした『ミュージック・フォー・ア・ニュー・ソサエティ』を再録音したアルバム。ジャケットやブックレットも対になるようにデザインされた（この2枚のCDのセットも発売）。しかし曲順はオリジナルを踏襲しているわけではないし、ジョンと両親の会話をサンプリングした「プレリュード」が新たに加えられている。『ミュージック～』との大きな違いは、プログラムと生音が融合した音づくりだろう。オリジナルでのジョンの弾き語り部分は一発録りだと思われるが、ここでは作り込んだトラックに表情豊かなヴォーカルを乗せようと工夫しているのがよくわかる。例えば「ブロークン・バード」。以前と同じアプローチをとっているようにも聴こえるが、表現の深化は明らかだ。「ソートレス・カインド」はエレクトロ、「サンクタス」はハウス、「クローズ・ウォッチ」はヒップホップと時代の流れを取り込んでいるのも面白く、無理やり変化をつけた感じはしない。

オリジナル版には収録されなかった「ライブラリー・オブ・フォース」は、弦カルテットをフィーチャーし、語りを交えたシアトリカルなアプローチになっている。

その弦（ヴァイオリンではなく、ヴィオラが2本というのがミソ）を効果的に使って、『エム・ファンズ』の核となっているのが「イフ・ユー・ワー・スティル・アラウンド」だ。生音と電子音の静かな融合は、ジョンのアヴァンギャルドの最新型と言っていい。エフェクトがかけられたヴォーカルも説得力抜群だ。「イフ・ユー・ワー～」はもうひとつのヴァージョン（クワイア・リプライズ）がアルバムの終盤に配置されている。肉体性に重きを置いたこのテイクから、「バック・トゥ・ジ・エンド」への流れで本作は幕となるのだ。（森）

Soundtrack Albums

和久井光司

Paris S'Eveille Suivi D'Autres

BEL・Les Disques Du Crépuscule／TWI 952-2［CD］
Release: 1991年11月
1. John Cale: Paris S'Eveille
2. John Cale: Sanctus (Four Etudes For Electronic Orchestra)
   a. First Etude / b. Second Etude / c. Third Etude / d. Fourth Etude
3. John Cale: Animals At Night
4. John Cale The Cowboy Laughs At The Round-Up
5. John Cale: Primary Motive
   a. Factory Speech / b. Strategy Session / c. Closing Titles
6. The Velvet Underground: Booker T.
7. John Cale: Antarctica Starts Here

ジョンの新たな仕事となるサントラ盤の第1弾は、ベルギーのクレプスキュールから。フランス人監督オリヴィエ・アサイヤスによる映画『パリ・セヴェイユ』のために制作されたタイトル曲は、ソルジャー・ストリング・クァルテットをフィーチャーしたものだ。4つのエチュードから成る「サンクタス」は87年にランディ・ワーショウ・ダンス・カンパニーのために、「アニマルズ・アット・ナイト」は同年にラルフ・レモン・ダンス・カンパニーのために書かれた。「プライマリー・モーティヴ」はダニエル・アダムズ監督の同名映画のために制作されたもので、当時はまだ未発表だったヴェルヴェッツの「ブッカー・T」と、『パリス1919』に収録されていた「アンタークティカ・スターツ・ヒア」(ただし別ヴァージョン)も、同映画に提供された。「ブッカー・T」の初登場が当時話題になり、この盤も注目されたが、だいぶ価値が下がった感じがする。アナログ盤は激レアなので見つけたら買った方がいいが、そうそう聴くものではないね。

23 Solo Pieces For La Nalssance De L’Amour

BEL・Les Disques Du Crépuscule／TWI 954-2
［CD］
Release: 1993年11月8日
1. La Naissance De L’amour I
2. If You Love Me No More...
3. And If I Love You Still...
4. Judith
5. Converging Themes
6. Opposites Attract
7. I Will Do It, I Will Do It
8. Keep It To Yourself
9. Walk Towards The Sea
10. Unquiet Heart
11. Waking Up To Love
12. Mysterious Relief
13. Never Been So Happy (...In Lonely Streets)
14. Beyond Expectations
15. Conversation In The Garden
16. La Naissance De L’amour II
17. Secret Dialogue
18. Roma
19. On The Dark Side
20. La Naissance De L’amour III
21. Eye To Eye
22. Marie’s Car Crash & Hotel Rooms
23. La Naissance De L’amour IV

70年代前半にパリでニコと暮らしていたフィリップ・ガレル監督の映画『愛の誕生』に提供された23のピアノ・ソロ曲を収録したアルバムもクレプスキュールから。穏やかなピアノ曲ばかりを収録しているため〝クラシック〟に分類されてきた作品だが、ウィンダム・ヒルのジョージ・ウィンストンあたりに近いから、〝ニュー・エイジ・ミュージック〟として味わうのもいいかもしれない。

プロデューサーはレナード・コーエンの「ハレルヤ」の作曲者として知られ、このころは盛んにジョンと仕事をしていたジャン＝ミシェル・ジャール。映画を観ていなくても楽しめる〝音楽作品〟に仕上げてあるのはさすがだが、ものがものだけに、ジョンのロック・アルバムが好きな人には評判が悪かった。

　私は睡眠導入剤として使ってきたから、ある意味ドラッギーということか（笑）。

　まぁでも、買うことはない。映像（ガレルの映画ではない）つきのヴァージョンがYou Tubeに上がっているので、それをプロジェクターで暗い部屋のスクリーンに映すとかが、このアルバムの最新の楽しみ方だろう。ジャケがおしゃれだからアナログ盤が出たら私は買ってしまうだろうが、聴くのはCDだね。だったらジャケをスキャンして、街の出力屋でポスターにしろよ、だが。

N'Oublie Pas Que Tu Vas Mourir

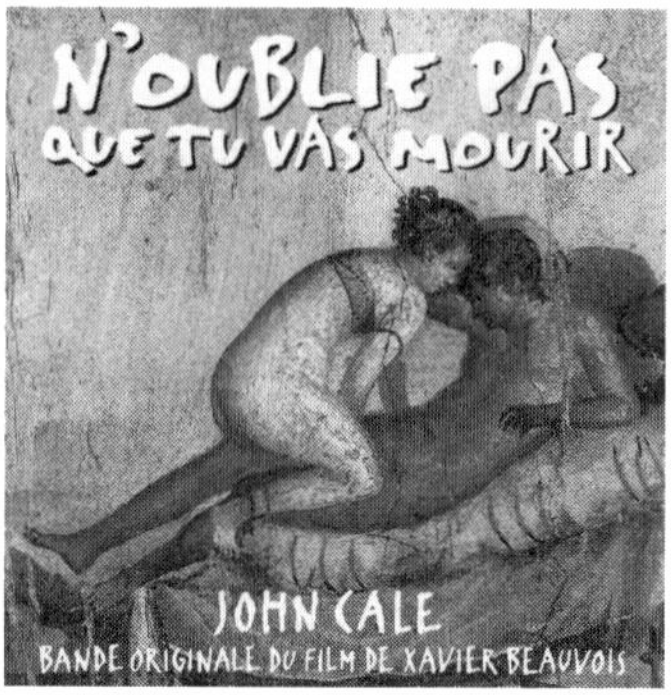

BEL・Les Disques Du Crépuscule／TWI 1028［CD］
Release: 1995年
The Pianos Part I / 1. Welcome To Europe / 2. Everybody's Cold Sometimes / 3. A Snake In China? / 4. First Train To Heaven / 5. Martyrs And Madmen / 6. Take A Deep Breath / The String Quartets / 7. Never Seen Anything So Beautiful / 8. Angels In The Clouds / 9. Madonna's Blues / 10. Sunflowers Fields / 11. Al Dente / 12. Hadrian Was Here / 13. Kiss Me Once More My Love / 14. Alive At Dawn / The Pianos Part II / 15. Skin In The Mirror / 16. Who Said Love's Safe? / 17. 100% Pure / 18. Do Not Forget... / 19. Last Train To Bosnia / 20. Gold And Crimson / 21. So Far So Good

Antártide

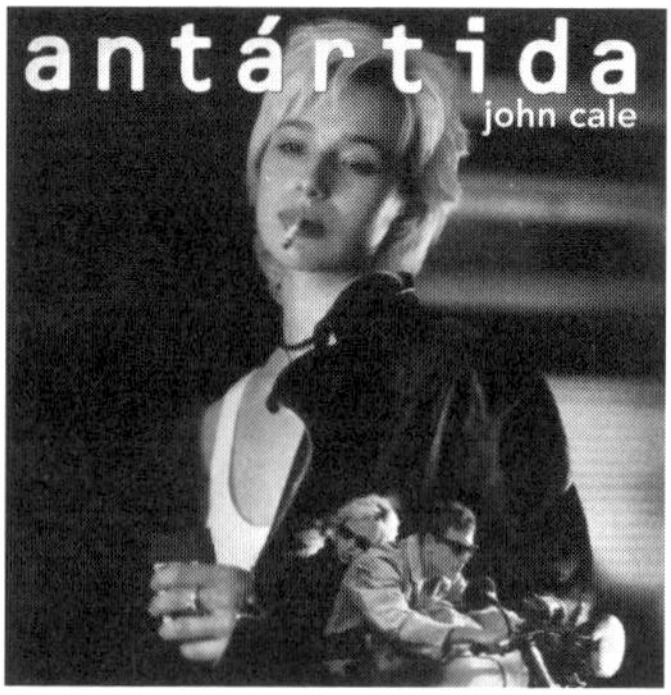

BEL・Les Disques Du Crépuscule／TWI 1008［CD］
Release: 1995年
1. Flashback 1≠1 / 2. Antartida / 3. Velasco's Theme / 4. Maria's Appartement / 5. Flashback 1≠2 / 6. On The Waterfront / 7. Pasodoble Mortal / 8. Maria's Dream / 9. Bath / 10. Flashback 1≠3 / 11. Antartica Starts Here / 12. Flashback 3 / 13. Sunset / 14. Get Away / 15. Flashback 1≠4 / 16. Antartida Starts Here / 17. Frame Up / 18. Barn / 19. People Who Died / 20. Flashback 1≠5

“N'Oublie Pas Que Tu Vas Mourir (Don't Forget You're Going to Die)”は96年1月3日にフランスで公開されたグザヴィエ・ボーヴォワ監督による映画のサントラ盤。カンヌ映画祭のJury Prize部門でウィナーとなった名作だというが、日本ではこのサントラ盤で知られているだけで、エイズ問題に迫った真摯な作だという映画はおそらく一度も公開されたことがない。

サントラは、ピアノ曲（6曲）、ストリングス・クァルテット（8曲）、ピアノ曲・パート2（7曲）に分かれていて、いずれも小品。上品なクラシック・アルバムといった趣だが、マスタリングはロックの名手ボブ・ラドウィグ。

“Antartide”の方はManuel Huerga監督によるスペイン映画のサントラ盤。これも日本未公開なので情報が極めて少ないが、YouTubeに映画の一部（主演女優がなかなか魅力的）と、ジョンが「アカターティダ・スターツ・ヒア」をピアノで弾き語るシーンがアップされているので、ご覧になっていただきたい。

こっちの方が俗っぽい映画ということもあってか、ジョンはやりたい放題。ジム・キャロルの「ピープル・フー・ダイド」をスターリング・モリソン、モーリン・タッカー、クリス・スペディング、エリック・サンコーという布陣のバンドでカヴァーしていたりするので、サントラだからとコレクションから除外するのは早計である。エクゼクティヴ・プロデューサーはジャン＝ミシェル・ジャール。予算が潤沢だったのを窺わせる、意外とナイスなサントラ盤だ。

Eat/Kiss Music For The Films Of Andy

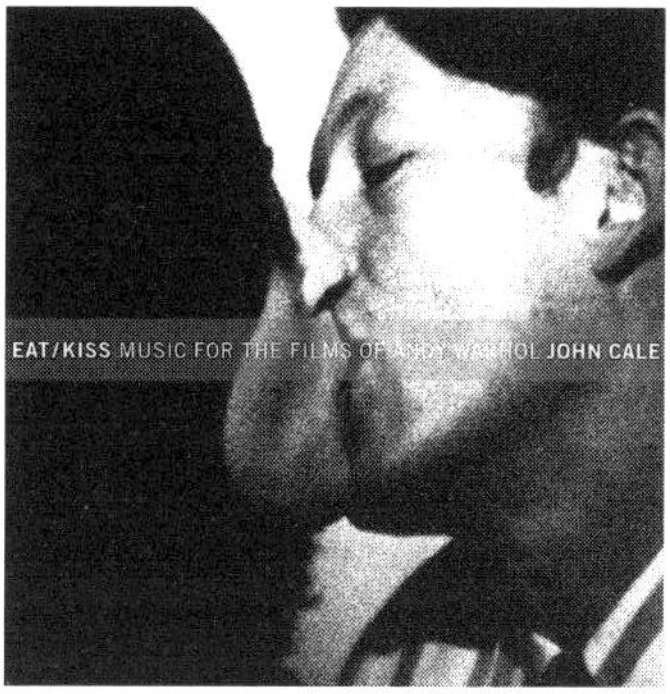

Hannibal／HNCD 1407［CD］
Release: 1997年6月10日
〈Kiss〉
1. Kiss Movement 01 / 2. 同 02 / 3. 同 03 / 4. 同 04 / 5. 同 05 / 6. 同 06 / 7. 同 07 / 8. 同 08 / 9. 同 09 / 10. 同 10 / 11. 同 11
〈Eat〉
12. 同 12 / 13. 同 13 / 14. 同 14 / 15. 同 15

Dance Music - Nico

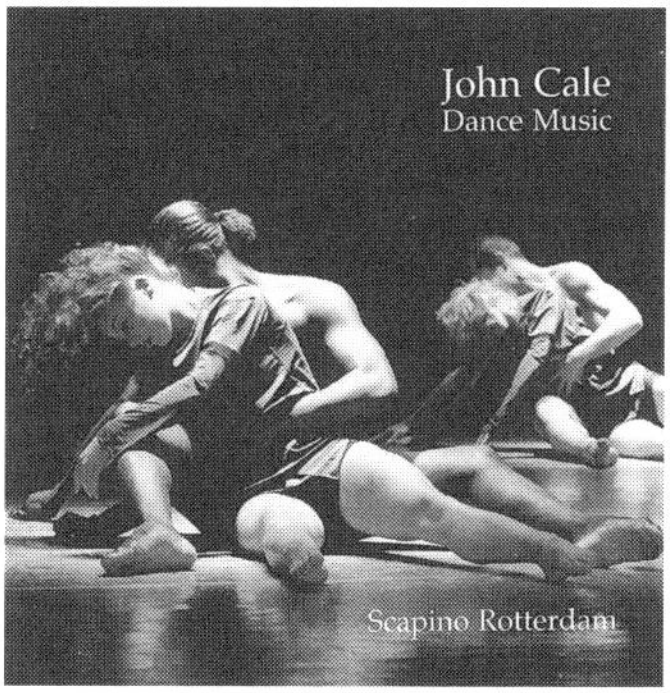

EU・Detour／3984-22122-2［CD］
Release: 1998年
1. Intro / 2. New York Underground / 3. Night Club Theme / 4. Modelling / 5. Out Of China / 6. Death Camp / 7. Ari Sleepy Too / 8. Iceberg I / 9. Jim / 10. Iceberg II / 11. España / 12. Nibelungen

“Eat/Kiss”はピッツバーグのアンディ・ウォーホル・ミュージアムで回顧上映が行われた際（94年11月18、19日）に、スターリング・モリソン、モーリン・タッカーと演奏した曲（というかシークエンス）を、映画のサウンドトラックとして公式にレコーディングしたアルバム。スターリングはすでに鬼籍に入っていたからか、ロック的なアプローチはわずかで、ストリング・クァルテットを中心としたものとなったが、モーがパーカッションで参加しているし、B.J.コールのペダル・スティールも入っている。各地のフィルム・フェスティヴァルで上映されるファクトリー時代の無声映画に音をつけに行っていたらきりがないから、ウォーホル財団は「いっそサントラをつくってしまえ」と制作に乗り出したのだろう。それにはジョンが適役だったわけだ。

ロッテルダムで上演されたエド・ウーべによるバレエ劇〝ニコ〟のために制作されたのが“Dance Music - Nico”。ヴァイオリン、3本のヴィオラ、チェロ、ダブル・ベース、ギター、キーボード、パーカッションから成る〝アイス・ナイン〟による演奏が主だが、「アリ・スリーピー・トゥー」と「ニーベルンゲン」ではニコの声も使われている。ジョンならではの仕事だったから、『舞踏曲「ニコ」』のタイトルで日本盤もリリースされたが、紙のスリップケースつきなので別ものに見える。けれど内容は同じなので、安価な中古の日本盤で充分だと思う。本書を片手にニコの半生を振り返るときのサントラ盤としても使っていただけたら、ジョンも喜ぶのではないだろうか。

Le Vent De La Nuit

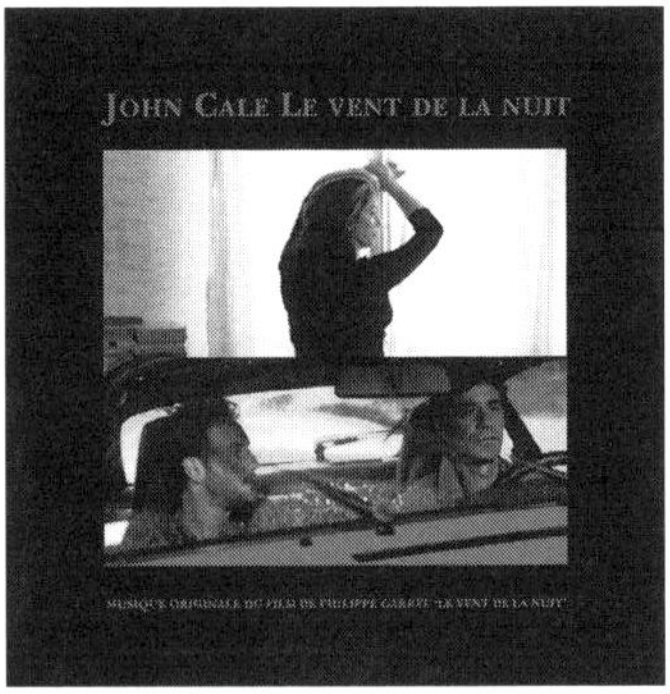

FRA・Crépuscule France／TWI 1083［CD］
Release: 1999年2月
1. On The Road To Portofino
2. At The Boats
3. Naples
4. On The Road To Turin
5. Turin At Night
6. The Seine At Night
7. Suicide I
8. Truck Parking Lot At Night
9. On The Road To Germany
10. Waiting
11. Thinking And Acting
12. Suicide 2
Memories Of Paris
13. President Y Is Still Stable
14. B. Calls
15. Darkness On The Delta
16. What Mrs Ives Said To Mr Ives
17. My Piano Thanks You For Visiting

The Unknown

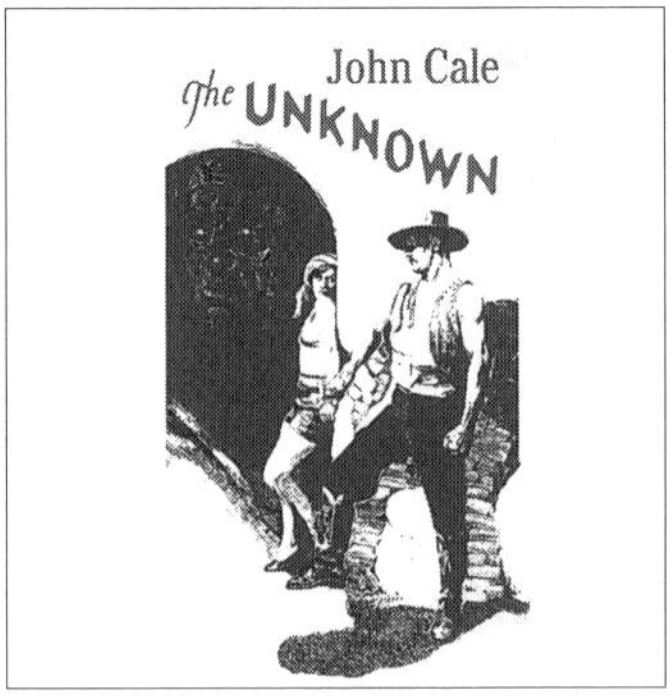

BEL・Les Disques Du Crépuscule／TWI 1023［CD］
Release: 1999年
1. Part 1 / 2. Part 2 / 3. Part 3 / 4. Part 4 / 5. Part 5 / 6. Part 6 / 7. Part 7 / 8. Part 8

〝La Vent De La Nuit〟は日本でも『夜風の匂い』として02年2月に公開されたフィリップ・ガレル監督によるフランス映画のサントラ盤。パリを舞台にしたカトリーヌ・ドヌーヴ主演の〝よろめきドラマ〟なので、多少はいける、と日本の配給会社も思ったのかもしれないが、話題にならなかったと記憶している。まさかDVDなんか出てないよな〜と思ってネットで探したら中古で見つかってしまったので、高かったけどポチッとしましたよ（もはやどこに載せられるわけでもないのに）。ピアノのシークエンスが中心のいわゆる〝劇伴〟なので、これはよっぽどのマニアじゃなければ必要ないだろう。オレだってこういう仕事をしていなければ買わないって。

〝The Unknown〟は94年12月5日にパリで開かれた無声映画の祭典のために制作された〝行き場知れず〟のサウンドトラック8曲を集めたもの。映画とか、そういうフェスのためにつくった音楽は、出資者が音盤化しなければ作者が勝手に出していいことになるから、ジョン、ジャン＝ミシェル・ジャール、クレプスキュールのタッグ・チームは何でもCDにしていたのだが、誰かと誰かが取り分で揉めたのか、これが最後になった。

マスタリングはボブ・ラドウィグだが、そんな名匠に頼むのはおこがましいような〝ワックス・ワーク（byアンディ・パートリッジ）〟なので、珍しいからと言って買うことはない。食っていくためにはなんだってやる、っていうのはジョン・ケイルには似合わないでしょ。私は反省を求めます。

Saint-Cyr

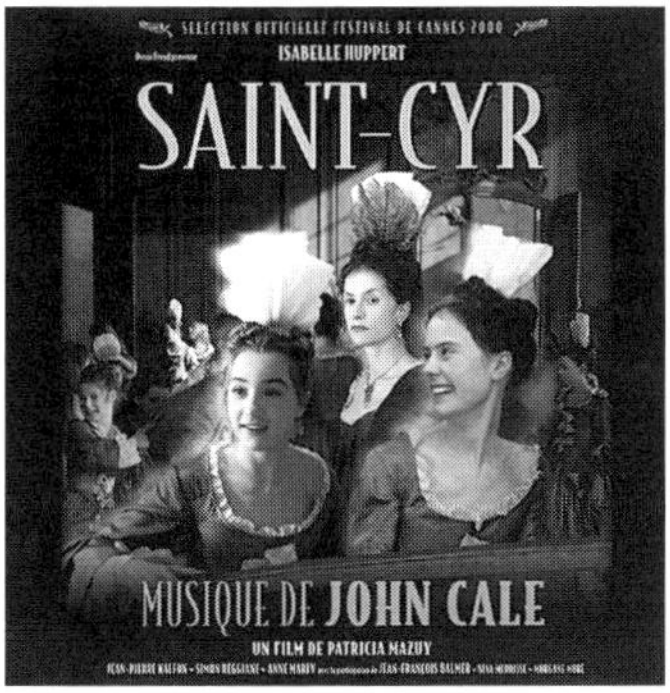

FRA・Virgin／849545 2［CD］
Release: 2000年
1. Opening Theme / 2. Ironic Trumpet / 3. Stately / 4. Esther / 5. Opening Theme No. 2 / 6. Pillar Theme / 7. Pillar Theme No. 2 / 8. 2nd Theme / 9. 2nd Theme No. 2 / 10. War Time / 11. War Time No. 2

Process

FRA・Syntax／SYNTAX 35125CD［CD］
Release: 2005年
1. Theme Intro / 2. Theatre / 3. Post-Sex / 4. Museum / 5. Radiology / 6. Candles / 7. Bedroom / 8. Car Blue / 9. Packing Books / 10. Reading Poem / 11. Burning / Painting / 12. La Défense / Métro / 13. Suicide Theme / 14. Ascension

パトリシア・マズィ監督、イザベル・ユペール主演のフランス映画“Saint-Cyr (King's Daughers)”のサントラは、久しぶりにの気合の入った仕事になった。セイント・シールを舞台にした歴史／恋愛映画というのに乗ったのか、クラシックをちゃんと学んだジョンらしい重厚な弦楽曲と、現代的なレコーディング手法のバランスが絶妙なのだ。〝オルタナ・クラシック〟と呼んでもいいこの路線は大いにありだろう。弦に絡めたパーカッションとチープなラッパが面白いし、音楽が極めて映像的なのはさすが。しかしフランスでしか出ていないCDは手に入りにくいと思う。

16年5月に亡くなったC.S.レイ監督の長篇第4作“Process”（04年公開）のサントラ盤もフランスのみの発売で、さらにハード・トゥ・ファインド。ジョンはレイ監督の09年作“American Widow”でも音楽を担当したが、それはサントラ盤が出ていないようだ。

ミニマル、アブストラクト、ドローン、そして〝21世紀的なモダン〟を考えたに違いないここでのピアノ曲やドローン・ミュージックはかなり面白く、サントラの域を超えている。トニー・コンラッドが公開した秘蔵音源に触発されて、ドリーム・シンジケートの再現が頭をよぎったのかもしれないが、ジョン・ケイル作品の一方にある〝アヴァンギャルド〟の新作と捉えたいような、過激にして知的な傑作である。ジャズやロックじゃなくて、こういう音楽が流れているバーはないものか。スモーキーなアイランド・モルトが美味しくいただけるような。

Compilations & Archives

森 次郎

Guts

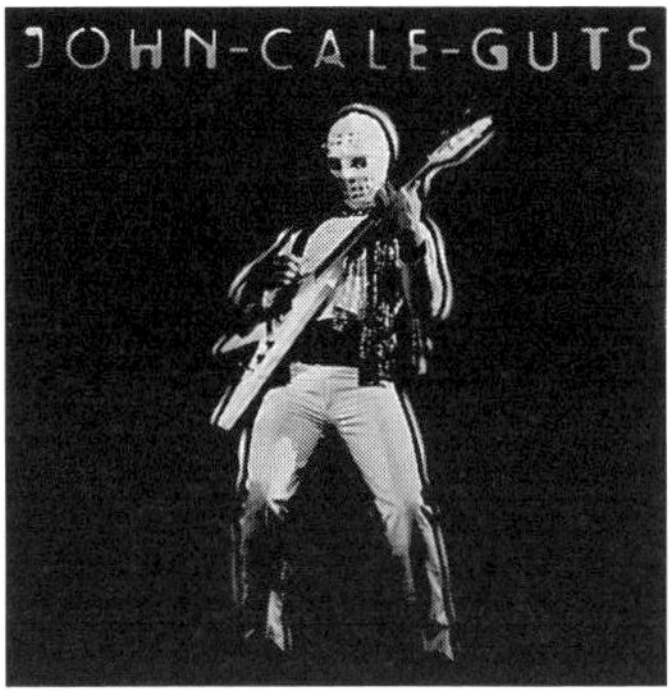

UK・Island Records／ILPS 9459
Release: 1977年2月

[Side A]
1. Guts
2. Mary Lou
3. Helen Of Troy
4. Pablo Picasso
5. Leaving It Up To You

[Side B]
1. Fear Is A Man's Best Friend
2. Gun
3. Dirtyass Rock 'N' Roll
4. Heartbreak Hotel

77年にリリースされた『ガッツ』は、アイランド時代の編集盤。最もポップだった時期のジョンを満喫できる一枚だ。

アイランドに在籍したのは74年から75年にかけてのこと。ジョンはおよそ2年のあいだに『フィア』『スロー・ダズル』『ヘレン・オブ・トロイ』という3枚のアルバムを制作している。『ガッツ』はこの3作からのセレクトに、未発表曲を加えた全9曲を収めたものだ。

米国盤が発売されなかった『ヘレン・オブ・トロイ』関連が4曲。注目すべきは未発表曲の「メリー・ルー」だろう。きらびやかな女性コーラスを配した、グラム・ロックの影響を感じさせる1曲だ。また同アルバムの初回盤に収録されたものの、シャロン・テート事件に触れた歌詞が問題になり、すぐに「コーラル・ムーン」に差し替えられてしまった「リーヴィング・イット・アップ・トゥ・ユー」も選曲されている。その後もジョンがステージでたびたびとり上げている曲だけに、改めて世に出しておきたかったのだろう。

『セデューシング・ダウン・ザ・ドア』は、94年にライノが編纂したCD2枚組アンソロジー。70年から90年までに発表されたすべてのソロ・アルバムと、テリー・ライリー、ブライアン・イーノ、ルー・リードとの共演盤から選曲されている。

オリジナル・アルバム以外の音源は、『アカデミー・イン・ペリル』のアウトテイク「テンパー」、71年の未発表曲「ディキシーランド・&・ディキシー」、そして77年のEP『アニマル・ジャスティス』からチャック・ベリーの「メンフィス」と、同セッションでのアウトテイク「ジャック・ザ・リッパー」が収録された。

レーベルを横断したコンピレーションは本作が初めてで、ジョンのソロ活動を俯瞰できる内容だ。しかし、そのあとの30年を含んだ同様の企画はまだない（73年から96年までの音源を集めた1枚もののCD『クローズ・ウォッチ』は出ているが）。

『アイランド・イヤーズ』は、アイランド・レコード時代の音源を詰め込んだCD2枚組。『フィア』『スロー・ダズル』『ヘレン・オブ・トロイ』の3作がオリジナルの曲順で収録されている。シングルB面の「シルヴィア・セイド」はこの企画のためにリミックス。「オール・アイ・ウォント・イズ・ユー」と「バンブー・フロール」は、『スロー・ダズル』セッションからの未発表曲だ。

『ヘレン・オブ・トロイ』は初回盤の曲順に戻され、未発表曲の「ユー＆ミー」を追加。もちろん「コーラル・ムーン」や『ガッツ』が初出の「メリー・ルー」も収録されている。

Seducing Down The Door

Rhino／R2 71685 [CD]
Release: 1994年7月19日

[Disc 1] 1. The Protege (John Cale & Terry Riley) / 2. Big White Cloud / 3. Amsterdam / 4. Days Of Steam / 5. Temper / 6. Dixieland And Dixie / 7. Child's Christmas In Wales / 8. Paris 1919 / 9. Andalucia / 10. Fear Is A Man's Best Friend / 11. Gun / 12. I Keep A Close Watch / 13. Heartbreak Hotel / 14. Dirtyass Rock 'N' Roll / 15. Guts / 16. The Jeweller / 17. Pablo Picasso / 18. Leaving It Up To You / 19. Coral Moon / 20. Memphis
[Disc 2] 1. The Ripper / 2. Hedda Gabler / 3. Walkin' The Dog / 4. Dead Or Alive / 5. Strange Times In Casablanca / 6. Taking Your Life In Your Hands / 7. Thoughtless Kind / 8. Chinese Envoy / 9. Caribbean Sunset / 10. Waiting For The Man / 11. Ohh La La / 12. Everytime The Dogs Bark / 13. Dying On The Vine / 14. The Soul Of Carmen Miranda / 15. One Word (Brian Eno & John Cale) / 16. Cordoba (Brian Eno & John Cale) / 17. Trouble With Classicists (Lou Reed & John Cale) / 18. Faces And Names (Lou Reed & John Cale)

The Island Years

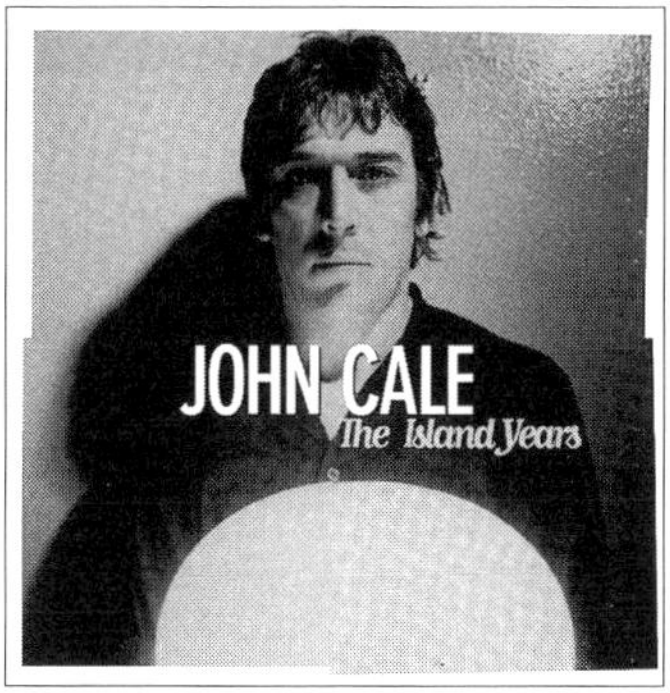

Island／314 524 235-2 [CD]
Release: 1996年

[Disc 1] 1. Fear Is A Man's Best Friend / 2. Buffalo Ballet / 3. Barracuda / 4. Emily / 5. Ship Of Fools / 6. Gun / 7. The Man Who Couldn't Afford To Orgy / 8. You Know More Than I Know / 9. Momamma Scuba / 10. Sylvia Said (Remix) / 11. All I Want Is You / 12. Bamboo Floor / 13. Mr. Wilson / 14. Taking It All Away / 15. Dirty Ass Rock 'N' Roll / 16. Darling I Need You / 17. Rollaroll
[Disc 2] 1. Heartbreak Hotel / 2. Ski Patrol / 3. I'm Not The Loving Kind / 4. Guts / 5. The Jeweller / 6. My Maria7. Helen Of Troy / 8. China Sea / 9. Engine / 10. Save Us / 11. Cable Hogue / 12. I Keep A Close Watch / 13. Pablo Picasso / 14. Leaving It Up To You / 15. Baby, What Do You Want Me To Do? / 16. Sudden Death / 17. You & Me / 18. Coral Moon / 19. Mary Lou

John Cale, Tony Conrad, Angas MacLise, La Monte Young, Martin Zazeela

Inside The Dream Syndicate Volume I: Day of Niagara (1965)

Table Of The Elements／TOE-CD-74［CD］
Release: 2000年

Inside The Dream Syndicate Volume II: Dream Interpretation

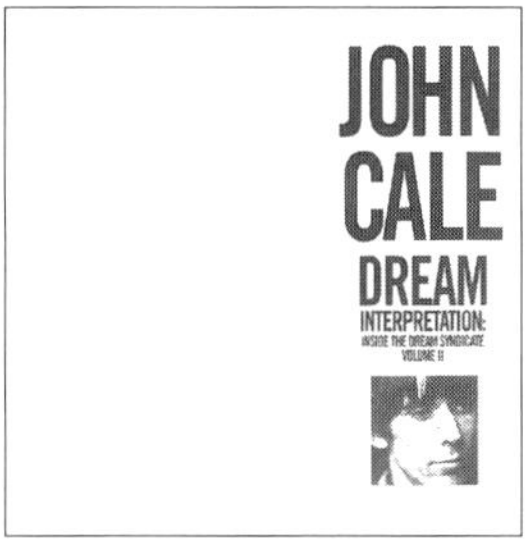

Table Of The Elements／TOE-CD-79［CD］
Release: 2001年

ヴェルヴェッツ加入前のジョンは、ラ・モンテ・ヤングが60年代中期に結成した実験音楽集団、シアター・オブ・エターナル・ミュージックに参加していた。やがてジョンやヴァイオリンのトニー・コンラッドが中心となる場合に、ドリーム・シンジケートという別名を使うようになる。当時トニーがオープン・リールに記録した音源を、00年以降にCD化したものが『インサイド・ザ・ドリーム・シンジケート』のシリーズである。『デイ・オブ・ナイアガラ』は、65年4月25日にニューヨークで録音されたもの。メンバーはジョン、トニーとパーカッションのアンガス・マクリーズ、ヴォーカルはヤングとその妻マリアン・ザジーラだ。1曲30分を超えるドローンで、ほぼ弦の音しか聴くことができない。

ジョンのソロ、もしくはトニーやアンガスとのデュオ録音を集めたのが、『ドリーム・インタープリテーション』だ。（遅くとも）64年から69年の録音で、ヴェルヴェッツ在籍時や脱退後の音源を含んでいる。ジョンはヴィオラのほか、ピアノやギター、ヴォックス社製のコンチネンタル・オルガンなどを演奏。どの曲も基本的にドローンやミニマル・ミュージックと呼ばれるものだ。ただし、トニーとの「ア・ミッドナイト・レイン・オブ・グリーン・レンズ・アット・ザ・ワールズ・トーレスト・ビルディング」や、アンガスとの「ホット・スコリア」には断片的なメロディがあり、セッション性も高い。ヴェルヴェッツでのジョンの演奏と比較してみると面白いだろう。『ステンレス・ガムラン』にはスターリング・モリソンが登場する。「ステンレス・スティール・ガムラン」はジョンとスターリングのデュオだ。この曲はホーナー社のチェンバレットという電気オルガンとフレットレス・ギターを使った、ガムランをモチーフにしたセッション。「アット・アバウト・ディス・タイム・モーツァルト・ワズ・デッド・アンド・ジョセフ・コンラッド・ワズ・セイリング・セヴン・シーズ・ラーニング・イングリッシュ・パート1」にも、スターリングがクレジットされている。ジョンが作ったテープ（クレジットでは「ウォレンサック」というメーカー名が記されている）を流しながら、ヴィオラとギターを即興で弾いた多重録音。67年5月の録音なので、『ホワイト・ライト／ホワイト・ヒート』のレコーディングよりも4か月前の演奏になる。他の曲もヴァラエティに富んでいるので、このシリーズの中ではとっつきやすい内容だ。

『サン・ブラインドネス・ミュージック』は、ジョンのソロだけを集めたシリーズ番外編。オルガン、ギター、電子音を使った3トラックが収録されている。注目すべきはやはりヴェルヴェッツ在籍中の録音が含まれているところ。そのせいか、変化が少ない展開であっても飽きることなく聴ける程度にポップな面を覗かせている。ジョンが一貫してエンタテインメントとアヴァンギャルドの狭間を揺れ動いてきたことがわかる1枚だ。

『ニューヨーク・イン・1960s』は、このシリーズの3枚を木箱に収めたセットだが、『デイ・オブ・ナイアガラ』は含まれていないので要注意。

Inside The Dream Syndicate Volume III: Stainless Gamelan

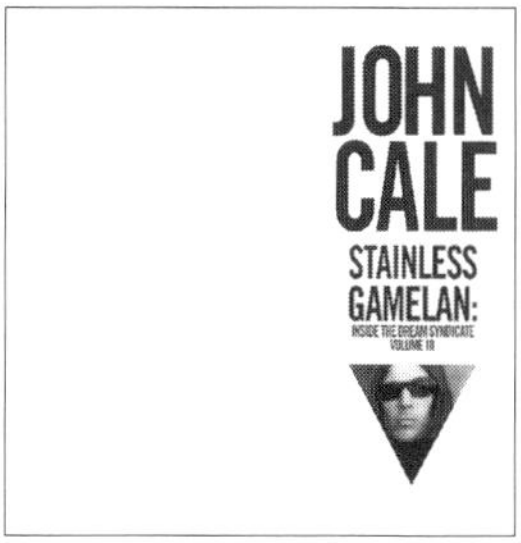

Table Of The Elements／TOE-CD-79［CD］
Release: 2001年

Sun Blindness Music

Table Of The Elements／TOE-CD-75［CD］
Release: 2001年

New York In 1960s

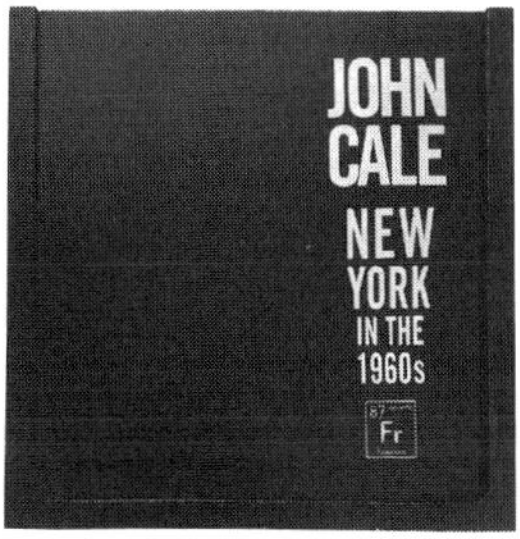

Table Of The Elements／Fr 87［CD］
Release: 2004年

Produce Works

山田順一

プロデューサーとしてのジョンの仕事は多岐に亘り、数々の名盤を生み出している。その中から重要な作品をピックアップした。

The Stooges
イギー・ポップ＆ストゥージズ

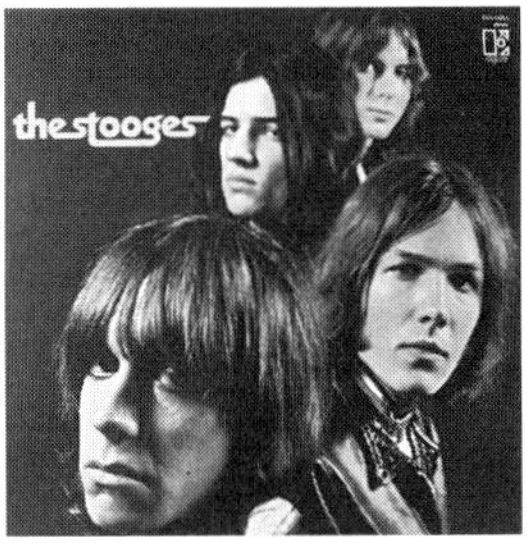

Elektra／EKS-74051
Release: 1969年8月5日

　エレクトラのジャック・ホルツマンに紹介されて手がけたのがザ・ストゥージズのデビュー・アルバム。バンドもヴェルヴェッツのファンだったのでよい組み合わせだったが、最終的にジョンのミックスは却下された。2010年のコレクターズ・エディションでは、そのオリジナル・ミックスを聴くことができる。

Jennifer
ジェニファー・ウォーンズ：ジェニファー

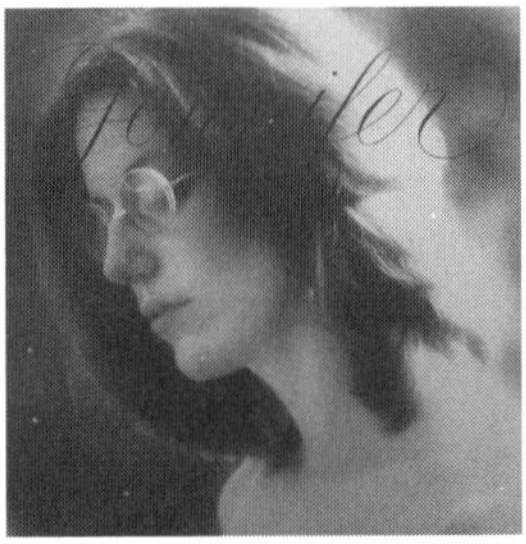

Reprise／MS 2065
Release: 1972年

　1971年にはワーナーとスタッフ・プロデューサーとして契約。最初の仕事として手がけたのがジェニファーの通算3作目にあたる本作。のちにジョー・コッカーとの「愛と青春の旅立ち」をヒットさせるジェニファー・ウォーンズである。ジャクソン・ブラウン、ロン・エリオット、ジム・ホーンら錚々たるメンバーが参加し、ニック・デカロがアレンジを務めるなどソフト・ロックの隠れた名盤といった趣だが、ところどころに幽玄なサウンドが現れるのがジョンらしい。

Chunky, Novi & Ernie
チャンキー、ノヴィ＆アーニー

Reprise／MS 2146
Release: 1974年

チャンキー・ノヴィ&アーニーは、チャンキーことローレン・ウッドが在籍したグループ。そのデビュー作をテッド・テンプルマンと共同でプロデュースし、弦のアレンジを担当した。フォーク、ポップ、ジャズ、ロックなど幅広いジャンルを股にかけた内容は聴き応えがあり、現在ではAORの範疇で語られることも多い作品だ。収録曲の「アンダーグラウンド」はのちにモントローズがカヴァーした。

Patti Smith
Horses
パティ・スミス：牝馬

Arista／AL 4066
Release: 1975年12月13日

75年にフリーランスのプロデューサーとなったジョンが最初に出会ったのが〝ニューヨーク・パンクの女王〟と謳われたパティ・スミス。彼女のデビュー作『ホーシズ』をプロデュースした。パティはヴェルヴェッツを愛し、ジョンのソロ『フィア』を気に入っていたので適任だったと言えるだろう。ジョンはロックンロール詩人でありたいと思っていたパティの思いを理解し、アルバムを歴史的名盤に仕上げた。

The Modern Lovers
ザ・モダン・ラヴァーズ

Beserkley・Home Of The Hits／HH-1910
Release: 1976年8月

こちらもヴェルヴェッツを崇拝していたジョナサン・リッチマン率いるモダン・ラヴァーズのファースト・アルバム。バンドにはのちにトーキング・ヘッズへと進むジェリー・ハリスンも在籍していた。彼らとジョンのセッションは、72年と73年にワーナー・ブラザーズから発売する目的で行なわれていたが、ジョナサンの心境の変化もあってリリースには至らず、ほかの音源とまとめて76年になってようやく発売された。ジョンがプロデュースした6曲中、「パフロ・ピカソ」は、自分の『ヘレン・オブ・トロイ』でカヴァー。本家よりも先に世に送り出した。

Squeeze
スクィーズ

UK・A&M／AMLH 68465
Release: 1978年3月

David Kubinec Some Things Never Change
デイヴィッド・キュービネック：サムシングス・ネヴァー・チェンジ

UK・A&M／AMLH 68501
Release: 1978年

Modern Guy Une Nouvelle Vie

FRA・Celluloid／CEL 2-6546
Release: 1981年

　元ヴェルヴェッツということだけでなく、ストゥージズとパティ・スミスをプロデュースしたことで英国のパンク世代のミュージシャンから支持されることにもなったジョンだが、そこに着目したマイルズ・コープランドからの依頼でスクイーズのデビューEPをプロデュース。続けてA&Mからのファースト・アルバム『スクイーズ』も手掛けた。バンドのセールス・ポイントとなるポップな面よりも、パンキッシュで実験的なサウンドが前面に出ているが、それこそがジョンに期待された仕事だった。クリス・ディフォードは「いまだにぼくらがスタジオで実験的な作業に興味を持つのは、ジョンからの影響が大きい」と語っていた。

　パンク／ニュー・ウェイヴのニュー・ヒーローという売り文句でシーンに登場したデイヴィッド・キュービネックの『サム・シングス・ネヴァー・チェンジ』だが、彼は新人ではなく、元ワールド・オブ・オズ～ザ・ラッツという経歴を持つヴェテランだった。ギターにクリス・スペディングとオリー・ハルソール、ベースは元レインボーのジミー・ベインという名手がバックを務め、ニュー・ウェイヴと言うよりは、手堅い英国ロックという印象になった。

　フランスのニュー・ウェイヴ・バンド、モダン・ガイの『ユヌ・ヌーヴェル・ヴィー』は、ニューヨーク録音された彼ら唯一の作。ジョンはオルガンやパーカションで演奏にも加わっている。パティ・スミス・グループのキーボーディストだったリチャード・ソウルがゲスト参加しているのは彼の人脈だろう。

Lio
Pop Model

FRA・Polydor／831 232-1
Release: 1986年

Element Of Crime

GER・Polydor／831 787-1
Release: 1987年

Happy Mondays
Squirrel And G-Man

UK・Factory／FACT 170
Release: 1987年4月

キュートなルックスで日本でも人気を博したベルギーのポップ・シンガー、リオの『ポップ・モデル』では、「ダラス」「イヴニング・ジャケット」「バービー」のプロデュースとストリングス・アレンジを担当した。メイン・プロデューサーのミシェル・エステバンによる楽曲は従来からのロリータ・アイドル路線だが、ジョンが担当した3曲は大人っぽい雰囲気を醸し出している。

『トライ・トゥ・ビー・メンシュ』はジャーマン・ポップ・ロック・バンドの2作目。ロンドンでレコーディングされており、歌詞も英語にチャレンジしている。ジョンはプロデュースのほか、「アズ・ロング・アズ・アイ・ラヴ・ユー」「ドント・ユー・スマイル」「ビーウェア・オブ・ストレンジャーズ」「ナーヴァス・アンド・ブルー」の4曲を作曲し、キーボードも演奏した。

マッドチェスター・ムーヴメントを牽引したハッピー・マンデーズのデビュー作『スクワーレル&G-MAN』もジョンのプロデュース。ファクトリー・レーベルは彼ならば何とかしてくれるかもしれないという目論なのだろう。このころジョンは酒を止めたばかりで、バンドのハチャメチャなノリには苦労したようだ。ビートルズの「オブ・ラ・ディ・オブ・ラ・ダ」との類似性を指摘された「デズモンド」に代わって収録された「24アワー・パーティ・ピープル」は、英国のインディー・チャートで10位を記録。02年にはトニー・ウィルソンの回顧録をもとにしたファクトリーのドキュメント映画のタイトルにも使われた。

Art Bergmann
Crawl With Me

CAN・Duke Street／DSR 31046
Release: 1988年

ストゥージズやニューヨーク・ドールズの影響を受けたカナダのパンク・バンド、ヤング・カナディアンズにいたアート・バーグマンのソロ・デビュー作『クロール・ウィズ・ミー』をプロデュース。当初はボブ・ロックとポール・ハイドによってデモ・レコーディングが進んでいたが、最終的にジョンが引き継ぎ、キーボードやコーラスでもバックアップした。ジュノー賞のブレイクスルー・アーティスト・オブ・ザ・イヤーにノミネートされるなど、カナダではかなりの注目を集めた作品である。

Louise Féron

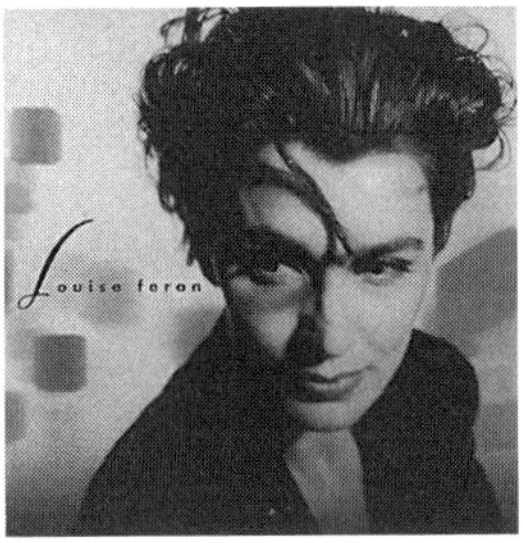

FRA・Virgin／70839
Release: 1991年

フランスのポップ・ロック・シンガー、ルイーズ・フェロンのデビュー作でもプロデュースとキーボードを担当。さらに〝ファム・ファタール〟をテーマにした短篇小説と同じタイトルの「ラ・モルテ・アムレウス」を提供している。このころのジョンはサントラの仕事でフランスを拠点にしていたので、彼女のアルバムに携わったのもその流れからだったようだ。出来映えを気に入ったのか、自身のジョン・ケイル・ミュージックで出版も引き受けている。

Siouxsie & The Banshees
The Rapture
スージー＆ザ・バンシーズ：
恍惚〜ラプチュア

UK・Wonderland／523725-2［CD］
Release: 1995年1月17日

紅一点のスージー・スーを中心としたスージー＆ザ・バンシーズの最終作『恍惚〜ラプチュア』では、全英34位を記録した「O・ベイビー」をはじめ、「ティアリング・アパート」「ザ・ロンリー・ワン」「フォーリング・ダウン」「フォーエヴァー」の5曲をプロデュース。それまでのバンドのゴシックなカラーとは異なる、アヴァンギャルドとポップが同居する不思議な感覚は、幅広い音楽に精通するジョンならではの仕事と言える。

Les Nouvelles Polyphonies Corses In Paradisu

FRA・Mercury／532453-2［CD］
Release: 1996年

レ・ヌーヴェル・ポリフォネス・コルスは、70年代のコルシカ・ルーツ・リヴァイヴァル運動に関わっていたパトリツィア・ポリと幼馴染みのパトリツィア・ガッタセカのプロジェクト・バンド。ジョンは彼女たちの2作目『イン・パラダイス』のプロデュースとアレンジを担当。「ダイズ・イレ」には、パティ・スミスをゲスト・ヴォーカリストとして迎えている。コルシカ島伝統のチャント・ミュージックを現代風にアレンジし、実にアートな作品に仕上げている。

Mediæval Bæbes Undrentide

UK・BMG Classics／75605 51359 2［CD］
Release: 2000年

00年代を迎えたジョンは、ドロシー・カーターとキャサリン・ブレイクを中心に結成された総勢12名のクラシック・アンサンブル、メディヴァル・ベーブスの『アンドレインタイド』をプロデュースした。伝統楽器を使いながら、ウェールズ語やコーニッシュなどさまざまな言語で歌うグループに、エレキ・ギターやサクソフォンといった現代楽器を導入。ボサノヴァのアレンジを施すなどして中世音楽の新たな可能性を提示した。

Alejandro Escovedo The Boxing Mirror

Back Porch／09463-50965-2-1［CD］
Release: 2006年

ビートニクやプロト・パンクからの影響を受けたテキサス出身のシンガー・ソングライター、アレハンドロ・エスコベドの『ザ・ボクシング・ミラー』は、全面的にプロデュースを務めたジョンの色が強く出たアヴァン・ロックになっている。余談だが、エスコベドはサンタナのコークの弟でシーラ・Eの叔父でもある。ジョンは以前からエスコベドと交流があり、C型肝炎で活動休止を余儀なくされた彼の救済を目的としたベネフィット・アルバム『ポ・ヴィーダ』（04年）にも参加していた。

Conflict & Catalysis - Productions & Arangemebts 1966–2006

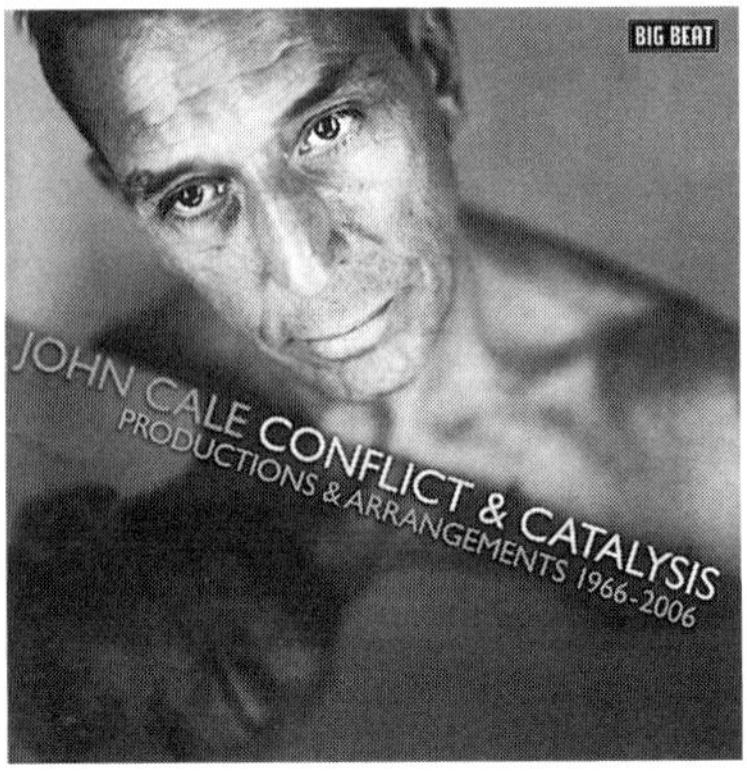

UK・Big Beat／CDWIKD 299［CD］
Release: 2012年3月9日

1. Venus In Furs (The Velvet Underground)
2. I Wanna Be Your Dog (John Cale Mix) (The Stooges)
3. In Excelsis Deo / Gloria (Patti Smith)
4. Afraid (Nico)
5. Pablo Picasso (The Modern Lovers)
6. Who Is That Saving Me (Harry Toledo & The Rockets)
7. Re-Bop (Marie Et Les Garçons)
8. Disco Clone (Cristina)
9. Italian Sea (Chunky, Novi & Ernie)
10. No King (Ventilator)
11. Sex Master (Squeeze)
12. Take Your Place (Alejandro Escovedo)
13. Kuff Dam (Happy Mondays)
14. Runaway Child (Minors Beware) (The Necessaries)
15. Omnes Gentes Plaudite (The Drinking Song) (Mediaeval Baebes)
16. Needles For Teeth (The Jesus Lizard)
17. Scorch (Goya Dress)
18. Dallas (Lio)
19. Tearing Apart (Siouxsie & The Banshees)
20. Spinning Away (Eno / Cale)

　ここまでジョンがプロデュースしてきた作品を個々に紹介してきたが、『コンフリクト&カタルシス』は、彼のアレンジャー／プロデューサーとしての仕事を一挙にまとめた作品集だ。

　ヴェルヴェッツの「毛皮のヴィーナス」やストゥージズの「アイ・ワナ・ビー・ユア・ドッグ」のジョン・ケイル・ミックスといった初期の楽曲から、ジョンが興したレーベル、スパイから発売されたハリー・トレド&ロケッツとネセサリーズ、マリー・エ・レ・ギャルソンズ、クリステーナらのレア・シングル、さらにはブライアン・イーノとのコラボまで、レーベルを超えて幅広く編纂されている上に、ジョンや各アーティストの証言をもとにした1曲ごとの解説もついているので、さまざまなプロジェクトに対し、ジョンがその時々でどう向き合ってきたのかが一望できる内容になっている。ここに収録された曲を集めようとすれば、それなりの費用と時間が必要なだけに、価値あるコンピだ。

　すべてが商業的に成功したわけではないし、必ずしも担当したアーティストから感謝されていないことからすれば、いわゆる名プロデューサーとは違うのかもしれないが、相手と互いに刺激し合いながら、これほどまでに多種多様な音楽に対応できる人間はそうはいないと思う。

Chapter 6

MOE TUCKER
DOUG YULE

山田順一
和久井光司

ロック史に残る変則ドラム――モーリン・タッカー

山田順一

1944年8月26日、ニューヨークのレヴィタウンで生まれたモーリン・アン〝モー〟タッカーは、ロウ・ティーンにしてボ・ディドリーやローリング・ストーンズに魅せられ、19歳のときにババトゥンデ・オラトゥンジに憧れてドラムをはじめている。

イサカ大学を中退したモーは、IBMでパンチ・カードのオペレーターとして働きながら音楽を続けていた。そんなとき兄ジムの高校時代の友人だったスターリング・モリソンから声をかけられ、ヴェルヴェッツの一員となるのだ。もともとポップ・ミュージックのファンだったモーは、アヴァンギャルドで実験的なバンドのスタイルに戸惑いながらも、自分のドラム・スタイルを磨いていく。〝ドラマーはタイム感をキープする存在〟と考えていた彼女は、スネアとバス・ドラムだけのシンプルなセットを使い、普通はバス・タムを置く位置にバスドラを寝かせ、それをスティックで叩きながらリズムを刻む。この特異な奏法はヴェルヴェッツにとって欠かせないものになり、そのビートは音楽史を変えたとまで言われている。

ドラマーとしての魅力とは別に、ヴェルヴェッツのメンバーからすれば、モーは〝純粋無垢な妹〟のような存在だった。したがって性別を超えた家族のような関係性でバンドを続けられたのである。

その後は出産と子育てのために音楽シーンから遠ざかった彼女だったが、89年にハーフ・ジャパニーズに加入したのを機にライヴ・シーンにも復帰。92年には再結成ヴェルヴェッツにも参加した。現在は仲間や後輩たちに囲まれながらマイ・ペースな活動を行なっている。

Modern Pop Classics / Of Yesterday

US・Varulven / 805-111 [7 inch]
Release: 1980年

Will You Love Me Tomorrow / Around And Around

US・Trash / T86244 [7 inch]
Release: 1981年

Playin' Possum

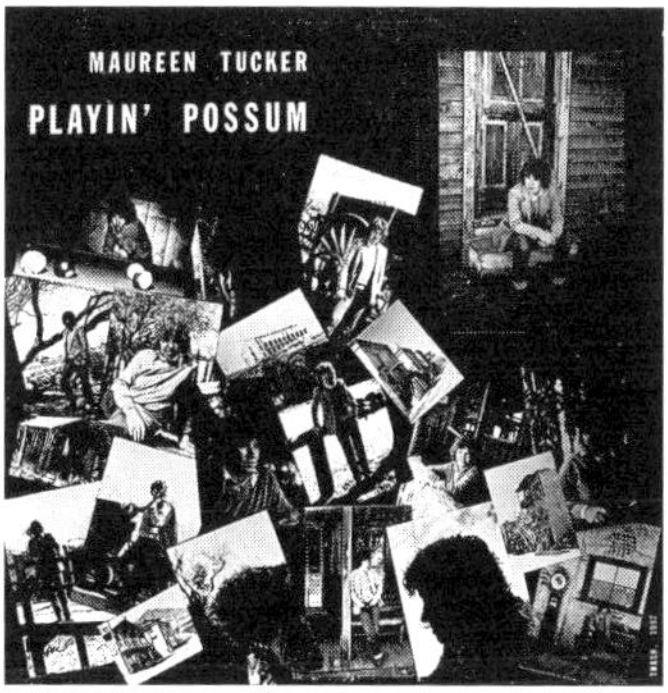

US・Trash / TLP 1001
Release: 1982年
[Side A] 1. Bo Diddley / 2. Heroin / 3. Slippin' And Slidin' / 4. I'll Be Your Baby Tonight
[Side B] 1. Louie Louie / 2. Slippin' And Slidin' / 3. Concerto In D Major / 4. Around And Around / 5. Ellas

産休を終えたモーが音楽界に復帰しようとしたとき、ダグのヴェルヴェッツさえ解散していたのだから活路は見出せなかったのだろう。80年にボストンのインディー・レーベルからリリースされた「アイム・スティッキング・ウィズ・ユー」はソロ初となる74年2月24日録音。ジョナサン・リッチマンやウィリー・アレキサンダーとの面白い企画ものだが、モーが参加しているのはA面のみ。

ワン・マン・レコーディングで活動を再開した彼女は、アリゾナでトラッシュ・レコーズを興し、まずチャック・ベリーの「アラウンド・アンド・アラウンド」と、ゴフィン／キングの「ウィル・ユー・ラヴ・ミー・トゥモロウ?」をカヴァーしたシングルを発表し、翌年、満を持しての初ソロ・アルバム『プレイン・ポッサム』にいたるわけだ。

女のコっぽいヘロヘロしたヴォーカルはヴェルヴェッツ時代の持ち歌でも知られていたが、重いドラムと相反するようにツッコミ気味のギターと、チープな録音のおかげで〝ロー・ファイ〟を絵に描いたようなアルバムになった『プレイン・ポッサム』は、ある意味ではメンバーのソロ作中、最も初期ヴェルヴェッツに近いパンク感があったため、彼女の存在はインディー・シーンで注目を集めることになる。ソロの代表曲になった「ボ・ディドリー」と、彼女なりの解釈が面白い「ヘロイン」などはサンディズドによるコンピ『アイ・フィール・ソー・ファー・アウェイ』でも聴けるので、〝女性パンク・ロッカーの元祖〟っぷりをとくと味わっていただきたい。（和久井）

Moe Tucker
Moejadkatebarry
モージャドケイトバリー

US・50 Skidllion Watts / MOE 1 [12 inch]
Release: 1986年
[Side A]
1. Guess I'm Falling In Love / 2. Baby, Ehay You Want To Do / 3. Jud Ia A Fink
[Side B]
1. Why Don't You Smile Now/ 2. Hey, Mr.Rain

Moe Tucker
Hey Merch!

US・50 Skidillion Watts／MOE 6-0 [12 inch]
Release: 1989年
[Side A] Hey Merch!
[Side B] 1. Talk So Mean (Non-LP Extended Mix) / 2. Talk So Mean (Alternate Non-LP Mix)

ハーフ・ジャパニーズの中心者として活躍し、このころオルタナ／ロー・ファイ界のトップに躍り出たジャド・フェアの誘いを受けてのバンド結成だったが、モーにとっては大きなステップ・ボードとなった。リード・ギターとベースはバリー・ストック、リズム・ギターはケイト・メッサー、ドラムとバッキング・ヴォーカルはモーで、ヴォーカルはジャドの〝バンド〟だが、まるでモーのソロ・プロジェクトのように見せているのは、ジャドのリスペクトだろう。

彼のフィフティ・スキッディリオン・レコーズは、ジャドがイラストを手掛けるジャケットが目印にもなっていて、非常に記名性が高いため、ヴァセリンズやティーンエイジ・ファン・クラブとのコラボ作を生むことにもなったが、ヴェルヴェッツのモーを引っぱり出したのはジャドにとっても箔がついた格好だった。87年に発表した5曲入りの12インチ・ミニ・アルバム『モージャドケイトバリー』がグループ唯一の作品になるはずだったが、売り切れたからか、ジャドは「トーク・ソー・クリーン」のミックス違い2ヴァージョンをB面に入れた「ヘイ・マーシュ！」の12インチを89年にリリースして、ちゃっかり商売にしてる(笑)。この曲はモーのドラムはいいし、ヴォーカルもフィーチャーされてるから、モーにしか興味がない人にはこっちだけで充分という気もする（ジャドの絵が2枚揃うのはアート的に意義深いが）。

いずれにしても双方にとって、とても良いコラボだったので、このプロジェクトはオススメである。

（和久井）

Maureen Tucker
Life In Exile After Abdication
ライフ・イン・エグザイル・アフター・アブディケイション

US・50 Skidillion Watts / MOE 7-1
Release: 1989年
[Side A]
1. Hey Marsh / 2. Spam Again / 3. Goodnight Irene / 4. Chase / 5. Andy
[Side B]
1. Work / 2. Pale Blue Eyes / 3. Bo Diddley / 4. Talk So Mean / 5. Do It Right

[Reissue CD]

88年にジャドのレーベルからリリースされたソロ・アルバム。同年3月にニューヨークのノイズ、6月から10月にかけてフロリダはゲインズヴィルのミラー・イメージで録音されたもので、ヴォーカル、ギター、ピアノ、ドラムスのモーと、ケイト・メッサー（ギター）、ジャド・フェア（ギター）、ハンク・バックメイヤー（ギター、ベース）が主要メンバー。

ここに、ルー・リード（ギター）、サーストン・ムーア（ギター、コーラス）、キム・ゴードン（ベース）、スティーヴ・シェリー（ドラムス）、スコット・ジャーヴィス（ドラムス）、アン・マリー・エア（ピアノ）、リー・ラナドゥー（ギター）らと、ダニエル・ジョンストン、ドン・フレミング（コーラス）が加わっているのだから、新旧混えてのオルナタ・オールスターズといった塩梅。「ペイル・ブルー・アイズ」の再演と、レッドベリーの「グッドナイト・アイリーン」、おなじみの「ボ・ディドリー」と、ジャドとダニエル・ジョンストンの共作曲「ドゥ・イット・ライト」以外はモーのオリジナル曲ということもあって、注目度も高かったアルバムである。8分を超えるインスト曲「チェイス」の緊張感が、モーの現役感を際立たせたのも良かった。

93年にリリースされたジャケ違いのCDには、フィフティ・スキッディリオン版には未収録の「ゲス・アイム・フォーリング・イン・ラヴ」「ベイビー・ホワット・ユー・ウォント・ミー・トゥ・ドゥ」「ホワイ・ドント・ユー・スマイル・ナウ」「ヘイ、ミスター・レイン」がボーナス収録されているので要注意。（和久井）

Moe Tucker
I Spent A Week There The Other Night
愛は永遠に

FRA・New Rose／rose 273
Release: 1991年
[Side A]
1. Fired Up / 2. That's Bad / 3. Lazy / 4. S.O.S . / 5. Blue All The Way To Canada
[Side B]
1. (And) Then For Kissed Me / 2. Too Shy / 3. Stayin Put / 4. Baby, Honey, Sweetie / 5. I'm Not

Moe Tucker
Too Shy / Fired Up

FRA・New Rose／ROSE 152 [10 inch]
Release: 1991年

ルー、ジョン、スターリングがバラバラに参加し、一枚にオリジナル・ヴェルヴェッツのメンバーが揃ってしまったという、リンゴ・スターの『リンゴ』のようなアルバム。すっかり現役感を取り戻したモーは自らプロデュースとアレンジを担当し、ヴォーカルはもちろん、ギター、ベース、パーカッションを楽しそうにプレイしている。「アイム・ウェイティング・フォー・ザ・マン」の再演と、トランペットのジム・ターナーと共作した「ブルー、オール・ザ・ウェイ・トゥ・カナダ」、そしてフィル・スペクターの「（アンド）ゼン・ヒー・キスド・ミー」以外はモーのオリジナル曲というのも効いて、〝女性パンク・ロッカーの元祖〟を克明に描くのに成功している。

英国のレインコーツやエッセンシャル・ロジック辺りを思い出させるサウンドなのは、パンク／ニュー・ウェイヴ以降の女性ロッカーがどういう表現をしているかを真面目に研究した結果、という気もする。『プレイン・ポッサム』にあった〝田舎のおばちゃん感〟がすっかりなくなり、みごとにセルフ・プロデュースができているのだから大したものだ。

ドラムをジョン・スラゲットに任せ、ソングライター／シンガーとして全体を見ているからだろう、アレンジにも無駄がなく、ミュージシャンを適材適所に配している。おかげでルーとスターリングは影が薄いが、ジョン・ケイルがヴィオラやシンセで存在感を示し、〝ヴェルヴェッツらしさ〟を演出しているのはさすが。そういう意味では、再結成への弾みになった一枚と言ってもいい。（和久井）

Moe Tucker
Live - Oh No, They're Recording This Show

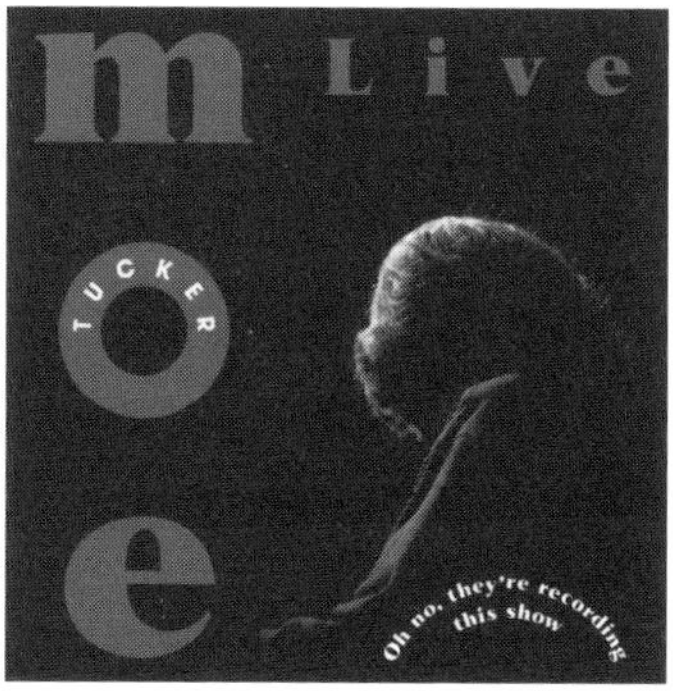

FRA・New Rose / ROSE 422-418［CD］
Release: 1992年
1. Spam Again / 2. Hey Mersh / 3. Stayin' Put / 4. That's B.A.D. / 5. Goodnight Irene / 6. Too Shy / 7. Talk So Mean / 8. Lazy / 9. Baby, Honey, Sweetie / 10. S.O.S. / 11. Fired Up / 12. Too Shy / 13. Bo Diddley

Moe Tucker
Dogs Under Stress
ドッグズ・アンダー・ストレス

EU・New Rose／422492［CD］
Release: 1994年7月19日
1. Cracking' Up / 2. Me, Myself, I / 3. I've Seen Into Your Soul / 4. I Don't Understand / 5. Crazy Hannah's Ridin' The Train / 6. Danny Boy / 7. Little Girl/ 8. Saturday Night / 9. Train / 10. Poor Little Fool / 11. I Wanna

『ライヴ～』は前作に参加していたダニエル・ハッチェンス（ベース）、ジョン・スラゲット（ドラムス）、サニー・ヴィンセント（ギター）に、スターリング・モリソンを加えたバンドが、92年2月23日にフランスでライヴ録音したもの。悪くはないが、ステージで演奏することに慣れていないバンドなのは明らかで、元ヴェルヴェッツのメンバーがふたりいる、という以上の何ものでもない。

そのバンドにドン・フレミングらゲストを迎えて録音された『ドッグ・アンダー・ストレス』は、ボ・ディドリーの「クラッキン・アップ」で幕を開ける。プロデュースとアレンジはモー。明るくポップなオリジナル曲が大半だから、バングルズやゴー・ゴーズらアメリカの80年代組の感じ。ここまでフツーになっちゃうと〝個性〟という面では弱いが、気負いなくやっているからか、好感は持てる。

単純なコードのチープなロックンロール・ナンバーが多いから、変化球のつもりで「ダニー・ボーイ」を入れたのかもしれないが、フォークっぽくも、カントリーっぽくもない不思議なアレンジのおかげで目的が見えないのが残念。オルタナな表情をつければ変化球以上のものになったのに…。ドラム・ソロから入る「プア・リトル・フール」にしてもアレンジに必然性が感じられないし、「アイ・ウォナ」ではスターリングの取って付けたようなソロが曲の雰囲気を壊してしまっている。客観的なプロデューサーがいれば聴き応えのある作品になったはずだが、モー姉さんに「これでいいの」と言われたら誰も逆らえないか。（和久井）

Grl-Grup

US・Lakeshore Drive / LSD 2001 [CD]
Release: 1997年
1. Then He Kidded Me / 2. Be My Baby / 3. To Know Him To Love Him / 4. Da Doo Ron Ron

I'm Sticking With You / After Hours

US・Lakeshore Drive / LSD 2002 [CD]
Release: 1997年

More Rocks Terra Stock - Live In Seattle 11/05/2000
モーリン・タッカー・バンド：テラストック

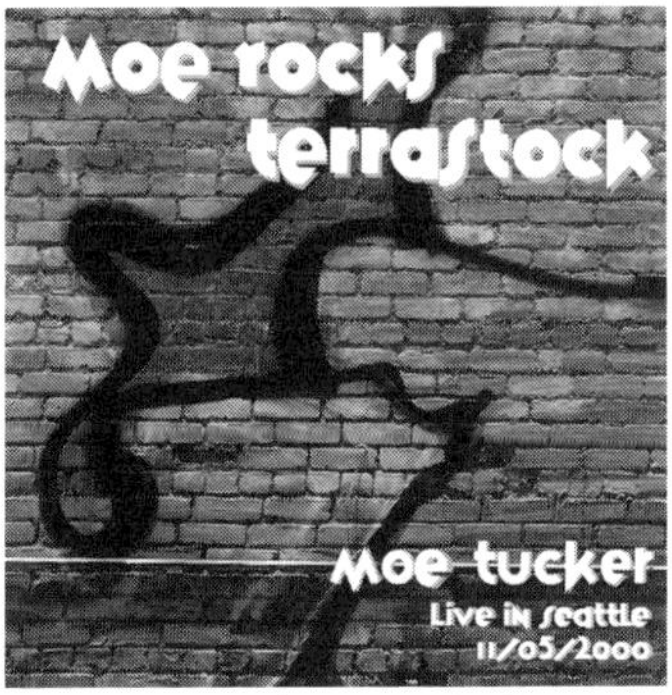

JAP・Captain Trip／CTCD-400 [CD]
Release: 2002年9月
1. Spam Again / 2. I Wanna / 3. I'm Sticking With You / 4. Cracking' Up / 5. B.A.D. / 6. Hey Mersh / 7. Fired Up / 8. Bo Diddley

EP「ガール・グリップ」は、クリスタルズ、ザ・ロネッツ、テディ・ベアーズら60年代のガール・グループのカヴァー集。収録楽曲はすべてフィル・スペクター・ワークスでもある。モーは91年の『夜は永遠に……』でも、フィルがつくったクリスタルズの「キッスでダウン」を取り上げていたが、ここではもっとストレートなカヴァーになっていて、彼女の歌声もキュート。女の子が主役だった、あの頃のポップスが好きでたまらない気持ちが伝わってくる。

シングルの「アイム・スティッキング・ウィズ・ユー／アフター・アワーズ」は、ヴェルヴェッツ・ソングのカヴァー。前者はソロで2度目になるが、どちらもモーの持ち歌だった曲だ。バックは「ガール・グリップ」にも参加していたチェンジリングが務めている。95年のスターリング・モリソンの逝去と96年のロックの殿堂入りは、彼女を再びヴェルヴェッツと向き合わせることになった。

日本限定で発売された『テラストック』は、モーにとって2枚目のライヴ・アルバム。00年11月にシアトルのショウボックスで開催された音楽フェス〈テラストック4〉に出演した際の音源で、ヴェルヴェッツの「アイム・スティッキング・ウィズ・ユー」とボ・ディドリーの「クラッキン・アップ」には、同じフェスに招かれていたダグ・ユールがヴォーカルとピアノ、ギターで参加。実に30年ぶりの共演を果たして会場を沸かせている。収録時間は短いが、ロックンロールの初期衝動を自然体で表現したモーの姿が記録されている。（山田）

I Feel So Far Away Anthology 1974–1998

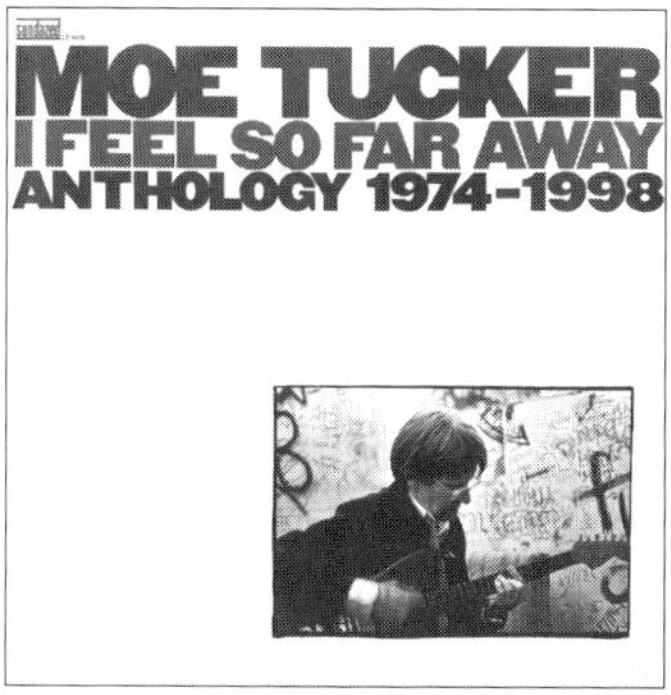

US・Sundazed Music／LP 5315
Release: 2012年3月27日
[**Side A**] 1. Bo Diddley / 2. Heroin / 3. Slippin' And Slidin' / 4. Arpond And Around
[**Side B**] 1. Will You Love Me Tomorrow / 2. I'm Sticking With You / 3. Guess I'm Falling In Love / 4. Andy / 5. Hey Mersh!
[**Side C**] 1. Pale Blue Eyes / 2. Chase / 3. Talk So Mean
[**Side D**] 1. Fired Up / 2. Too Shy / 3. That's B.A.D. / 4. Lazy / 5. Blue All The Way To Canada / 6. Then He Kissed Me
[**Side E**] 1. I'm Not / 2. I'm Waiting For The Man / 3. Spam Again / 4. Cracking' Up
[**Side F**] 1. I've Seen Onto Your Soul / 2. Poor Little Fool / 3. I Wanna / 4. To Know Him Ia To Love Him / 5. Last Night I Said Goodbye To My Friend / 6. After Hours

I'm Sticking With You An Introducing To Moe Tucker
アイム・スティッキング・ウィズ・ユー

US・Modern Harmonic／MH-8073
Release: 2018年10月26日
[**Side A**] 1. I'm Waiting For The Man / 2. Pale Blue Eyes / 3. Heroin / 4. I'm Sticking With You
[**Side B**] 1. Guess I'm Falling In Love / 2. Around And Around / 3. Will You Love Me Tomorrow ? / 4. Andy / 5. Last Night

まさかの、でも嬉しい『アンソロジー1974―1998』は、モーのソロ・キャリアをまとめた2枚組アンソロジー。80年発売のシングル「アイム・スティッキング・ウィズ・ユー」から、98年8月8日、9日録音のスターリング・モリソンに捧げた「ラスト・ナイト・アイ・セイド・グッバイ」（96年にヴェルヴェッツがロックの殿堂入りのセレモニーで披露したものとは一部の歌詞と曲調が異なる未発表音源）まで、全32曲を収録。「トーク・ソー・ミーン」のオルタネイト・ミックスや、「ファイアード・アップ」と「トゥー・シャイ」のシングル・ヴァージョンなどレア・トラックも含まれているが、重要な曲はほぼ網羅されているので入門編としてもうってつけ。編纂とマスタリングを手がけたボブ・アーヴィンのいい仕事だと思う。

〝バナナ・ジャケ〟のオマージュのようなアートワーク、ホワイト・ヴァイナルでヴァーヴのロゴをもじったレーベル・デザインがそそる『アイム・スティッキング・ウィズ・ユー』は、モーの最新コンピレーション。チャック・ベリーの「アラウンド・アンド・アラウンド」のカヴァーもあるが、『アナザー・ヴュー』で発掘された「ゲス・アイム・フォーリング・イン・ラヴ」をはじめとするヴェルヴェッツ時代の曲のリメイク・ヴァージョンを収録し、ウォーホルのことを歌った「アンディ」や、スターリング・モリソンとの別れを曲にした「ラスト・ナイト・アイ・セイド・グッバイ」を収めるなど、どこまでもヴェルヴェッツにこだわっているのがポイント。（山田）

不遇だったマルチ・プレイヤー——ダグ・ユール

山田順一

1947年2月25日、ニューヨークのミネオラで生まれたダグラス・アラン・ユールは、幼いころからピアノとチューバを習い、高校時代にはギターやバンジョーも演奏するようになっていた。ボストン大学へと進学すると、演技の勉強をはじめたが、アルゴノーツというバンドに誘われたことで音楽の道に進むことを決心する。その後はグラス・メナジェリーでギターを弾き、そこで末期ヴェルヴェッツのメンバーとなるウォルター・パワーズとウィリー・アレキサンダーに出会っている。

グラス・メナジェリーのマネージャーでダグのアパートの貸主だったハンス・オンサガーが、ヴェルヴェッツをマネージメントしていたスティーヴ・セスニックと知り合いだったことから彼らとの交流がはじまり、68年には脱退したジョン・ケイルの後釜としてヴェルヴェッツに加入。主にベースを担当し、曲の共作者としてもルー・リードを支えた。70年8月のルー脱退後には、セスニックの指示でフロントに立ったが、73年に自らの手でバンドを終わらせている。

76年にはエリック・カズ、クレイグ・フラーらとアメリカン・フライヤーを結成。2枚のアルバムを残したが、マネージャーらの陰謀に翻弄される音楽人生に嫌気が差して引退。ヴァイオリンのルーティエになった。

そんなダグがひっそりと音楽活動を再開したのは99年のこと。養子縁組の支援を目的とした『ア・プレイス・トゥ・コール・ホーム』に1曲を提供し、02年にライヴ盤『テラストック』を発表。09年にはフォーク／カントリー・バンドのレッドドッグを結成して2枚の作品をリリースしている。

American Flyer
American Flyer
アメリカン・フライアー

United Artists／UA-LA650-G
Release: 1976年
[**Side A**] 1. Light Of Your Love / 2. Such A Beautiful Feeling / 3. Back In '57 / 4. Lady Blue Eyes / 5. Let Me Down Easy / 6. M
[**Side B**] 1. The Woman In Your Heart / 2. Love Has No Pride / 3. Queen Of All My Days / 4. Drive Away / 5. Call Me, Tell Me / 6. End Of A Love Song

American Flyer
Spirit Of A Woman 1977
スピリット・オブ・ア・ウーマン

United Artists／UA-LA720-G
Release: 1977年
[**Side A**] 1. Spirit Of A Woman / 2. Gamblin' Man / 3. My Love Comes Alive / 4. Victoria / Written-By – S. Katz* / 5. Dear Carmen
[**Side B**] 1. I'm Blowin' Away / 2. Flyer / 3. The Good Years / 4. Keep On Tryin'

ダグ、元ブラッド・スウェット&ティアーズのスティーヴ・カッツ、元ピュア・プレイリー・リーグのクレイグ・フラー、元ブルース・マグースのエリック・カズによる『アメリカン・フライヤー』は、美しいメロディと爽やかなハーモニーが堪能できる良質なアメリカン・ロック・アルバムだ。それぞれが書く曲も魅力的で、ポコのラスティ・ヤングやリー・リトナーらゲストもアルバムにいい効果をもたらした。アメリカをヒットに導いたジョージ・マーティンにプロデュースを委ねたのも正解だったと言える。レコード会社が目論んだ〝第2のイーグルス〟とまではいかなかったが、全米87位とそこそのヒットを記録した。

　ケン・フリーセルとバンドの共同プロデュースで制作された2作目『スピリット・オブ・ア・ウーマン』は、より都会的なサウンドを聴かせる。相変わらず曲がよく、こちらもウェスト・コースト・ロックの好盤と言える出来だった。J.D.サウザーやリンダ・ロンシュタットも参加している。しかし、バンドはほどなく空中分解してしまった。彼らはルー・リードのマネージャーだったデニス・カッツの画策から生まれたプロジェクトだったため、実際にはバンドとして機能していなかったのである。

　このあとエリックとクレイグはデュオ作を出して注目を集め、シンガー・ソングライターとしての評価を固めていく。ゆえにアメリカン・フライヤーは彼らが在籍していたバンドとして語られることが多いが、ダグのミュージシャンとしての才能も見直されるべき。（山田）

Doug Yule
Live In Seattle 2002
テラストック（ライヴ・イン・シアトル）

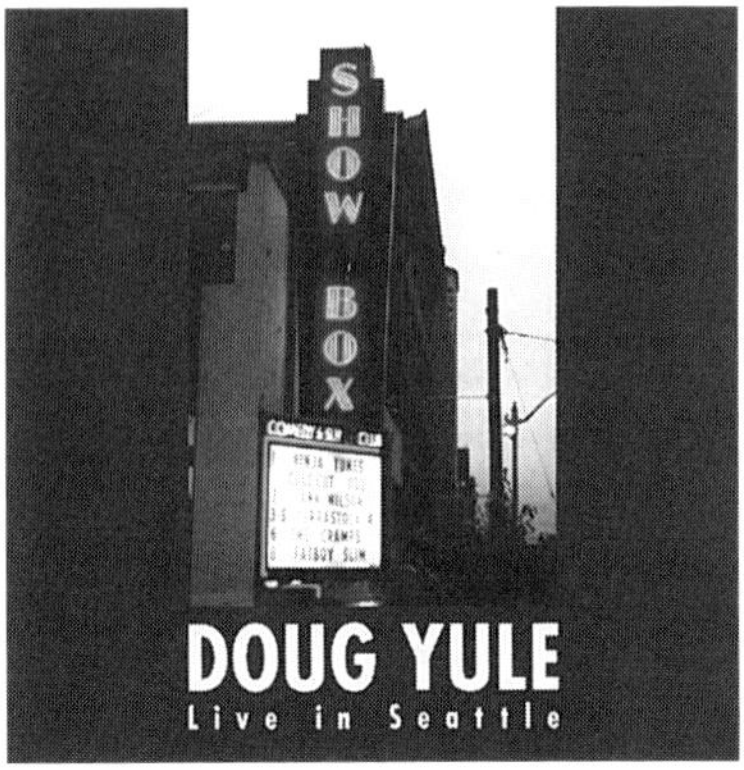

JAP・Captain Trip／CTCD-401［CD］
Release: 2002年10月10日

1. Candy Says
2. Beginning To Get It
3. What Goes On
4. Sweet Jane
5. After The Fall
6. Love Song
7. White Devils
8. Two More Hands
9. Rules
10. Purple Mountain Glory
11. Beginning To Get It
12. What Goes On

日本限定で発売された『テラストック（ライヴ・イン・シアトル）』は、ダグがシーンに復帰してからのライヴ・アルバム。00年5月25日にシアトルのクロコダイル・カフェで行なわれたライヴと、11月3日から5日まで、シアトルのショウボックスで行なわれた音楽フェス〈テラストック4〉に出演した際の音源で、そちらは4日から5日へと日付が変わったばかりの深夜0時にスタートしたステージの模様が収録されている。

普通の生活を送っていたダグが再び音楽の世界に戻ってきたきっかけは、99年にチャリティ・アルバムの『ア・プレイス・トゥ。コール・ホーム』に「ビギニング・トゥ・ゲット・イット」を提供したことからだった。翌00年には、ヴェルヴェッツのファンジンを発行していたサル・マーキュリの強い薦めもあって、シアトルのクロコダイル・カフェで開かれたクリーン・ニードル・プログラムのチャリティ・コンサートに出演。それを観ていた〈テラストック〉の主催者が、フェスにもぜひ、と声をかけてきたのである。その申し出に最初は戸惑ったダグだったが、書きためていた連作歌曲集『ソング・サイクル・ワン』の曲を披露するいいチャンスと考え、出演を受諾。バックのメンバーを募って、本番に臨んだ。

CDの前半、4曲目まではクロコダイル・カフェでの演奏。この日はヴェルヴェッツのトリビュート・コンサートでもあったため、「キャンディ・セッズ」、「ホワット・ゴーズ・オン」、「スウィート・ジェーン」を演奏している。5曲目以降は〈テラストック4〉での音源で、新曲を一通り聴かせたあと、ヴェルヴェッツの「ホワット・ゴーズ・オン」で締めている。長いブランクがあっただけにギターを携えたダグは万全な状態とは言えないが、温かみのあるヴォーカルを聴かせている。

（山田）

Chapter 7

NICO

森 次郎
和久井光司

死と隣り合わせで生きた堕天使——ニコ

和久井光司

ニコ、ことクリスタ・パフゲンは１９３８年10月16日にドイツのケルンで生まれた。父ヴィルヘルム・パフゲンはケルン出身のトルコ人（諸説ある）、母マルガレーテ（グレーテ）・シュルツはリュベナウで生まれたポーランド系のロシア人（民族的にはアーリア人）で、父はカソリック、母はプロテスタントだったという。

ヴィルヘルムとグレーテは38年の元日にケルンで式を挙げたが、クリスタが生まれたころ、すでに父はドイツ国防軍に入隊していたため、グレーテは娘を私生児として届け、３週間後にカソリックの洗礼を受けた際にクリスタ（キリストの娘）と名づけた。それは深夜にユダヤ人の店の窓が割られ、目抜き通りを砕け散ったガラスが埋めたクリスタル・ナハト（水晶の夜）の前日だったそうだ。

父は42年のはじめにフランスで敵軍の銃撃を受けて瀕死の重傷を負い、足手纏いになると思った味方の上官によってとどめをさされて戦死。グレーテは娘を連れて一旦リュベナウに戻り、クリスタは〝オミ〟と呼ばれていた祖父が聞かせてくれる伝奇やニーベルンゲンのようなドイツ神話を楽しみにする美しい娘に育った。

45年4月23日、リュベナウはロシア軍のふたつの師団によって制圧されたが、オミが鉄道関係の仕事をしていたため占領軍に重宝がられ、大戦終了後、グレートとクリスタはすぐにベルリンに越している。10月1日、クリスタはヴィルマースドルフ・シェーネンベルク小学校に入学し、やがて母の奨めでバレエを始めた。49年5月12日にロシア軍がベルリンの封鎖を解除すると、〝アメリカ〟が押し寄せてきて、西ベルリンは自由貿易の街にな

パンク詩人のジョン・クーパー・クラークと（1982年ごろ）。

ジャック・ポワトルノー監督の『ストリップ・ティーズ』（1963）では主役を演じ、ゲンズブールが書いたタイトル曲を唄った。

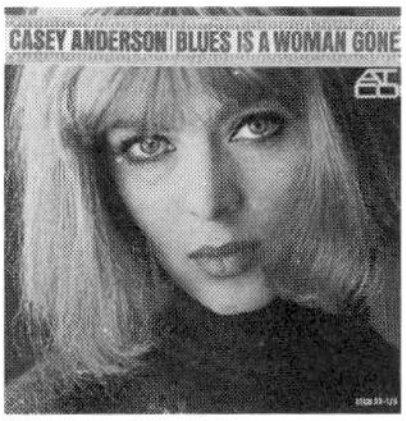

ケイシー・アンダーソン『ブルース・イズ・ウーマン・ゴーン』（1965）。

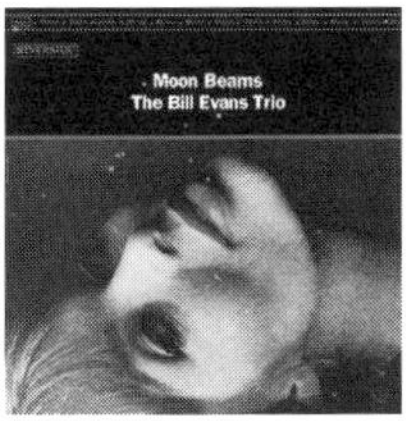

ザ・ビル・エヴァンス・トリオ『ムーン・ビームス』（1962）。

る。おかげで豊かになったのか、母娘はレーゲンスブル通りとアンスバッハー通りの交差点に建つ6階建のフラットに越し、グレーテはナチスの歌姫と謳われたツァラー・レアンダーのSPを聴いて過ごす余裕も見せはじめたらしい。このころになるとクリスタはドイツという国を嫌うようになっていたようだが、レアンダーの歌は後年のニコのヴォーカル・スタイルに多大な影響を与えたようである。

13歳になったクリスタは極めて美しかったが、バレエをやるには大柄すぎるとされ、相手にされなくなっていく。そんなころアメリカ軍の黒人兵にレイプされ、想像を超える恐怖を味わったせいで、彼女は「生と死は隣り合わせ」と悟ってしまうのだ。学業に興味をなくしたクリスタは15歳ともなると街で遊ぶようになり、20歳のカメラマン、ヘルベルト・トビアスと恋仲になった。彼が撮影したクリスタのカラー・ポートレイトがファッション誌『ブンテ』の55年1月号に載ったのを皮切りに、彼女は人気モデルとなり、57年、18歳でパリに進出した。『エル』の表紙を飾り、多くの広告写真に起用されるようになった彼女は、カメラマンのカルロス・デ・マルキナド・ボストックによって「ニコ」と名づけられた。ボストックはかつて映画監督のニコ・パバタスキ（女優のアヌーク・エーメと結婚していた）と持った性的関係が忘れられず、彼の中で「ニコ」は神にも匹敵する名前だった。「人生で唯一悔やまれるのは女に生まれたこと」と後年のインタヴューで繰り返し語ったニコは、普通は男につけるこの名前を喜び、“Icon”のアナグラムは自分にふさわしいと吹聴するようになる。

60年に公開されたフェデリコ・フェリーニの『甘い生活』に出演したニコは、本格的に映画女優を目指したくなり、わずかなキャリアを利用して『太陽がいっぱい』を撮影中だったアラン・ドロンと肉体関係を結ぶ。しかしドロンとはそれきりになり、61年にはニューヨークのアクターズ・スタジオでポーランド系のユダヤ人、リー・ストラスバーグから演技を学ぶようになるのだ。彼を慕う女優にはマリリン・モンローもいて、すでに有名になっていた彼女も指導を受けに来ていたという。マリリンと机を並べるようになったのを過大にアピールしたからか、この年の秋には再びアラン・ドロンと過ごしたニコは、62年8月に彼の子供アリをドイツで出産する。

しかし息子をグレーテにあずけた彼女は、すぐにパリに飛ぶ。ジャック・ポワトルノー監督の映画『ストリップ・ティーズ』の主役に抜擢されたからだ。この映画でセルジュ・ゲンズブールと共演したニコは、彼の監督のもと、テーマ曲を録音したが、彼女の低い声が気に入らなかったゲンズブールは63年のサントラEPには入れず、近年の映画音楽大全集でようやくニコによるデモ・ヴァージョンが公開となった。

アリの親権問題でドロンと揉め、彼の母親エディット・プローニュが養育することになったため、ニコは自分の母親と息子のために働かなければならなくなった。ニューヨークでモデルの仕事を軌道に乗せ、ボブ・ディランとも親しくなった彼女は、65年初頭に英国進出も目論むのだが、180センチという長身をミニ・スカートで世界を変えようとしていたマリー・クワントが好まなかったせいで、ロンドンでは成功しなかった。しかし、ローリング・ストーンズのブライアン・ジョーンズと、マリー・クアントの広報からストーンズのマネージャーになったアンドルー・オールダムに気に入られたニコは、ディランが自分のために書いてくれた曲（アイル・キープ・イット・ウィズ・マイン）がある、と言ってオールダムが興したイミディエイト・レコーズと契約し、65年8月20日にはブライアンとジミー・ペイジの協力で録音したデビュー・シングル「アイム・ナット・セイイン／ザ・ラスト・マイル」をリリース。『レディ・ステディ・ゴー』にも出演した。

けれどもイミディエイトにはマリアンヌ・フェイスフルがいたからか（ニコが生活の保障を要求したから？）、一枚で終わり、5月の英国ツアーの際にジョーン・バエズの目を盗んで連絡を取り合ったディランを追って本格的にニューヨークに渡るのだ。アンディ・ウォーホルが映画をつくろうとしていたのを知っていたのか、ディランがニコにファクトリー入りを促したのである。

ヴェルヴェッツ時代のことは別項で書いたので繰り返さないが、ファクトリーの女優、『&ニコ』でのフィーチャーを足がかりに彼女のソロ活動が始まり、ジョン・ケイルとの関係はその後も維持できたことがアーティストとしての財産を築いたのは間違いない。

70年にパリで映画監督のフィリップ・ガレルと暮らすようになったニコは、彼の“La Cicatrice intérioure（内なる傷跡）”に主演し、74年にはジョン・ケイルの誘いでアイランドに2作を残したが、ガレルのアパートに転がり込んだ22歳のギタリスト、ルッツ・ウルブレヒと関係を持ったことから三角関係が泥沼化し、ヘロイン中毒から抜けられなくなっていくのだ。

79年にマンチェスターに移り住んだニコは、当地のポスト・パンク勢の協力で復活を遂げるが、バンドのメンバーのみならず息子のアリまでジャンキーにし、ドラッグ漬けのツアーを繰り返したことからメンバーに去られ、86年の来日公演のあと、麻薬を断つ決心をしたらしい。

しかしドラッグ欲しさに移り住んだイビザ島でそれは無理で、薬代を稼ぐためにやっつけのツアーに出るようになる。カメラマンとなったアリも母親のドラッグを頼っていたため、もはや誰にもニコを止められなかった。

88年7月18日、自転車で売人からヘロインを買った帰りにニコは転倒して頭を打ち、帰らぬ人となった。享年48。死後いいかげんな音源のリリースがさらに加速したのは、アリもドラッグを抜けられない証拠だと思う。ちなみに彼の存在は、悲しいかな、アラン・ドロンと実の両親の関係をも断つことにもなった。

I'm Not Sayin' / The Last Mile

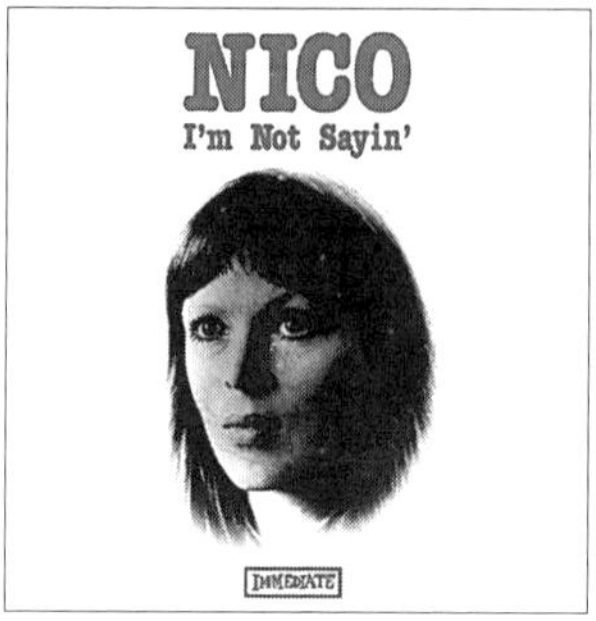

UK・Immediate / IM 003 [7 inch]
Release: 1965年8月20日

Chelsea Girl
チェルシー・ガール

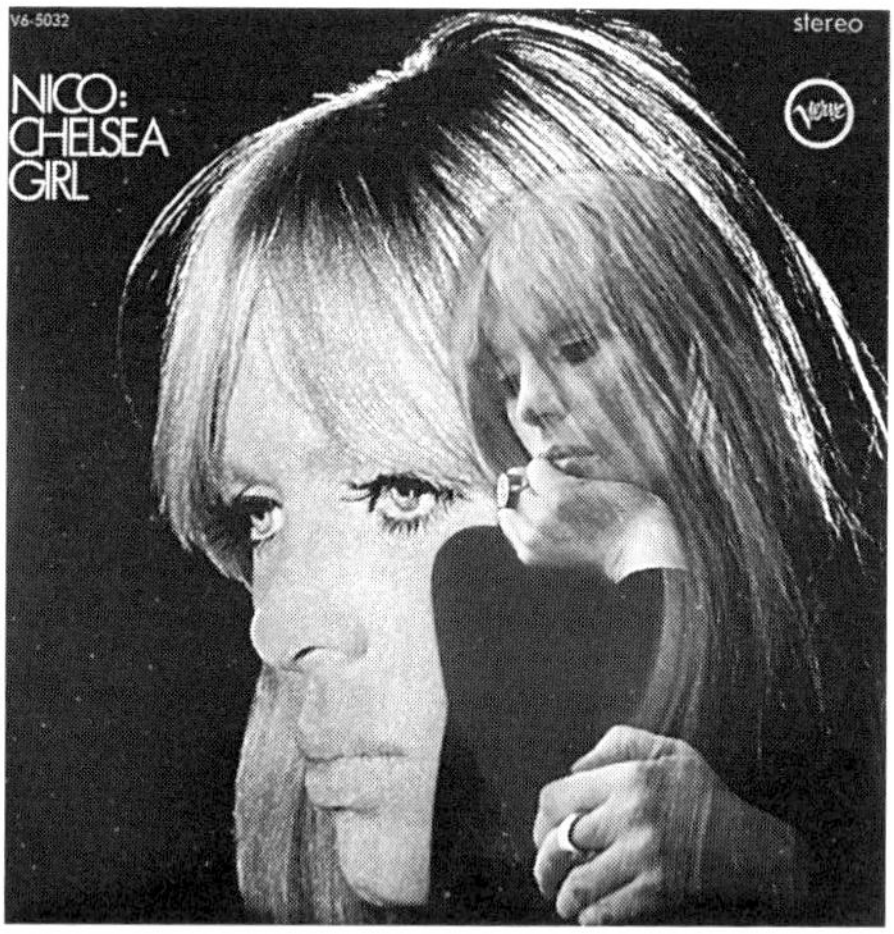

Verve／V-5032 (mono), V6-5032 (stereo)
Release: 1967年10月

[Side A]
1. The Fairrest Of My Seasons
2. These Days
3. Little Sister
4. Winter Song
5. It Was A Pleasure Then

[Side B]
1. Chelsea Girls
2. I'll Keep Ot With Mine
3. Somewhere There's A Feather
4. Wrap Your Troubles In Dreams
5. Eulogy To Lenny Bruce
65年初頭からロンドンでブイブイいわしていたニコは、ブライアン・ジョーンズのあと押しもあって、ストーンズのマネージャー、アンドルー・オールダムが設立したイミディエイトからシングルをリリースすることになった。公式にはこれが歌手デビュー作である。

ニコはブライアンとアンドルーに、ボブ・ディランが彼女のために書いた「アイル・キープ・イット・ウィズ・マイン」のディラン本人によるデモを聴かせていたそうだが、アンドルーはゴードン・ライトフットの「アイム・ノット・セイイン」をA面、ジミー・ペイジと共作した「ザ・ラスト・マイル」をB面に選び、アレンジはジミーに任せた。その録音にはブライアンも参加している。

しかしイミディエイトとの契約はワン・ショットに終わり、ニコが希望していた「アイル・キープ・イット・ウィズ・マイン」は録音されることがなかった。がっかりしたニコは65年秋に拠点をニューヨークに移し、一躍ファクトリーの女性陣の中心に躍り出るわけだ。

67年5月27日をもってヴェルヴェッツとのコラボを終了したニコは、主演映画に合わせたソロ・アルバムをトム・ウィルソンのプロデュースで制作することになり、ケイル／リード作の「リトル・シスター」、ケイル作の「ウィンター・ソング」、リード／モリソン作の「チェルシー・ガールズ」、リード作の「ラップ・ユア・トラブルズ・イン・ドリームス」と、ケイル、リードと3人でつくった「イット・ウォズ・ア・プレジャー・ザン」をヴェルヴェッツからもらったのである。

ほかは、ようやく録音できた「アイル・キープ・イット・ウィズ・マイン」、ティム・ハーディンの「ユーロジィ・トゥ・レニー・ブルース」、そして当時18歳の新人だったジャクソン・ブラウンが書いた「ザ・フェアレスト・オブ・ザ・シーズンズ」（この曲のみグレゴリー・コープランドと共作）と、「ジィーズ・デイズ」「サムウェア・ゼァーズ・ア・フィーザー」だ。

当時は無名のソングライターばかりだからリリース時には、〝ウォーホル映画の女優が歌ったアルバム〟という位置づけだったのだろう。一部ではヨーロッパ的なフォーク感が面白がられたようだが、アメリカでは3年ほどで廃盤になり、70年代はヨーロッパ盤が流通していた。私は73年に英国盤で入手したのだが、最初はとても地味な内容に感じた記憶がある。ところが年々再評価の声が高まり、やがては〝アシッド・フォークの名作〟とか〝ロウ・ファイの元祖〟と謳われるようになった。

音楽的にはラリー・ファロンによるアレンジが聴きところだけれど、ニコのヴォーカルが次第に染みてくる。独特な低音と、米英のシンガーにはないイントネーションがクセになり、どんどん好きになってしまうのだ。

次作以降のアーティスティックなオーラはなく、ヴォーカルも素直だが〝普通〟とは思えない。いわゆる〝フォーク〟からは間違いなくはみ出している。トム・ウィルソンがどういうつもりでこういうアルバムにしたのか、聞いてみたかったが、ザッパのところのサンディ・ハーヴィッツ（＝エスラ・モホーク。こっちはイアン・アンダーウッドのプロデュースだが）といい、ウィルソンが関わった作品は時代の先を行っていたと思う。

エンジニアはヴァル・ヴァレンティン、ジャケット写真はポール・モリッシーによるものだった。

（和久井）

Marble Index
マーブル・インデックス

Elektra／EKS-74029
Release: 1968年9月19日

[Side A]
1. Prelude
2. Lawns Of Dawns
3. No One Is There
4. Ari's Song
5. Facing The Wind

[Side B]
1. Julius Caesar (Momento Hodie)
2. Frozen Warnings
3. Evening Of Light

プロデューサーはフレイザー・モホークことバリー・フリードマン、エスラ・モホークの当時の旦那さんだ。ＬＡのクラブ、トゥルバドールで働き、スティヴン・スティルスの運転手をしていたこの人、スティルスとリッチー・フューレーがサンセット・ブールヴァードでカナダから来たニール・ヤングとブルース・パーマーを偶然見かけて車に乗せたときもハンドルを握っていた、バッファロー・スプリングフィールドの産みの親（助産婦？）である。

短期間バーズのスタッフを務めたあとエレクトラでプロデューサーとなり、ポール・バターフィールドやホーリー・モーダル・ラウンダーズを担当していたフリードマンが、次に手掛けたのがこのアルバムだった。その直前にザッパを通じてサンディ・ハーヴィッツと知り合い、すぐに結婚したため、このころからフレイザー・モホークと名乗るようになったらしい。

ほらね、ってハナシだ。トム・ウィルソンのセンスを受け継いだ人がいたから、ニコの唯一無二の個性がここで確立されたわけである。人の動きは重要だ。

ジム・モリソンと恋仲だったニコは、彼に勧められて曲を書くようになった。独学でハーモニウムをおぼえた。ドローンのようにコードを鳴らしながらの作曲はジョン・ケイルの教えだろう。部分が折りたためるハーモニウムを彼女は死ぬまで自分で持ち運んでいたそうだ。彼女の旅は、注射針をどこに隠して税関を抜けるかと、ハーモニウムの安全を考えるところから始まったという。

ジム・モリソンやジョン・ケイルがついていても、本人の才能が花開かなければこうはならない。ニコは〝ただの歌手〟のように扱われた『チェルシー・ガール』のレコーディングに不満で、意地になって曲を書き始めたらしいが、いきなりこんな曲たちを聴かされたジョンは驚いたはずである。彼女の抱えている闇の深さを、それにふさわしい音像にできたのはジョンだけだったと思うのだけれど、ポップ・ミュージックの常識からは大きく外れた音楽性のこんなアルバムを、68年初夏につくってしまったニコとジョンはちょっとすごい。ヴェルヴェッツ&ニコ時代のアヴァンギャルドな部分から〝ロック〟を引いて形にしたような音楽は、アネット・ピーコックやダグマー・クラウゼ（日本ならＰＨＥＷか？）に受け継がれていった部分もある。が、ニコはそこまで〝音楽的な人〟ではなく、小説を書いたり映像作品をつくったりする感覚で、こういう音楽表現に至ったのだろう。

5歳になったアリに、自分が子供のころの記憶を呼び覚まされたのかもしれないが、ニコの音楽が放つイメージは戦後の荒廃したベルリンだ。モデルとして成功してからの奔放な生活からは考えられない複雑な心情は、うずき続ける傷が生んだものかもしれない。死の匂いに嘘がないから、返す言葉を失ってしまうのである。

だからか、世界中で非常に高く評価されている名作なのに、まともな論評を見たことがないし、私もこれにはギヴ・アップだ。文章で説明しようとすればするほど実体から遠くなってしまうから、ヘタなことは言いたくないというのが正直なところ。ジョンのアレンジを評価するのは手っとり早いけれど、ただ〝良い〟と書くことにどれだけの意味があるのかと自問してしまう。

運命に翻弄されたとしか言えないニコの〝まさにニコ〟な音楽。聴いて、受け止めていただきたい。（和久井）

Desertshore
デザートショア

UK・Reprise／RSLP 6424
Release: 1970年12月20日
[Side A] 1. Janitor Of Lunacy / 2. The Falconer / 3. My Only Child / 4. Le Petit Chevalier
[Side B] 1. Abschied / 2. Afraid / 3. Mütterlein / 4. All That Is My Own

Frozen Boderline 1968–1970
フローズン・ボーダーライン

UK・Elektra / Reprise Records / Rhino Records／8122-74885-2［CD］
Release: 2007年3月
[Disc 1]〈The Marble Index〉1–8. /〈Outtakes〉9. Sagan Die Gelehrten / 10. Rêve Réveiller / 11. Roses In The Snow (Alternate Version) / 12. Nibelungen (complete version) /〈Alternate Versions〉13. Lawns Of Dawns / 14. No One Is There / 15. Ari's Song / 15. Facing The Wind / 16. Julius Caesar / 17. Frozen Warnings / 18. Evening Of Light
[Disc 2]〈Desertshore〉1–8. /〈Demos〉9. My Only Child / 10. Janitor Of Lunacy / 11. Abschied Ode (Death/Farewell) / 12. You Are Beautiful (Afraid) / 13. The Falconer / 14. On The Desert Shore (All That Is My Own) / 15. Frozen Warnings (Hidden Track)

　パリで映画監督のフィリップ・ガレルと生活するようになったことが、大きく影を落としたアルバムだ。エグゼクティヴ・プロデューサーはジョー・ボイド、エンジニアはジョン・ウッドというフェアポート・コンヴェンションの名作で知られたチームの制作で、サウンド・プロデュースとアレンジはジョン・ケイル。おかげで英国のトラディショナル・フォークをふんだんに使ったフランス映画のサントラ盤みたいになった。

　ガレルとの生活が安定していたのか、ニコにしては穏やかで、前作のような〝寄せつけない〟感じはない。曲を書くのも上手くなっているし声も出ているから、ぐっと音楽的になって、聴きやすい。ハーモニウムの弾き語りにジョンがさまざまな音をつけているのだが、ふたりの距離感も申し分なく、この形での到達点と言ってもいい。

ジョンが『ヴィンテージ・ヴァイオレンス』で彼なりの〝ロック〟を確立させたのも大きく作用したのかもしれないが、ニコもここでは自分の個性を〝芸〟として提示しようとしているし、それでも滲み出てくる狂気とのバランスが絶妙なのである。ガレルの映画には出たものの、モデルや女優の顔は過去のものになりつつあったから、〝ニコ〟をフィクションにしようと考えた、とも想像できる。ガレルのカメラに捉えられた自分を客観的に見ているようなところが知的だし、彼女なりに〝大衆性〟を考えた結果だったのだろう。アルバムとして、とても良い。

07年に英ライノが企画した〝The Frozen Borderline 1968–1970〟は、『ザ・マーブル・インデックス』と『デザートショア』に大量のアウトテイクとオルタネイト・ヴァージョン、デモを加えた拡大リマスター版だ。

限定だったため入手困難になっているのが残念だが、『ザ・マーブル・インデックス』に加えられたアウトテイクとオルタネイト・ヴァージョンからは、シンガー・ソングライターとしてのニコがつくられていくさまが伝わってくるし、『デザートショア』に収録されたデモも本人の試行錯誤ぶりが興味深い。

モデルや女優の仕事にはクリエイティヴィティが感じられなかったため、ニコは音楽主体のアーティストになろうとした。とは言ってもまったくの自己流だし、落としどころを決めてかかれるほどの経験値もなかったわけだ。

長年アルバムという〝結果〟しか聴いてこなかった我々は、「どうにも動かしようがないニコ」を、ジョンが「なんとか形にしてきた」と思っていたが、そうでもない。ニコは自分で、「ちゃんと音楽にしようとしている」し、ヴェルヴェッツでヴォーカルとタンバリンを担当していたころとは「意識がまったく違う」のが明らかである。

とくに『デザートショア』のデモは、ソングライターとしての自覚に裏打ちされたものだと思えるし、「とても自発的」だ。まあ、フェリーニ、ゲンズブール、ウォーホル、ブライアン・ジョーンズ、ヴェルヴェッツ、ジム・モリソンらの制作の現場を知っているわけだから、凡百の女性シンガーとは素養が違うのは当たり前だし、「自分がジョニ・ミッチェルやローラ・ニーロみたいな曲を書いてもあまり意味がないのでは？」と思っていただろう。けれどやっぱり、「それにしてもデモの段階からコレ？」という圧倒的な独自路線に驚かされるのだ。

その音楽的な才能に、普通に目が行く程度のジャンキーであってほしかった、と思う。

（和久井）

The End
ジ・エンド

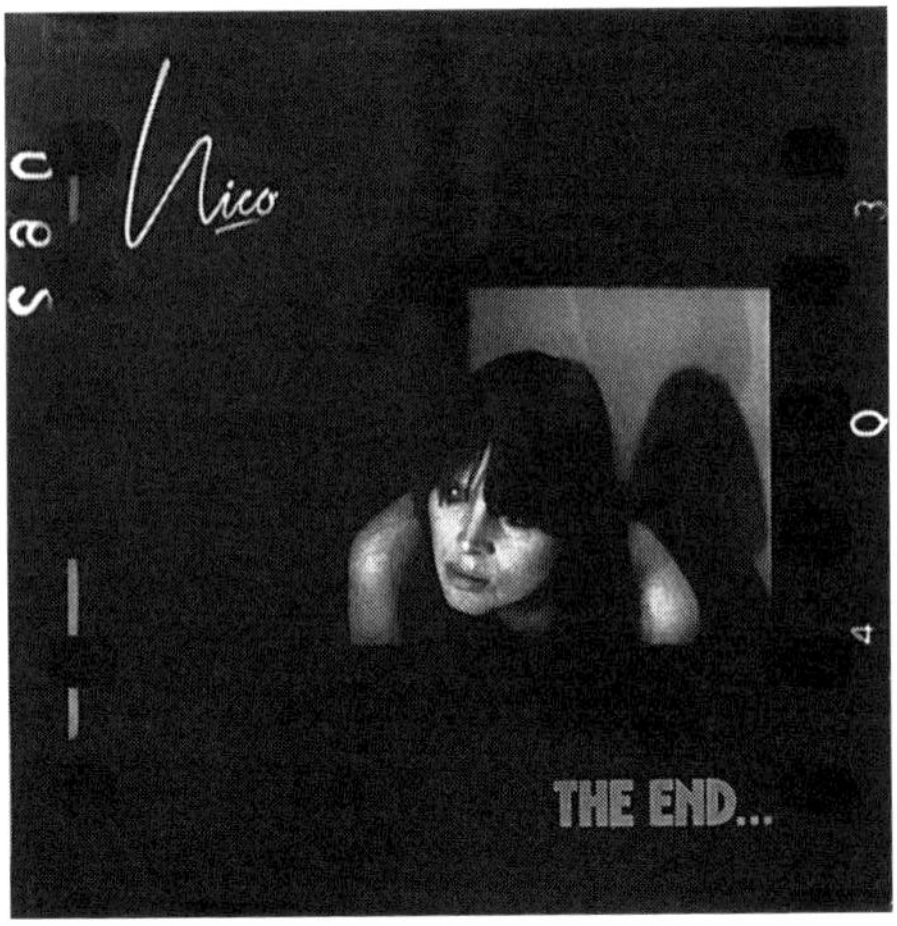

UK・Island Records／ILPS 9311
Release: 1974年11月

[Side A]
1. It Has Not Taken Long
2. Secret Side
3. You Forget To Answer
4. Innocent And Vain
5. Valley Of The Kings

[Side B]
1. We've Got The Gold
2. The End
3. Das Lied Der Deutschen

The End...: Expanded Edition
ジ・エンド（エクスパンデッド・エディション）

UK・Universal UMC / Island Records／3712748 (UMCREP2018)［CD］
[Disc 1] same as "The End..."
[Disc 2] 1. Secret Side (John Peel Session, 1971) / 2. We've Got The Gold (John Peel Session, 1974) / 3. Janitor Of Lunacy (John Peel Session, 1974) / 4. You Forget To Answer (John Peel Session, 1974) / 5. The End (John Peel Session, 1974) / 6. Secret Side (The Old Grey Whistle Test, 1975) / 7. Valley Of The Kings (The Old Grey Whistle Test, 1975) / 8. Das Lied Der Deutschen (Rainbow Theatre Live Version) / 9. The End (Rainbow Theatre Live Version)

ジャケットはガレルの『孤高』から。

48年4月6日にフランスのブローニュで生まれたフィリップ・ガレルは、13歳のときに8ミリ映画を初監督し、68年に発表した初の長編『記憶すべきマリー』でイエール映画祭ヤング・シネマ賞を受賞した。早熟だったのは俳優の父モーリス・ガレルの影響もあったようだ。ウォーホルの『チェルシー・ガールズ』に影響を受けた彼は、渡米した際にはファクトリーを訪れるようになり、69年にローマでニコと出会った。当時制作していた『処女の寝台』にニコが「ザ・ファルコナー」を提供したことからふたりは急接近し、やがてパリのアパートで一緒に暮らすようになる。72年に発表された『内なる傷跡』を皮切りにガレルはニコ主演で7本の前衛映画をつくったが、このころから関係は悪化していき、79年に破局。しかしガレルはその後もニコの音楽を監督作に使っている。

ヘロインを打つために生きているような彼女の〝堕ちていく姿〟はガレル映画の大きなモチーフになっていくが、73年後半ともなるとさすがに止めることもあったらしく、それを束縛と感じたニコは自身の活動を再開したのだ。

プロデュースを依頼されたジョン・ケイルはアイランドに彼女の居場所を用意し、ジム・モリソンの「ジ・エンド」を中心にしたアルバムでの復帰を歓迎した。結局『悪魔の申し子たち』となったレインボウ・シアターでのコンサートがニコにとってはアイランド時代のハイライトとなったが、イーノとフィル・マンザネラを巻き込んだこのアルバムで、ニコは再評価されることになった。

ハーモニウムを弾きながら歌うオリジナル曲は『デザートショア』収録曲とあまり変わらない感じだが、イーノのアブストラクトな空間演出とマンザネラのアヴァンギャルドなギターが加わったことでロック度が増したことが、高い評価につながった。とくに「ウィーヴ・ガット・ザ・ゴールド」から「ジ・エンド」への流れは、この手の音楽の最高峰とも言える出色の緊張感。聴くものを圧倒する。

12年にリリースされたCD2枚組のエクスパンデッド・エディションでは、71年2月2日のBBC『ピール・セッション』の「シークレット・サイド」と、74年12月3日の同番組からの4曲（「ウィーヴ・ガット・ザ・ゴールド」「ジャニター・オブ・ルナシー」「ユー・フォゲット・トゥ・アンサー」「ジ・エンド」）、75年2月7日の『オールド・グレイ・ホイッスル・テスト』で収録された「シークレット・サイド」と「ヴァレイ・オブ・ザ・キングス」、そしてレインボウ・シアターでのライヴから、この拡大版で蔵出しされた'Das Lied der Deutschen'と、「ジ・エンド」がディスク2にまとめられている。

74〜75年のニコは全キャリアの中でも神がかっているし、エクスパンデッド・エディションのCDはリマスターもよくできているからオススメだ。初めてニコのソロ作を聴く人はこれから入るといいと思う。

クスリ代を自分で稼いできたからか、75年にさらにヘロインの量を増やしたニコは、ギタリストのルッツ・ウルブレヒを若いツバメとし、やがてガレルと暮らすアパートに彼を招き入れる。その危うい三角関係が3年あまりも続いたのはニコが施設に入っていた時期もあったからしく、最後はガレルに追い出される格好だったようだ。

そして79年、彼女はマンチェスターに渡り、若いメンバーと音楽活動を再開するのである。

（和久井）

Drama Of Exile
ドラマ・オブ・エグザイル

UK・Aura／AUL 715
Release: 1981年7月

[Side A]
1. Genghis Khan
2. Purple Lips
3. One More Chance
4. Henry Hudson
5. Waiting For The Man

[Side B]
1. Sixty Forty
2. The Sphinx
3. Orly Flight
4. Heroes

Saeta / Vegas
サウタ／ヴェガス

UK・Flicknife／FLS 206 [7 inch]
Release: 1981年9月

『ドラマ・オブ・エグザイル』はジョン・ケイルと離れ、ベーシストのフィリップ・クイリチーニにプロデュースを任せた7年振りのアルバム。ニコはハーモニウムを弾かず、ヴォーカルに専念している。アフター・パンクの香り漂う、いかにも80年代らしいバンド・サウンドは『マーブル・インデックス』から『ジ・エンド』までの流れからは大きな方向転換ではあるが、ニコのストレスにはならなかったのだろう。多少乗り切れないところも含めて、バンドに身を委ねたことを楽しんでいるように聴こえてくる。

前3作は自分で曲をつくり、ハーモニウムを弾きながら歌ったデモをもとに、ジョンが音を加えて仕上げてくれたようなものだった。つまり、まず自分のリズムがあったわけだが、本作ではバンドのグルーヴありきになったのだから、歌い方も変わるというもの。その影響から、力強さやノリのよさが見え隠れしているところが他のスタジオ作との大きな違いになっている。

ヴェルヴェッツの「ウェイティング・フォー・ザ・マン」、デイヴィッド・ボウイの「ヒーローズ」といったカヴァーはこれまでになく陰を感じさせない明るさだし、こうした路線が続いていれば、ニコの評価も変わっていたかも知れない。

なお、リリース時のトラブルから別ヴァージョンが収録された『ザ・ドラマ・オブ・エグザイル』が存在している。また、ニコとクイリチーニは81年にシングル「サウタ／ヴェガス」をレコーディングしているが、この2曲も『ザ・ドラマ〜』に収録されている。（森）

Do Or Die!
ドゥ・オア・ダイ！

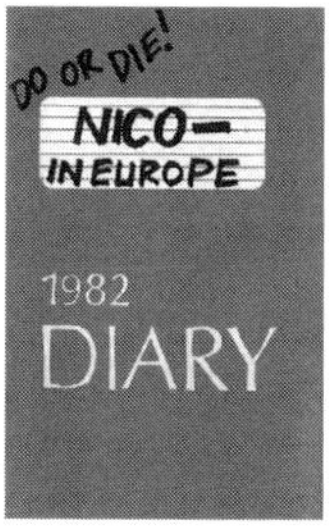

ROIR／A117［cassette］
Release: 1982年11月
［**Side A**］1. Janitor Of Lunacy / 2. All Tomorrow's Parties / 3. Saeta / 4. Vegas / 5. No One Is There / 6. Abschied / 7. Secret Side
［**Side B**］1. Procession / 2. Heroes / 3. Femme Fatale / 4. All Tomorrow's Parties / 5. Waiting For My Man / 6. The End

Do Or Die - Diary 1982

ROIR／RUSCD 8261［CD］
Release: 2000年3月30日

Procession
プロセッション

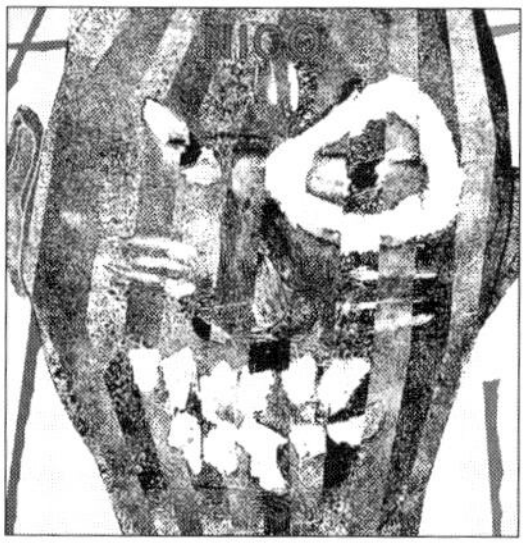

UK・1/2 Records／1/2REC112［12 inch］
Release: 1982年7月
［**Side A**］1. Procession (Nico & The Invisible Girls) / 2. All Tomorrow's Parties (Nico & The Invisible Girls)
［**Side B**］1. Secret Side (Nico & Samarkand) / 2. Femme Fatale (Nico & The Blue Orchids)

『ドゥ・オア・ダイ！』はカセット・オンリーで発売された、82年ヨーロッパ・ツアーのライヴ音源集。のちに『ドゥ・オア・ダイ！―ダイアリー1982』としてCD化された。イギリス、イタリア、オランダ、デンマークの各地で録音され、それまでのキャリアからまんべんなく選曲されている。また、ザ・ブルー・オーキッズ、もしくはサマルカンドというバンドが帯同しているが、会場によりメンバーの入れ替えがあったようだ。

『ドラマ・オブ・エグザイル』でニュー・ウェイヴ勢の支持を獲たせいか、「オール・トゥモロウズ・パーティー」や「ヒーローズ」などはロック・バンド編成で収録されている。ただし、パンクやニュー・ウェイヴというよりも、かなりオーソドックスな演奏だ。ニコはニコのまま、違和感なくバンドに溶け込んでいる。もちろん、ニコのハーモニウムを中心にした曲も多く、そういった意味でもキャリアをいったん総括したような内容になっている。

このツアーに先立ち、ニコはジョイ・ディヴィジョンのプロデューサーとして知られる、ファクトリー・レコードのマーティン・ハネットと組んでレコーディングを行っている。ニコ・アンド・ジ・インビジブルズ名義の「プロセッション」と「オール・トゥモロウズ・パーティー」はいずれも深いリヴァーブがかけられた、この時代らしい音像だ。7インチ・シングルとして発売されたほか、この2曲をA面に、『ドゥ・オア・ダイ！』からの2曲をB面に収録した12インチシングル『プロセッション』もつくられた。（森）

Live In Denmark
ライヴ・イン・デンマーク

UK・VU Records／NICO1 [picture disc]
Release: 1983年7月
[Side A]
1. Saeta
2. Vegas
3. 60 40
4. Valley Of The Kings
5. Janitor Of Lunacy
[Side B]
1. I'll Keep It With Mine
2. Femme Fatale
3. I'm Waiting For The Man
4. Heroes

En Persona En Europe

UK・1/2／CASS2 [cassette]
Release: 1983年
[Side A] 1. Frozen Warnings / 2. Saeta / 3. Purple Lips / 4. These Days / 5. I'll Keep It With Mine / 6. Heroes
[Side B] 1. Procession / 2. Sixty Forty / 3. The Sphinx / 4. Famme Fatale / 5. I'm Waiting For My Man / 6. Only Flight

『ライヴ・イン・デンマーク』は82年10月6日に、デンマークのクラブ・パラマウントで収録されたライヴ・アルバム。同年初頭のツアーに引き続き、ザ・ブルー・オーキッズが帯同している。UK盤はピクチャー・ディスク、仏盤は通常のシングル・ジャケットだ。

VU時代の「ファム・ファタール」から81年のシングル「サウタ」「ヴェガス」まで幅広く選曲されている。バンドとの息も合ってきて、エンタテインメントの要素が増しているようだ。

また、ディラン作の「アイル・キープ・イット・ウィズ・マイン」はアコースティック・ギターをバックに歌われ、65年のデビュー・シングル「アイム・ノット・セイン／ザ・ラスト・マイル」から『チェルシー・ガール』に至るまで残されていたフォーキーな香りが復活している。そして「ヴァレー・オブ・ザ・キングス」や「ジュニター・オブ・ルナシー」はニコによるハーモニウム弾き語りで、70年代のイメージを残しているのだ。

ザ・ブルー・オーキッズの演奏はやや過剰な面もあるが、この時期のニコのライヴ・アルバムとしてはバランス良くまとまっている。

『エン・ペルソナ・エン・ヨーロッパ』は83年のツアー音源（一部は82年）を集めたカセット・オンリーのリリース。ロンドンやアムステルダムで収録されている。バンドのメンバーは一新されているが、セット・リストに大きな変更はない。『ドラマ・オブ・エグザイル』以降、ライヴのフォーマットが固まってきているようだ。（森）

Nico + The Fiction
Camera Obscura
カメラ・オブスキュア

UK・Beggarss Banquet／BEGA 63
Release: 1985年7月12日

[Side A]
1. Camera Obscure
2. Tananore
3. Win A Few
4. My Funny Valentine
5. Das Lied Von Einsamen Madchen

[Side B]
1. Fearfully In Danger
2. My Heart Is Empty
3. Into The Arena
4. Koning

80年代初頭にマンチェスターに移り住んだニコは、当地のミュージシャンと共にライヴやレコーディングを行っていた。地元のユニット、ザ・ファクションのジェイムズ・ヤングとグレアム・ダウデルもニコのツアー・メンバーだ。

ベガーズ・バンケットと契約に至ったニコは、アルバム制作にあたり（同レーベルでアルバム制作を予定していた）プロデュースをジョン・ケイルに委ねることになる。ふたりは74年『ジ・エンド』以来の邂逅を果たしたのだ。

この『カメラ・オブスキュア』では以前とは違い、プロデューサーのジョンが演奏に参加していない。ニコ＋ザ・ファクション名義であることはクレジット上のことだけではないのだ。あくまでヤングとダウデルがアレンジし、ニコを加えた3人で音を出している。ゲストは2曲でトランペットを吹いたイアン・カーのみという潔さだ。

また、ニコのヴォーカルが中心になっているものの、それが前面に押し出されているわけではなく、むしろインダストリアルなサウンドとうまく溶け込んでいる点はジョンの功績なのだろう。タイトル曲や「フィアフリー・イン・デンジャー」ではトラックの大半がヴォーカル抜きで成立していることも、このユニットの自信の表れだと言っていい。

「マイ・ファニー・ヴァレンタイン」はピアノとトランペットのみで、スタンダードな演奏に終止している。ニコのヴォーカルもオーソドックスなものだが、アルバムの中で浮いているわけではない。

結果としてニコの生前最後のスタジオ・アルバムとなってしまった本作は、ヨーロッパと中近東の要素が混じり合い、さらに最新のサウンドを導入させて独自の世界をつくりあげたものになっている。ニコとジョンでしかたどり着けなかった到達点が刻まれた代表作だ。（森）

Behind The Iron Curtain
ビハインド・ジ・アイアン・カーテン

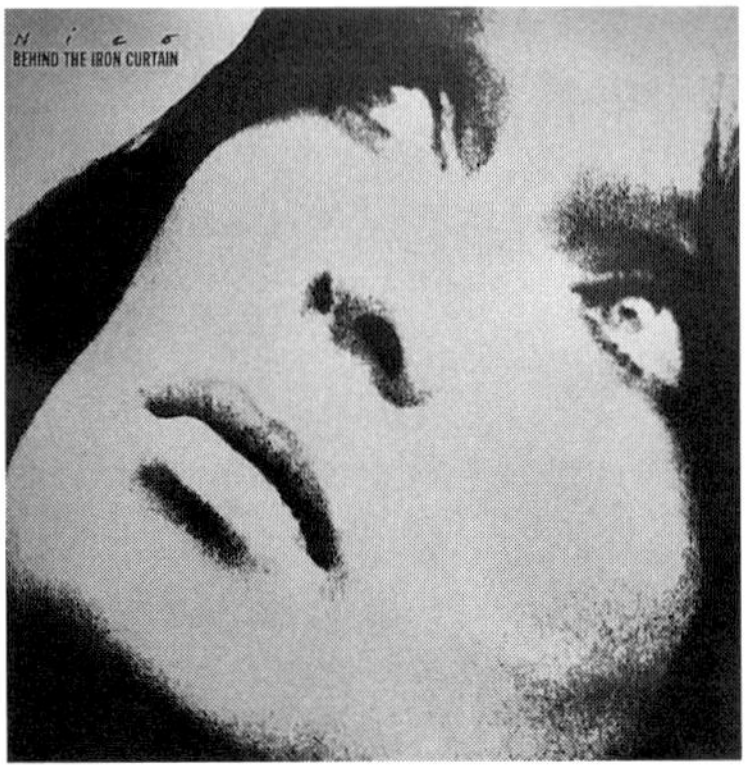

UK・Dojo／DOJOLP 27
Release: 1986年4月

[Side A]
1. All Saints Night From A Polish Motorway
2. One More Chance
3. Frozen Warnings
4. The Song Of The Lonely Girl

[Side B]
1. Win A Few
2. König
3. Purple Lips
4. All Tomorrow's Parties

[side C]
1. Fearfully In Danger
2. The End
3. My Funny Valentine
4. 60/40

[side D]
5. Tananoori
6. Janitor Of Lunacy
7. My Heart Is Empty
8. Femme Fatale

『カメラ・オブスキュア』発売直後の85年10月9日に、ロッテルダムで開かれたパンドラズ・ミュージック・ボックスという音楽フェスティバルの一環として行われたライヴが収録されている。85年9月29日から10月31日にかけてワルシャワ、ブタペスト、プラハで録音されたというクレジットは誤りのようだ。また、17年に発売された同名のCDは収録内容が異なっている。

オリジナルは2枚組のLPで16曲が収録されている。ニコの全キャリアから選曲されているが、それ以上に注目すべきはバンドの編成だ。『カメラ～』を一緒につくったザ・ファクションから、ジェイムズ・ヤングがピアノとキーボード、グレアム・ダウデルがエレクトリック・パーカッションで参加しているほか、エリック・ランダムがタブラ、パーカッション、シンセサイザーを操っている。さらに以前からのツアー・メンバーであるザ・ブルー・オーキッズのトビー・トーマンがドラムというラインナップだ。

ヨーロッパ、中近東、インダストリアル、ロックと、さまざまな要素を並列にならべる手法は、当時の民族音楽ブームとも一線を画すサウンドに仕上がっている。それゆえ、周囲からわかりづらく見えた面は否定できない。しかしながら、『ドラマ・オブ・エグザイル』や『カメラ～』を通じて、過去とは違う表現を求めてきたニコにとってはその延長線上にあった手法なのだろう。

ただ、アカペラだった「オール・トゥモロウズ・パーティー」はヴェルヴェッツとの差別化だとしても、ピアノと少しのハットだけをバックに歌われた「マイ・ファニー・ヴァレンタイン」はこの中においても異色。これはやはりニコが自らのアップデイトを目論んだ結果だと言えよう。さらに歩みをすすめたニコが見たかった、と切に思う。（森）

Nico In Tokyo
ニコ・イン・東京

JAP・Portrait／P003
Release: 1987年

[Side A]
1. My Heart Is Empty
2. Purple Lips
3. Tananore
4. Janitor Of Lunacy
5. You Forget To Answer
6. 60/40

[Side B]
1. My Funny Valentine
2. All Tomorrow's Parties
3. Das Lied Von Einsanen Madchens
4. Femme Fatale
5. The End

イン・東京 '86
ヴェルヴェット・メモリーズ [LD]

ニコは86年4月と88年3月の2回、来日公演を行っている。この『ニコ・イン・トーキョー』は、86年4月11日、渋谷ライヴ・インでの録音だ。メンバーはザ・ファクションのジェイムズ・ヤングがキーボード、グレアム・ダウデルがドラム、そして前年のツアーにも参加していたエリック・ラムスデンがタブラとキーボードという編成。クレジットではニコはヴォーカルのみとなっているが、映像を見ると曲によってはハーモニウムらしき鍵盤楽器を操っていたようだ。『ビハインド・ジ・アイアン・カーテン』と比べてメンバーが減った分、空間を重視したような音づくりになっている。ドラムとタブラから始まる「60／40」などパーカッシヴになり過ぎず、今となっては安っぽく聴こえるシンセの音も相まって、結果的にニコのヴォーカルを引き立てる仕上がりになっている。

客の反応がいいのは「オール・トゥモロウズ・パーティー」などのヴェルヴェット・アンダーグラウンド時代のナンバーか、「マイ・ファニー・ヴァレンタイン」といった『カメラ・オブスキュア』収録曲。まさにヴェルヴェッツ再評価と、マンチェスター勢のアイコンにもなったニコへの期待の表れであろう。

それにしても、74年以来レパートリーとして取り上げ続けている、ザ・ドアーズ「ジ・エンド」の、ここでのサンプリング感覚溢れるアレンジはどうだ。やや冗長に感じられたレコーディング・ヴァージョンと比べても、10年以上かけて表現を深めてきたことがよくわかる出色の出来だと思う。　（森）

Hanging Gardens
ハンギング・ガーデンズ

HOL・Restless／EM 9349-2［CD］
Release: 1990年6月30日
1. Hanging Gardens
2. The Sound
3. You Forget To Answer
4. Vegas
5. I'm Waiting For The Man
6. Your Voice
7. Your Word Against Mine
8. I Will Be Seven
9. The Line

ニコの没後リリースされた未発表曲集、ということになっているが、どうも様子がおかしい。アーティストが亡くなったり、あるいは発表後50年経過したりすると、出所が怪しい音源がリリースされるのは世の常とはいえ、どうやらこの『ハンギング・ガーデン』は相当グレーなもののようだ。

ニコがこの世を去ったあと、もっとも早く発売された発掘音源がこの『ハンギング~』。ライナーノーツによると、収録曲の多くが88年に行われた、ニコの最後のスタジオ・レコーディングによるものだという。

しかし、これらの「ラスト・レコーディングス」はのちに『ラスト・コンサート』としてリリースされたライヴ音源から、拍手などを取り除いたものらしい。実際に何曲か比べてみたが、なるほどミックスの違いなどはあるが、元は同じ音源に聴こえる。

「ヴェガス」「アイム・ウェイティング・フォー・ザ・マン」「ザ・ライン」は、ジョー・ジュリアンなる人物がプロデュースしたスタジオ録音で、ザ・ファクションのふたりも参加しているのだが、84年にこの3曲を取り上げた理由がやはり謎。「アイム・ウェイティング~」は81年の『ドラマ・オブ・エグザイル』に収録されているし、「ヴェガス」と「ザ・ライン」=「サウタ」はやはり81年にシングルのAB面として発売されているのだから、あえて再録音した理由がよくわからない。

ニコの息子のアリが音源を横流ししたという噂もあるが、いずれにせよジョー・ジュリアンが完パケをつくってレーベルにもちこんだということらしい。ライナーに真実を書いていれば、ニコが80年代に行っていたトライアルを概観できる盤として評価も変わっていたと思うのだが。ああ、もったいない。

（森）

Chelsea Live
チェルシー・ライヴ

UK・Great Expectations／PIPCD 039［CD］
Release: 1992年5月31日

1. Tananore
2. One More Chance
3. Procession
4. My Heart's Empty
5. Janitor Of Lunacy
6. The Sphinx
7. You Forget To Answer
8. Fearfully In Danger
9. Sixty Forty
10. All Tomorrow's Parties
11. Purple Lips
12. Femme Fatale
13. Saeta
14. The End

85年8月9日に、ロンドンにあるチェルシー・タウン・ホールで収録されたライヴ・アルバム。『カメラ・オブスキュア』発売直後ということもあり、ザ・セクションのふたりとエリック・ラムスデンを従えている。翌年収録された『ニコ・イン・トーキョー』と同じ布陣だが、本作ではかなりパーカッションに重きをおいたアレンジになっている。そのぶん、中近東の要素がやや薄れている印象だ。

基本的に打楽器とシンセサイザーのみの演奏だが、『カメラ〜』よりも身体性が強く押し出されているようだ。例えば、1曲目「タナノレ」の長いイントロではほとんどパーカッションが主役のように曲を牽引している。続く「ワン・モア・チャンス」でもシンセの裏でパーカッションが乱れ打ちの様相を呈しているのだから、インダストリアルな作風からさらに一歩先を目指していた時期だと言っていいだろう。

もちろんニコのハーモニウムが中心となった曲も多く収録されている。「プロセッション」や「マイ・ハート・イズ・エンプティ」は他のメンバーとの絡みが新鮮だし、弾き語りの「ジュニター・オブ・ルナシー」は完成の域に達しているように聴こえる。

アカペラの「オール・トゥモロウズ・パーティー」はこの頃の定番だが、ピアノとタブラが控えめに活躍する「ファム・ファタール」は新機軸。ラストの「ジ・エンド」はかなりフリーキーだ。

同じ時期のライヴとしては2か月後の『ビハインド・ジ・アイアン・カーテン』がリリースされているので比べてみると面白い。『ビハインド〜』からドラマーを抜いた編成なのに、本作の方がリズム主体に聴こえてしまうことが不思議に感じるのだ。しかし、これも一筋縄ではいかないニコの仕業だと思えば妙に納得させられてしまうのだが。（森）

Heroine
ヒロイン

UK・Anagram／CDMGRAM 85［CD］
Release: 1994年8月29日
1. My Heart Is Empty
2. Procession
3. All Tomorrows Parties
4. Valley Of The Kings
5. The Sphinx
6. We've Got The Gold
7. Mütterlein
8. Afraid
9. Innocent And Vain
10. Frozen Warnings
11. Fearfully In Danger
12. Tananore
13. Femme Fatale

Heroine [2017 LP version]

UK・Tigar Bay／TB80144C
Release: 2017年
Includes Bonus Track: Reich Der Traume

1980年マンチェスターにおけるアコースティック・ライヴだと言われているが、またもや事実は異なるようだ。ニコの死後発表されたライヴ・アルバムにはこの手のものがいくつか見受けられるが、思えば生前から節操なくリリースがあった人なので致し方ないと思うしかないのだろうか。

82年発売の「プロセッション」や、『カメラ・オブスキュア』から「マイ・ハート・イズ・エンプティ」「タナノレ」といった曲が収録されていることからも、85年前後の録音ではないかと推察される。そもそも『ドラマ・オブ・エグザイル』の頃や、ザ・ブルー・オーキッズといったバンドの音ではない。さらに「フィアフリィ・イン・デンジャー」でタブラらしき音が聴こえてくるので、ザ・ファクションにエリック・ラムスデンあたりが加わった編成ではないかと思われる。となると、85年か86年あたりのライヴということになる。となると、アナログのステッカーに書かれた、83年マンチェスター録音というのもまた間違いだ。

若干音は良くないが、ニコのヴォーカルは確信に満ちているし、演奏陣にも迷いが感じられない。過去のソロ・アルバムからもかなり選曲されているので、ニコの微妙な変化も感じ取れるのではないか。なかでも「ファム・ファタール」のジャジーなアプローチは面白い試みになっている。

今から手に入れるのならば、17年にリリースされたアナログだろう。ボーナス・トラックが1曲入っているし、ジャケット写真がこれですから。

（森）

Nico's Last Concert "Fata Margana"
ラスト・コンサート

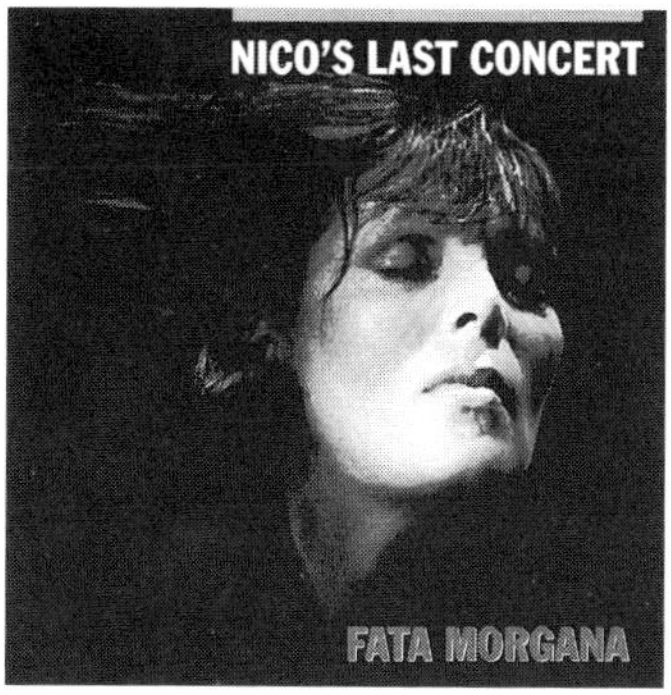

GER・SPV／SPVCD 08496202［CD］
Release: 1994年
1. The Sound I / 2. The Hanging Gardens Of Semiramis / 3. Your Voice / 4. I Will Be Seven / 5. Fata Morgana / 6. All Saint's Night / 7. The Sound II / 8. You Forget To Answer

Junitor Of Lunacy
ジュニター・オブ・ルナシー

UK・Visionary Communications／VICD 008［CD］
Release: 1996年9月13日
1. Vegas / 2. Saeta / 3. Genghis Kharn / 4. Janitor Of Lunacy / 5. Tanadore / 6. Afraid / 7. Purple Lips / 8. Femme Fatale / 9. All Tomorrow's Parties / 10. No One Is There / 11. Frozen Warnings / 12. Closing The Door / 13. Heroes

『ラスト・コンサート』はニコの死から遡ることおよそ40日前、88年6月6日、ベルリンでのライヴ録音だ。『ハンギング・ガーデン』で中途半端に蔵出しされていたが、改めてまとまったかたちでリリースされたものになる。

メンバーはニコとザ・ファクションのふたり、そしてギターのヘンリー・オルセン。この4人で新曲をつくり、『カメラ・オブスキュア』からさらに時代に合わせてアップデイトさせようとしていたことがうかがえる。8曲で58分近い収録時間が示しているように長尺の曲が多く、シアトリカルなエンタテインメントに近づいているように聴こえるのだ。

それは、簡単に言ってしまえばプログレ化だ。楽器の編成からは仰々しくなりようもないが、同じ時代のピンク・フロイドの変化に呼応しているようにも感じてしまう。無機質だがダイナミックなリズムやシンセサイザーの音色をとってみても、『光～パーフェクト・ライヴ！』との共通項が見えてくるだろう。

しかしながら、この方法論の完成を見ないまま、ニコはあっけなく旅立ってしまう。今さら言ってもしかたがないことだが、やはりこの先のニコが見たかった。

現在このタイトルは、ジャケット違いでニコやメンバーのインタビューなどを収録したDVDとセットになったCDや、2枚組のアナログ・レコードなども発売されているので要注意。

『ジュニター・オブ・ルナシー』は83年マンチェスターでのライヴ・アルバム。17年のレコード・ストア・デイでアナログ化された。（森）

Femme Fatale (The Aura Anthology)

ファム・ファタール(ジ・オーラ・アンソロジー)

UK・Castle Communications/CMDDD732[CD]
Release: 2003年
[**Disc 1**] Drama Of Exile...Plus
1. Genghis Khan / 2. Purple Lips / 3. One More Chance / 4. Henry Hudson / 5. I'm Waiting For The Man / 6. Sixty Forty / 7. The Sphinx / 8. Orly Flight / 9. Heroes / 10. One More Chance [Outtake From Drama Of Exile] / 11. The Sphinx [Outtake From Drama Of Exile] / 12. Orly Flight [Outtake From Drama Of Exile] / 13. Henry Hudson [Outtake From Drama Of Exile] / 14. Sixty Forty [Outtake From Drama Of Exile] / 15. Genghis Khan [Outtake From Drama Of Exile] / 16. Saeta [Single] / 17. Vegas [Single]
[**Disc 2**] Live At Chelsea Town Hall 9.8.85
1. Tananore / 2. One More Chance / 3. Procession / 4. My Heart Is Empty / 5. Janitor Of Lunacay / 6. The Sphinx / 7. You Forget To Answer / 8. Fearfully In Danger / 9. Sixty Forty / 10. All Tomorrow's Parties / 11. Purple Lips / 12. Femme Fatale / 13. Saeta / 14. The End

オーラ時代のアンソロジー。ディスク1には81年のアルバム『ドラマ・オブ・エグザイル』の全曲とアウトテイク、そして同年のシングル「サウタ/ヴェガス」が収録されている。ディスク2には『チェルシー・ライヴ』と全く同じ内容の、85年8月9日の音源が収録されている。

本書ではすでに紹介されている音源が多いが、問題は『ドラマ〜』のアウトテイクとされる6曲だ。83年にフランスのインヴィジブルから『ザ・ドラマ・オブ・エグザイル』としてリリースされたものには、この6曲に加えて「アイム・ウェイティング・フォー・ザ・マン」「ヒーローズ」「サウタ」「ヴェガス」が収録され、「パープル・リップス」が外されている。

なぜ『ドラマ〜』にふたつのヴァージョンが存在しているのかについては諸説ある。しかし、ニコもフィリップ・クイリチーニも鬼籍に入ってしまった現在では、クイリチーニが主導して制作されたというセカンド・ヴァージョンが、音楽的に何を目指していたのかということが最大の関心事となるだろう。

改めて『ファム・ファタール』に収録された〝アウトテイク〟を聴いてみよう。例えば「ワン・モア・チャンス」は暴れまくるギターがオミットされ、すっかりテクノ化されている。また、「ザ・スフィンクス」ではデジタル・ビートがより中近東に接近しているようだ。「ジンギス・カン」に至っては怪しげな男性コーラスがやけに目立つようになり、ますます無国籍化が進んでいる。

どうやら『ドラマ〜』をいったん仕上げてみたらあまりに真っ当なバンドものになっていたので、「なんか違うんだよな〜」といじくり倒した挙句に収拾がつかなくなったのが『ザ・ドラマ〜』だったのではないかと思えてくる。どちらかが本物でもう一方は偽物、などということではなさそうだ。

(森)

Reims Of Catherral - December 13th 1974
フランス大聖堂1974年12月13日

Cleopatra／CLP 9430［CD］
Release: 2012年11月
1. Janitor Of Lunacy
2. The Falconer
3. Valley Of The Kings
4. The End
5. Abschied
6. Mutterlein
7. Frozen Warnings
8. You Forgot To Answer
9. We've Got The Gold
10. No One Is There
11. Ari's Song

BBC Session 1971
BBCセッション・1971

UK・Gearbox／GB 15330B1［12 inch］
Release: 2015年
［Side A］
1. No One Is There
2. Frozen Warnings
［Side B］
1. Junitor Of Lunacy
2. Secret Side

これまで紹介してきたニコのライヴ盤は80年代のものが中心だったが、ここでは70年代の音源をふたつ取り上げることにする。

『ランス・ノートルダム大聖堂１９７４年12月13日』は、『ジ・エンド』発売直後にタンジェリン・ドリームと共演したコンサートの模様が収録されている。ニコのハーモニウム弾き語りで、『マーブル・インデックス』『デザートショア』『ジ・エンド』からまんべんなく取り上げられた選曲だ。

音質があまり良くない上に、建物のせいだろう、独特のエコーがかかっているので、パイプ・オルガンの荘厳な音色にのせてニコが聖歌をうたっているようにも聴こえる。しかし、その曲が「ジ・エンド」だったりするところが面白い。朗々とした歌と派手なフレーズが皆無なハーモニウムの調べだけで成立するニコのパフォーマンスが堪能できるが、続けて聴くと飽きてしまうかも知れない。スタジオ・アルバムをひと通り聴いてから手を出すことをおすすめします。

『ＢＢＣ・セッション・１９７１』は、以前から世に出ていたジョン・ピール・セッションの4曲が収録されたもの。当初はほかのタイトルと共通の味気ないジャケットだったが、今はニコの横顔をあしらったデザインになっている。

こちらもニコのハーモニウムと歌のみでの収録だが、当然のことながら音質はクリアで、演奏のダイナミズムが感じられる内容となっている。ニコの歌も丁寧で、かつ力強く響いてくるテイクばかりだ。

（森）

Films

和久井光司

動くニコを観られる映像ソフトは極めて少ない。モデルのニコ役で出演したフェデリコ・フェリーニの『甘い生活』以外、現行のカタログに載っているものは皆無だ。『甘い生活』は映画としては素晴らしいが、ニコの出演シーンはわずかだし、演技をうんぬん言えるほどの役どころでもないから、歴史的には重要だが、彼女目的ならオススメしかねる。

初の主演作となったジャック・ポワトルノー監督の『ストリップ・ティーズ』は日本未公開だし、米英でもＤＶＤ化されていない。YouTubeにアップされているストリップ・シーンや、セルジュ・ゲンズブールとの絡みが情報のすべてだ。62年に録音しながらゲンズブールに却下され、当時はお蔵入りとなったテーマ曲が、ニコがジャケットを飾ったＥＰの画像とともにYouTubeに上がっているので、これもどうぞ。

ファクトリー映画は商業的ではないからウォーホル財団はバラ売りを嫌っているのかもしれないが、『チェルシー・ガールズ』ぐらいはソフト化すべき。

フェデリコ・フェリーニ監督
『甘い生活』DVD

映画『ストリップ・ティーズ』のサントラとして63年にフランスで発売されたEP。
ニコが歌ったテーマ曲はゲンズブールの映画音楽集大成CDで蔵出しとなっている。

ニコ主体の映像作品は、82年のライヴ『アン・アンダーグラウンド・エクスペリエンス』と、85年のライヴ『ヒロイン』が当時住んでいたマンチェスターで製作され、日本ではその2本をカップリングしたパッケージが出ていたが、すでに絶版である。ステージで放つオーラが記録されているいう意味では、86年に渋谷ライヴ・インで収録された『ニコ・イン・東京』がいちばんプロの仕事らしい。マンチェスターのチームは撮影も録音もアマチュア同然だし、コヤの環境も悪いから、せっかくの機会を台無しにしてしまったという印象。しかし、汚い楽屋でインタヴューに応えるニコの〝場末まで堕ちたジャンキー〟な感じが哀愁を誘い、下手な映画よりドラマティックだったりするから侮れないのだ。ブラッシュアップして再発してくれるといいのだが。『ニコ・イン・東京』はLD以来商品化されていないが、YouTubeで観ることができる。ライヴがよかったのはこの年までだし、映像も録音もちゃんとしているから、これをご覧になれば80年代のニコは充分という気もする。

つらいドキュメント『Nico Icon』も廃盤だが、ニコを理解したいならこれは必見。息子アリや、彼を育てたアラン・ドロンの母親の証言は、どうしようもないジャンキーだったニコの正直さと、自分に有益でないものは捨てていくドロンの傲慢さを奇しくも対比させてしまったが、「一度しかない人生をどう生きるか」をニコという堕天使を通してメッセージしているという意味では、とても価値ある作品だと思う。

An Underground Experience + Heroine

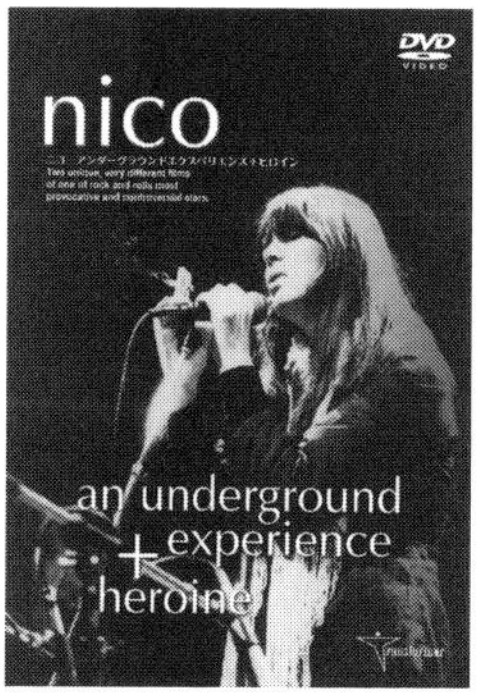

1. I'm waiting For The Man / 2. Vegas / 3. 60/40 / 4. All Tomorrow's Parties / 5. Femme Fatale / 6. Heroes / 7. Seata
《An Underground Experience》
1. My Heart Is Empty / 2. Procession / 3. All Tomorrow's Parties / 4. Valley Of The Kings / 5. The Sphinx / 6. We've Got The Gold / 7. Metterkein / 8. Afraid / 9. Innocent And Vain / 10. Frozen Warnings / 11. Fearfully In Danger / 12. Tananore / 13. Femme Fatale

Nico Icon

[Cast] Nico / Alan Wise / James Young / Helma Wolff / Nico Papatakis / Carlos de Maldonado-Bostock / Edith Boulogne / Billy Name / Paul Mitrissey / Janas Mekas / John Cale / Viva / Anny Field / Starling Morrison / Jackson Browne / Tina Aumont / Lutz Ulbricht / Ari Boulogne / Andy Warhal (photo) / Lou Reed (photo)

Margarete Päffgen
1910 — 1970
NICO
Christa Päffgen
1938 — 1988

執筆者プロフィール

［**Side A**］プロフィール
［**Side B**］改めてヴェルヴェッツに想うこと

和久井光司（Koji Wakui）

［**Side A**］総合音楽家。1958年10月2日、渋谷で生まれ横浜で育つ。81年にスクリーンを率いてデビュー。ソロ・アルバムに『虹かかる日』『フロム・ダスク・ティル・トーン』『トーチソング・トリロジー』『ディランを唄う』『愛と性のクーデター』が、著書に『ビートルズ原論』『放送禁止歌手 山平和彦の生涯』『ビートルズはどこから来たのか』『ヨーコ・オノ・レノン全史』などが、編著に『英国ロックの深い森』『ザ・ゴールデン・カップスのすべて』『フランク・ザッパ攻略ガイド』『ザ・キンクス 書き割りの英國、遙かなる亜米利加』などがある。

［**Side B**］アートとロックが重なった最初の地点だったと思う。ウォーホルはそんなに好きじゃないのだが、65〜67年のファクトリーにはジェラード・マランガの役で関わりたかったかも（笑）。

犬伏 功（Isao Inubushi）

［**Side A**］1967年大阪生まれ、大阪市在住の音楽文筆家／グラフィック・デザイナー。英国産ポップ・ミュージックを軸足に音楽執筆活動を展開、地元大阪ではトークイベント『犬伏功のMusic Linernotes』を定期開催している。

［**Side B**］頑固そうに見えるけど実は柔軟、ポップな嗜好も露わにするルー・リードの姿にあらためて触れ、彼らを有り難がるのもいいけど、もっと気軽に聴いてもいいんじゃないか、と。この本がそんなムードをつくってくれると期待しています。

森 次郎（Jiro Mori）

［**Side A**］1968年愛媛県生まれ。パートタイム・ライター。『ザ・キンクス 書き割りの英國、遙かなる亜米利加』より和久井組に参加。2度目の緊急事態宣言中はキンクスとヴェルヴェッツに明け暮れる日々でした。あとは『おちょやん』とか『どうぶつの森』とか。

［**Side B**］屈強なライヴ・バンドだと改めて認識。とくにダグ・ユールが加入したあたりからどんどん変化していく姿は実にスリリング。

山田順一（Junichi YAMADA）

［**Side A**］ミュージック・フリー・ペーパー主宰後、音楽系出版社に入社。雑誌、書籍の編集、CD制作、イヴェントの企画運営に携わる。現在はフリーランスのライター／エディター・リサーチャーとして、ライナーノーツや雑誌への執筆及び編集、CDの企画編纂、監修などを行なっている。編著に『グラム・ロック黄金時代1971〜77 ──フィーチャーリング・モダーン・ポップ──』など。

［**Side B**］気づいたときには、すでに伝説の存在になっていたため、妄想がパンパンに膨らんだ状態で聴いた。その頃に比べて、伝説は幾分リアルになったけれど、ぼくの妄想はいまだに膨らみ続けている。

制作……………………………犬伏 功　執筆／データ作成
森 次郎　執筆／データ作成
山田順一　執筆／リサーチ
和久井光司　執筆／アート・ディレクション
倉茂 透　デザイン／組版

ヴェルヴェット・アンダーグラウンド完全版

2021年5月20日　初版印刷
2021年5月30日　初版発行

責任編集　和久井光司
発行者　小野寺優
発行所　株式会社河出書房新社
〒151-0051　東京都渋谷区千駄ヶ谷2-32-2
電話　03-3404-1201（営業）
03-3404-8611（編集）
https://www.kawade.co.jp/

印刷・製本　株式会社暁印刷

Printed in Japan
ISBN978-4-309-29145-1